"Seeing the body through the Aston Paradigm changes the way you live.

It changes the way you dance, sleep, sit, work, and play.

It can even change the way you sing!"

Judith Aston

"通过阿斯顿范式观察身体将彻底改变你的生活方式。

它会改变你的舞姿、睡态、坐相以及工作和娱乐的方式,

甚至会改变你的歌唱方式!"

朱迪思·阿斯顿

阿斯顿体态评估

人体结构与体态模式的系统性认知

ASTON® POSTURAL ASSESSMENT

〔美〕朱迪思·阿斯顿◎著　　黄美莹◎译　　李　哲◎审订

北京科学技术出版社

读者须知

  康复医学与运动科学是不断发展的学科，其理论与临床技术随着科研成果与实践经验的积累不断更新。本书提供的建议和方法均基于作者的专业知识与实践经验，尽管如此，读者仍需根据自身情况和医生的建议来评估其适用性。因本书相关内容造成的直接或间接的不良影响，出版社和作者概不负责。

The original English language work has been published by:

Handspring Publishing Limited

Pencaitland, EH34 5EY, United Kingdom

Copyright © 2019. All rights reserved.

Simplified Chinese edition copyright © 2025 by Beijing Science and Technology Publishing Co., Ltd.

著作权合同登记号　图字：01-2025-1605

图书在版编目（CIP）数据

阿斯顿体态评估 /（美）朱迪思·阿斯顿著；黄美莹译 . -- 北京：北京科学技术出版社，2025. -- ISBN 978-7-5714-4365-8

Ⅰ . G804.4

中国国家版本馆 CIP 数据核字第 20254J02T7 号

策划编辑：周　浪
责任编辑：付改兰
责任校对：贾　荣
图文制作：天露霖文化
责任印制：李　茗
出 版 人：曾庆宇
出版发行：北京科学技术出版社
社　　址：北京西直门南大街 16 号
邮政编码：100035
电　　话：0086-10-66135495（总编室）　　0086-10-66113227（发行部）
网　　址：www.bkydw.cn
印　　刷：天津联城印刷有限公司
开　　本：720 mm × 1000 mm　1/16
字　　数：255 千字
印　　张：16.25
版　　次：2025 年 6 月第 1 版
印　　次：2025 年 6 月第 1 次印刷
ISBN 978-7-5714-4365-8

定　　价：98.00 元

谨以此书献给已故的艾达·罗尔夫（Ida Rolf）博士，是她带领我进入了身体疗法（bodywork）和筋膜训练的领域。同时，我将此书献给所有在 20 世纪六七十年代跟随罗尔夫博士学习的专业人员，包括理疗师、推拿师、运动教练、心理治疗师等，他们为推广罗尔夫的结构整合法做出了贡献。

关于作者

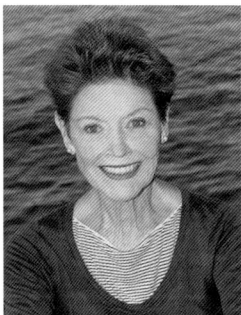

朱迪思·阿斯顿（Judith Aston）一直对人体的结构和运动方式有着浓厚的兴趣，她对舞蹈、心理学和身体疗法的研究证明了这一点。她在美国加利福尼亚大学洛杉矶分校获得了文学学士和艺术硕士学位，并取得了舞蹈和体育两个学科的终身教师资格证。阿斯顿在美国长滩社区学院和人体潜能工作坊设计、教授运动课程的经历引起了艾达·罗尔夫博士的注意。罗尔夫博士是结构整合法（Structural Integration）的创始人和发展者。结构整合法也称罗尔芬健身法（Rolfing），是一种身体康复综合训练法。1968 年 4 月，在加利福尼亚州大苏尔，罗尔夫博士第一次见到阿斯顿时，就请她为结构整合法设计一套动作训练课程，以帮助患者通过自我认知和动作重塑来维持身体疗法的效果。

在接下来的 9 年里，阿斯顿一步步开发出一套名为罗尔夫 - 阿斯顿结构作图系列（Rolf-Aston Structural Patterning）的动作训练课程，并将其传授给所有学习结构整合法的理疗师和运动教练等。阿斯顿在这套课程中展示了多种体态模式，并且坚持不懈地探索身体在重力场中最佳的排列和运动模式。当理疗师和运动教练等通过罗尔夫 - 阿斯顿结构作图系列学会了更协调、省力地控制身体活动后，阿斯顿发现，他们的身体排列模式似乎与标准的铅垂线排列模式和罗尔夫线模式都不同。

1977 年，阿斯顿意识到，为了在不破坏结构整合法完整性的前提下不断完善自己的观点，她需要创立自己的体系。在做出这个决定后，她逐步发展出了阿斯顿范式（Aston Paradigm）。她凭借出色的洞察力，基于阿斯顿范式的统一理论设计了阿斯顿筋膜整合（Aston Fascial Integration）专项训练课程，其中包括关于 3 种肌筋膜练习法——分别是阿斯顿推拿法（Aston massage）、关节运动法（Arthro-Kinetics）和肌肉运动法（Myo-Kinetics）——的课程，6种阿斯顿健身（Aston Fitness）课程，以及与瑜伽、普拉提、面部锻炼、跑步、自行车、游泳等项目有关的专项训练课程。

  阿斯顿范式为评估体态和身体功能提供了新视角，使得阿斯顿有机会按照人体工程学理论设计产品，这些产品在她的办公室和个人网站上都可以找到。如今，阿斯顿不仅在美国、欧洲、澳大利亚讲授阿斯顿动力学（Aston Kinetics）课程，还专门设计用于工作、运动和居家生活的人体工程学产品。

  由于开创了阿斯顿范式，且该范式十分重视个体独一无二、不断变化的体态模式，阿斯顿成为运动科学和运动艺术领域公认的具有远见卓识的先驱者。她拥有源源不断的创造力，持续完善阿斯顿动力学，并制订了为期 200 多天的、内容不同的训练计划。阿斯顿在她家附近的内华达州太浩湖等地开设了关于运动和身体疗法的课程，吸引了世界各地学员前去学习。

中文版推荐序

以动态平衡重塑人体功能之基

作为深耕功能训练领域多年的从业者，我深知体态评估是运动康复与人体功能优化的基石。从古希腊时期对人体对称美的追求，到现代生物力学对运动链的解析，体态评估的演变始终与人类对自身认知的深化息息相关。然而，传统评估方法常常难以打破静态对称的桎梏，忽视了个体差异以及动态代偿的复杂性。朱迪思·阿斯顿的《阿斯顿体态评估》一书，正是打破这一桎梏的里程碑之作，为体态科学开辟了全新的范式。

体态评估：从表象到本质的革命

阿斯顿的成就源于她对人体的深刻洞察。早年师从结构整合法创始人艾达·罗尔夫博士的经历，让她意识到传统体态评估方法的不足——过度依赖二维平面的标准铅垂线，却忽略了人体在重力场中动态适应的本质。本书提出的阿斯顿范式颠覆了传统方法，将体态视为结构与功能、遗传与代偿、静态与动态的复杂统一体。通过对三维空间下的偏移、倾斜和旋转的分析，结合身体各部位的维度（长度、深度、宽度）与肌张力，阿斯顿构建了一套更贴近真实人体的评估体系。

书中强调的动态中立范围尤为精妙。它摒弃了单一中线的标准，允许身体在微小角度内自然摆动，从而协调重力与地面反作用力的相互作用。这一理论不仅与生物力学研究中的"最优控制理论"（Latash，2012）相契合，而且得到神经肌肉科学领域研究的支持。研究表明，人体通过动态调整肌张力分布可以实现能耗最小化（Srinivasan & Ruina，2006）。

循证与实践：从理论到临床的桥梁

阿斯顿的贡献不仅在于理论创新，更在于其理论的临床实用性。书中收录的数百张评估示意图和标记方法，将抽象的体态评估方法转化为可视化的操作指南。例如，先通过球体组合图快速定位身体各部位的中心，再结合铅垂线分析承重分布，这一方法已被多项研究证实能显著提升评估效率（迈尔斯，2014）。此外，阿斯顿对不对称性的诠释对我们极具启发性。她指出，生理性不对称（如器官分布不对称、存在优势侧）是功能优化的必然结果，而病理性不对称（如损伤后的代偿造成的不对称）则需通过系统干预矫正。这一观点与《运动医学期刊》（*Journal of Sports Medicine*）近年倡导的"个体化生物力学适配"的理念高度一致（McGill，2020）。

每个人都是自己的体态专家

本书的终极意义在于为读者赋能。阿斯顿通过大量案例分析证明，体态问题并非无法逆转。无论是出现运动损伤的运动员、久坐办公的上班族，还是术后康复人群，均可通过精准评估找到代偿链的源头。书中强调的自我观察技能，如利用照片分析承重模式，感知肌筋膜紧张区域，可以让读者逐步掌握与身体对话的能力。正如神经科学家安东尼奥·达马西奥（Antonio Damasio）所言，"身体是意识的画布"，唯有理解体态的语言，方能实现身心的真正自由。

一场静默的人体革命

《阿斯顿体态评估》不仅是一本专业手册，更是一份唤醒身体觉知的宣言。它提醒我们，人体并非简单的机械系统，而是重力环境与生命活动持续相互作用的动态平衡体。在运动科学日益追求数据化的今天，阿斯顿以人文关怀与科学严谨并重的方式，重新定义了体态评估的价值——它不是对"错误"的审判，而是对"可能"的探索。

愿每一位读者在本书的指导下，成为自身健康的首席专家，在动态平衡中书写生命的优雅篇章。

李哲
李哲功能训练®中心

参考文献

迈尔斯 T W. 解剖列车：手法与运动治疗的肌筋膜经线：第4版[M]. 关玲，译. 北京：北京科学技术出版社，2023.

LATASH M L. Fundamentals of motor control[M]. New York (NY): Academic Press, 2012.

MCGILL S. Ultimate back fitness and performance[M]. Ontario: Backfitpro Inc, 2020.

SRINIVASAN M, RUINA A. Computer optimization of a minimal biped model discovers walking and running[J]. Nature, 2006, 439(7072): 72-75.

推荐序一

朱迪思·阿斯顿的书终于面世了！阿斯顿在这本大部头中详尽阐述了她的理论和见解，引导我们深入了解她的体态评估方法。现在，你应该安安静静地坐下来，认真读一读这本书，将其内容教给患者和学员。

这并不困难——你手中的这本书大概是你这辈子能找到的有关体态评估最易懂的书了，因为它囊括了阿斯顿几十年的实践经验和成果。本书内容逻辑清晰，有利于你学习、吸收、循序渐进地练习并取得进步。

体态评估是一种艺术、一项技能，不过还不能算是一门科学——至少目前不能。体态评估的第一要务是掌握观察技能，这是至关重要的。阿斯顿在这本书中讲授的方法一定会对你掌握观察技能有极大的帮助。亲眼看看她是如何实践的吧，你将欣赏到她如何在生活中把观察技能与运动艺术结合在一起。

不过，我建议你先弄清楚身体功能和体态的区别，前者指身体能够"做什么"，而后者更多的指身体各部位所处的位置、存在的方式。你需要从体态入手，你的体态比你的行为更能体现你的特点。

当然，二者是紧密关联的——你的行为影响了你的体态，而你的体态又限制或促进了身体功能的实现。正如韦恩莱特（Wainwright）所说："无功能的结构是一具尸体，无结构的功能是一个幽灵。"分辨二者之间的差别是非常有必要的。

当今的康复训练以及提升运动和艺术方面表现的训练大多将重点放在人们能否完成一项任务上。近年来，有许多方法打着"功能性"的旗号，运用各种手段测试身体的活动范围和力量。这些方法都很好，但我们需要知道从哪里入手。正如艾达·罗尔夫博士和摩西·费登奎斯（Moshe Feldenkrais）以各自的方式提出的问题："你的身体在什么状态下最舒适？"让问题变得复杂的是，我们每个人都有很多身体姿势，包括坐姿、睡姿、行走的姿势、工作的姿势等，并且这些姿势在我们警觉／疲惫、精神饱满／心事重重、内向／外向等不同状态下都有所不同。

阿斯顿简化了解读体态模式的方法，但这并不意味着体态模式容易被解读。在试着将这种解读体态模式的方法付诸实践时，你应当允许自己在最初的 50 次尝试中犯错，再决定是否要放弃。你需要至少对着几十个人的身体仔细观察来了解身体各部位的关联模式，在此之后你才能深入理解其中的关系，而非浮于表面。接下来，你就可以出发了，用你全部的精力来探索人的体态模式。阿斯顿为你提供了易于攀登的台阶，你可以拾级而上，让你的技能越来越娴熟。

举一个身体结构与功能不匹配的例子。大多数惯用右手的业余网球运动员的右肩都比左肩低，这是因为在打网球的过程中，他们的右肩由于背部肌肉、腹部肌肉、前锯肌和腰方肌的收缩而下沉。他们经常下沉右肩来发力击球，这导致前臂伸肌受到向外牵拉的作用力而出现"网球肘"。

尽管大多数专业网球运动员也是右手握拍，但他们都学会了以脊柱为中线旋转身体，这样就可以同等地利用身体左右两侧的肌肉。学会这么做不容易，但一旦学会了，运动员的动作会更优雅，力量和耐力都会增强。不过，绝大多数运动员都会经历一段下沉右肩来发力击球的阶段。（上述情况对左利手的运动员是相反的。）

然而，如果一个碰巧是左肩比右肩低（可能因遭遇事故、优势眼、遗传学或者其他因素导致）的人学网球，这个人八成不擅长打网球，他可能很快就会放弃。或者，如果这个人很喜欢打网球而不愿放弃，他很可能会改变姿势，让右肩比左肩低。但这并不是一种矫正，反而会加剧他身体的紧张程度。

每一个前来咨询的患者都曾面临无数抉择，可能都经历过意外、手术、恋爱、失恋等，都有自己的习惯，在这些因素的共同作用下，患者形成了复杂的体态模式。理疗师或运动教练的工作是厘清这些模式，使患者的身体恢复到自然的、不受限的状态，这样他们的身体才更容易彻底放松，围绕着身体的中线旋转。

这本书对你的日常生活有很大帮助，你将一步步登上"体态模式的比萨斜塔"——这座塔由各种各样怪异而低效的体态模式构成，它们源于模仿、伤病或错误姿势，都受到作用于体内的 40 万亿 ~ 60 万亿个细胞及其筋膜基质的无形的重力调控。随着时间的推移和不断练习，你的体态评估技能会越来越精湛。阿斯顿将引导你走出体态模式的迷宫，让你豁然开朗，明白"原来我接下来该这样做"。

我无比感激阿斯顿。20 世纪 70 年代，我也被吸引到了罗尔夫博士的圈子里，比阿斯顿晚几年。那时阿斯顿仍在罗尔夫学院执教，我上过她两次为期 4 天的运动课和几次训练课。从那之后的 40 多年时间里，她一直对我有着深远的影响。

我很幸运能够继续接受阿斯顿的指导，并邀请阿斯顿到我的解剖列车培训课上指导我的学员，借此机会我得以深入了解她的技能体系。当初在阿斯顿的运动课和训练课上学到的知识，成为我多年来在执业过程中不断探索的源泉。

阿斯顿的训练课总是令人难忘。有一次，我在训练课上带着吉他边弹边唱，阿斯顿给我上了一堂"返璞归真"课。一开始，改变的确很难——习惯如同顽强的敌人，难以打败。但在我调整骨盆位置后，我感觉吉他变轻了，我的呼吸也变得深沉，课上每一个人都听出了我用新姿势表演时声音的改变。自此，我摆脱了不良姿势。

啊，也不完全是这样。在疲惫至极或心情不好时，我会发现自己佝偻着趴在吉他上，用一种嘶哑的、迪伦[①]式的声音唱歌。但我会立即意识到这样不舒服，唱歌的方式也变得压抑，于是我就会纠正身体姿势，随之我的音域也会变得宽广。"朱迪思，"我在多年后对她说，"你'毁了'我的颓废。"这是她带给我的改变。

阿斯顿的成就是辉煌的，她具有模仿和分解他人动作的能力，并且让别人也能看出动作是如何分解和组合的。我永远无法达到她的高度，解剖列车学院身体解读课程中的很多内容源于我在罗尔夫和阿斯顿门下学习的经历。

"专注"近年来成了流行语，而我们首先需要将注意力集中于我们的身体：有什么感觉？是否弯腰驼背？有无隐痛？各部位的位置是否合适？受到怎样的限制？阿斯顿是一位大师，引导我们关注身体的运动模式。

准备好享受盛宴吧。要知道，在你最初体验到它带来的快乐之后，这场盛宴将长时间给予你营养。只需要一点点投入——练习、练习、不断练习，你将成为行家，根据对患者体态及其成因的评估，设计出相应的训练课程，帮助他们实现目标。关于这一点，我再怎么强调也不为过。

托马斯·W. 迈尔斯（Thomas W. Myers）
"解剖列车"创始人

[①] 迪伦指鲍勃·迪伦，他是20世纪60年代美国知名民谣歌手。——译者注

推荐序二

朱迪思·阿斯顿通过对身体排列和肌肉平衡的分析，向公众奉上了第一本有关阿斯顿动力学的书。这部优秀的作品原本是对阿斯顿独特教学经验的总结，但现在已经成为一本成熟的、逻辑清晰明了的实用手册。阿斯顿动力学是综合了运动教育、三维软组织松解技术、健身训练以及人体工程学的完整体系。在完整性方面，阿斯顿动力学在所有人体学科中是独一无二的，它包括全面正式的评估系统、能广泛应用于解决各种肌肉骨骼系统缺陷问题的创新手法、一系列有针对性的运动训练课程以及大量基础概念。

阿斯顿动力学源自创造性的见解，并经历了长期独立的发展。鉴于它提供了观察与理解身体动作和身体排列模式的方法，我一直以来都认为它对众多疗法做出了非凡的贡献。虽然阿斯顿并没有明确引用任何资料，但阿斯顿动力学在各个方面都与当代神经生理学和生物力学的研究成果吻合。阿斯顿动力学具有预防和治疗作用，因为阿斯顿为我们展示了更为理想的体态、动作，并且她将人作为时时刻刻受到重力、地面反作用力以及其他外界刺激影响的生物来看待。

本书的重点在于如何观察静态的体态，一系列有助于学习的练习将让理疗师对人体结构了解得更加透彻。本书清晰明了的展示方式可以让理疗师迅速投身到有意义的实际工作中，帮助他们打下坚实的理论基础，让他们学会从排列、维度和比例等方面系统地观察身体，由此将他们关于人体结构的知识转化为有效的身体疗法。排列涉及身体各部位的位置。身体各部位在空间中的相对关系及其承重情况是排列的两个方面。维度和比例指整个身体或身体某一部位所占的内部体积，以及所占体积是如何在宽度、长度和深度3个维度上分布的。同时，每一块骨骼在三维空间中的位置也可以被确定。身体各部位相对于标准位置的偏差情况可以用生物力学术语来表示，如扭转、剪切和挤压。

此外，阿斯顿动力学还探讨了身体排列模式和肌张力之间的关系。在评估肌张力的过程中，检查者通过观察和触诊判断被评估者全身的肌肉张弛模式，并标记可能紧张过度或不足的地方。利用人体图可以对体态模式进行可视化记录。

无论是对身体疗法、运动教育和人体工程学综合运用的程度，还是对人体结构与功能不对称性的认知，或是为患者提供个性化治疗方案方面，阿斯顿动力学都是独一无二的。本书介绍了阿斯顿观察技能，这些技能是理疗师进行体态评估的基础，能够帮助他们设计出多种个性化的治疗方案。

请时刻谨记，我们看待事物的方式深受观察方式的影响。我们每个人的认知都有局限性，但我们有时却不自知，由此导致的最典型的错误便是将每位患者的问题都划归到自己熟悉的领域里。本书将为你提供一种健康的、兼收并蓄的方法，帮助你矫正这一错误。

达琳·赫特林（Darlene Hertling）
华盛顿大学康复医学部高级讲师
物理治疗师

前　言

从记事起，我就对人们的运动方式和表达自我的方式有着浓厚的兴趣。为了深入探索这一兴趣爱好，我学习了多年舞蹈，并指导舞蹈演员和运动员改变他们的身体运动方式，帮助他们表现得更好。20 世纪 60 年代，在这一兴趣爱好的驱动下，我进入了美国依莎兰学院，在那里，我和一位格式塔治疗师合作，帮助学生探索运动与我们内心的联系。

由于我在几年间持续被车祸造成的难以忍受的疼痛困扰，1968 年，一位朋友建议我去拜访艾达·罗尔夫博士。她在依莎兰学院接诊，并且教授她创立的结构整合法。她的工作向大众传递了这样的信息：我们的身体可以通过特定的"运动实践"（身体疗法）而得到改善，我们并非只能被迫接受身体因事故和衰老而导致的衰退。罗尔夫博士在了解了我的工作成果后，邀请我在她的理论的基础上设计一套动作训练课程，以帮助学生维持身体疗法的效果。我们将这套课程称为罗尔夫－阿斯顿结构作图系列。

和罗尔夫博士一同工作、指导学生的 9 年经历令我受益匪浅，我不断根据自己的观察结果修改课程内容，使其更加有效。最令人惊奇的是，理疗师们逐渐意识到，在他们学会用新方法控制身体之后，他们的动作不那么吃力了，患者的不适感也减轻了。

随着时间的推移，我发现我可以根据自己的观察结果创立一个新的范式，它是对之前有关身体排列和运动的看法的革新。如今，这一范式广泛应用于所有阿斯顿动力学及其运动教育课程，包括阿斯顿推拿学、肌肉动力学、关节动力学、阿斯顿健身课等。

在本书中，我会分享我的一些重要观点并介绍阿斯顿范式的基本原理，这些都是我在 60 多年的教学生涯中总结出来的。我也安排了有助于读者逐步提高自己的观察技能和评估技巧的练习，因为我认为我们需要先看到"是什么"，才能知道"怎么做"。

本书中关于体态评估的技能可以应用于身体保健、日常运动和专业表演等方面。我的学生反馈，学习体态评估技能显著改善了他们的工作表现，使得他们更快、更省力地帮助患者获得更持久的治疗成效。

目　录

目录

第 1 章

绪 论

开端和影响

我写本书的目的有两个：其一，清楚地说明我们要对体态评估的传统方法做哪些修正，才能发掘我们身体的最大潜能；其二，给理疗师和运动教练等提供详细的指导，帮助他们用新的方法来观察人们的身体，并将这种方法应用于实践。我的学生经常问我一个问题："您是怎么想到这个的？"在这里，我想讲述一些我的个人经历和观察经验，以说明阿斯顿范式是如何发展成所有阿斯顿动力学模式的基础的。

本书重点讲述阿斯顿工作坊（Aston Work）的课程中所教授的第一项关键技能：体态评估。在第 8 章中，我将分享关于阿斯顿范式的一些重要观点、基本原理，还提供了相关的练习，以帮助读者逐步锻炼自己的观察和评估技能。我还解释了为什么观察时要将人体铅垂线从传统位置向前移，以完整地呈现身体的自然姿态。我们还需要认识到，我们的身体在功能上天生就不对称，这种不对称性由生理结构决定并有助于运动，我们强求身体这个动态系统达到对称是不合理的。

身体的任何运动都需要各部位协同工作来完成，因此，我们可以通过准确观察身体各部位、各部位之间的关系、部分与整体的关系，以及各部位承受的重力和地面反作用力的情况来评估身体的比例、结构和功能。我们需要了解什么是理论标准的体态，来明确我们要达到什么样的目标。从标准体态（阿斯顿中立体态）

1

出发，我们可以推断身体是如何进行自我协调从而拥有理想的结构和功能的，以及身体各部位的排列和维度是如何相互影响的。

通过运用在本书中介绍的观察和分析技能——准确地评估和清楚地标记，理疗师可以在每个疗程结束后追踪患者身体的变化情况，以免忽视一些重要的因素。他们还可以利用这些观察和分析技能确定哪些是导致患者体态不良的主要因素，哪些是次要因素，从而将治疗方案设计得更加合理，取得更好的疗效。

我与生俱来的能力让我比一般人能更准确地观察身体的运动方式，因此积累了很多经验，这为我的事业奠定了基础。母亲告诉我，我 4 岁的时候就已经能够惟妙惟肖地模仿人们的姿态和动作，家人都能看出我在模仿谁。有一次，我对母亲说："一位女士给您带来了这些文件。"母亲问："她叫什么名字？"我回答："我不知道，但她是这么走路的……"我开始模仿那位女士走路，母亲看到大笑起来，然后说道："哦，那是布朗夫人！"

我总是一刻不停地在屋子里跳舞。母亲说，为了获得片刻安宁，她不得不把我送进当地的舞蹈学校。我在舞蹈学校里学习独舞，一直到 14 岁。

高中 3 年里，我在玛莎·沃克（Martha Walker）为盲人学生开的课上做助教，她的丈夫德尔·沃克（Del Walker）教练当时是美国长滩社区学院体育部的部长。1963 年，在他们夫妇二人的推荐下，21 岁的我被长滩社区学院聘用并主持设立了舞蹈部，还为体育部、戏剧部、音乐部、社区教育部开设了运动课程。

接下来我要讲述一次有趣的经历，它对我多年以后开创并完善阿斯顿动力学课程有很大影响。当时我需要给运动员上交谊舞课，有一名学员是很有天赋的田径运动员，他在 400 米项目中表现出色。但他每次跳狐步舞的时候都显得很不协调，似乎总是把重心放在一只脚上，同时还在用那只脚迈步。我问他的几个朋友，他是不是有什么身体缺陷，他们说："你在开玩笑吧？你可以亲自来看他训练。"于是，我去看他跑步了。他的动作流畅、快速而优雅。我需要搞清楚在他跳舞的时候究竟是什么影响了他，以及该如何纠正他的思维和动作模式。我没有教他舞步，而是凭直觉先让他做自己熟悉的动作——交替地向前、向后、向两侧慢跑和快跑。然后，我面对着他，拉着他的手，引导他逐渐跳起了狐步舞，他说："阿斯顿小姐，我学会跳舞了！"德尔·沃克教练在旁边观看了整个过程。后来他和我说，我的身体运动方式很有趣。他这句话令我很疑惑，因为我完全没有意识到自己是如何奔跑和跳跃的。后来，我学会了将每项运动都分解为多个基本动作，在消除不必要的张力并学习新的、更有效且省力的自然的动作顺序之后，这些基本动作可以很容易地重新组合为完整的运动。在那之后，我又发现了在生活中利用重力和地面反作用力来使运动更加轻松的方法。

1964年，我开始在美国加利福尼亚州大学洛杉矶分校攻读硕士学位。我对心理学和戏剧都有涉猎，但不知不觉地，我的研究方向发生了转变，我开始将舞蹈与心理学和戏剧结合起来。动作与心理状态之间的关系是我此生的兴趣所在，也是阿斯顿动力学的要素之一。我发现，我们的身体可以清楚地感知我们的情绪，如开心、疲劳、焦虑、激动等，所有这些情绪都对身体的化学平衡和体态模式有相应的影响，而其中不良情绪的影响需要被矫正，否则就会影响我们的健康。

1965年，我开设了我的第一门舞台动作课程。事实很快证明，年轻的学生们无意识的身体姿势和习惯性的动作限制了他们对所饰演角色的塑造。他们需要具备观察体态和动作的能力，以成功地饰演那些与本人完全不同的角色。

大约在同一时期，我受邀为美国加利福尼亚州拉荷亚的一家名叫凯洛（Kairos）的人体潜能工作坊设计动作训练课程。参加课程的有依莎兰学院（Esalen Institute）的相关负责人，还有心理学、运动学、身体疗法以及人体潜能领域的很多专家。有一位精神病专家问我能否为他在凯洛开设的周末研讨班上的患者设计课程。

后来，在1966年末和1967年，我遭遇了两次严重的车祸。其中一次，我的车被一辆时速超过50千米的车追尾了。这次车祸给我留下了严重的背部疼痛和坐骨神经痛等后遗症——我完全无法站直，站立时身体需要微微向前倾，用右腿来支撑身体的大部分重量。在物理治疗结束后，我又惊讶又愤怒地发现，医院的最终报告显示无法找到导致我疼痛的原因，并下结论说疼痛是我臆想出来的。我咨询了那位在凯洛委托我设计课程的精神病专家，告诉他我觉得我的疼痛是确实存在的。他相信我，并建议我去找艾达·罗尔夫博士——她将在 1968 年春天到访依莎兰学院。

依莎兰学院位于加利福尼亚州的大苏尔，到达那里的时候，我发现罗尔夫博士的出诊时段已经被患者预约满了。我在她的诊室外苦苦等了两天，才等到一位患者取消预约。见面后，我立即意识到，她是一位了解如何改变体态和改善身体功能的行家。她想必已经打听过坐在门口苦苦等了两天的奇怪女人是谁，因为在第一次诊疗结束后她跟我说，她听说我为人们设计动作训练课程。我给了她肯定的答复，她便问我能否为她开创的结构整合法设计一套动作训练课程。我立即同意了。当时我并没有考虑具体什么时候开始，结果她说："那好，我得开始训练你了，课程从 6 月份开始。"我大吃一惊，因为从没有人说过要训练我。之前如果有人请我设计动作训练课程，我会先根据学员的现状提出一些改进的想法，然后看看反馈的情况。在那之后，我会进一步拓展，最终完成整个课程设计。我问罗尔夫博士为什么要训练我，她说："只有经过训练，你才知道该怎么做。"我向她道歉，因为我当时计划去欧洲，并且没打算改变计划。但罗尔夫博士说："课程还有 6 周就要开始了，更改你的计划吧。"罗尔夫博士就是这样一个人。我说可以，于是事情就这样定下来了！

我跟随罗尔夫博士学习并工作了 9 年。在这段时间里，我为学习结构整合技术的学生——大约有 200 人——设计了很多课程并亲自教授。所有学习结构整合技术的学生在入学时，都要学习一门由我授课的为期 4 天的课程，涉及体态观察方法和人体力学的运用。我还培训了约 50 名运动教练。这是我最早设计的动作训练课程，在这套课程的基础上，我开发了罗尔夫 - 阿斯顿结构作图系列。我设计这套课程时遵从了罗尔夫博士关于身体排列和正确姿势的意见，目标是当学生在学习身体疗法课程且身体出现积极变化后，能够长时间维持疗效。由于这套课程是基于罗尔夫博士的范式设计的，因此我当时指导人们保持姿势的时候，会下这样的指令："让你的头顶向上达到最高。"后来，我意识到身体向上的动力可以很容易地从地面获得。

1975 年年底，我在体态、动作训练、健身和人体工程学方面有了很多重要的发现，于是开始迅速发展自己的理论，并按照这些理论培训体育教师、心理治疗师和身体疗法治疗师。我预见到，这些新的理论将能指导动作训练，改善运动和日常活动的表现。我开创并发展了一个体系，用于指导理疗师和运动教练等学习如何清晰地分析身体结构和排列。我试着以积极有效的方式来教授学生，帮助学生基于"正确"的方法来学习。我在一开始指导前文提到的那位大学田径运动员时就采用了这种方法，而在积累了 16 年教学经验后，我发现学生学到的知识有所不同。基于"正确"的学习方法可以让学生了解并应用更多的知识。

随着时间的推移，我逐步发展出一套新的范式，它整合了我先前关于身体排列和运动方面的观点。现在，这套范式是阿斯顿动力学课程、阿斯顿筋膜整合专项训练课程、阿斯顿健身课程以及人体工程学产品的基础。

在 60 多年的教学生涯中，我将我的发现应用于很多方面，而应用的过程总是需要观察身体和评估体态。理疗师、运动教练、瑜伽和普拉提老师、身体疗法治疗师可以利用身体观察技能迅速确认患者的不良体态模式，并帮助他们减轻这种模式带来的负面影响。这样可以缓解患者的不适感，或为患者提供改变生物力学的方法，以提升其技能水平——跑得更快，掷实心球更有力，在足球训练后更快地恢复体能，弹奏乐器更流畅且更富有表现力等。我热衷于帮助人们学习"解读"自己身体的技能，以便他们自己评估身体需要什么以及做什么对身体有益。起初，人们可能觉得这类知识微不足道，但随着时间的推移，他们也许会亲身体会到其真正价值。人们总是想让我帮助他们解决身体出现的各种疼痛问题。当我们能够从整体上看出体态存在的问题时，我们就能看出身体各部位是如何联系在一起的。事实上，身体各部位很可能已经在尽力调整，让它们共同承受的压力最小。如果理疗师、运动教练能够确认患者的不良体态并加以矫正，那么患者身体的这些貌似独立的部位承受的压力也会得到减轻。

观察力测试

你的观察力怎么样？如果墙上的画挂歪了一点点，你能看出来吗？

观察下面的图片并思考以下几个问题，然后将你的答案写下来。

（1）在博物馆里，你有没有发现有些人在观赏倾斜的艺术品时，身体也会随着观赏对象倾斜？

（2）你有没有发现自己有时会不由自主地倾斜身体去看那些倾斜的物体？

（3）你能看出比萨斜塔的倾斜角度大约是6°吗？

（4）你觉得图中这些人的身体是倾斜的吗？

（5）你觉得身体倾斜的后果是什么？

似乎大家都认为身体左右两侧应该是对称的——几乎互为镜像。

现在，我们一起来观察图 A（图中的 X 是中心点）。乍看之下，图中的人站得很直。

不过，可能存在以下几种情况。

• 也许他的身体重量更多地落在左腿而非右腿上。

• 观察他的剑突（胸骨的末端），也许你能看出他的胸部似乎稍向右侧偏转。

• 你也许注意到了他双手的姿势——他的右手掌心向内，对着自己的身体，而左手掌心向后。

• 他右侧的头发看起来更高一些，所以他的头可能是向左倾斜的。

总的来说，问题没那么严重，对吧？

你如果拿出一根牙线，把牙线的一端固定在图片中他双脚连线的中央，然后将牙线拉到图片顶部，与本书页眉的水平线垂直，就能看出他身体的重心落在何处。在这个例子中，他的重心偏向身体左侧。

在下一页中，我们将他的右半身和左半身分别进行了镜面对称拼合（图 B 为两个右半身拼在一起的图像，图 C 为两个左半身拼在一起的图像）。

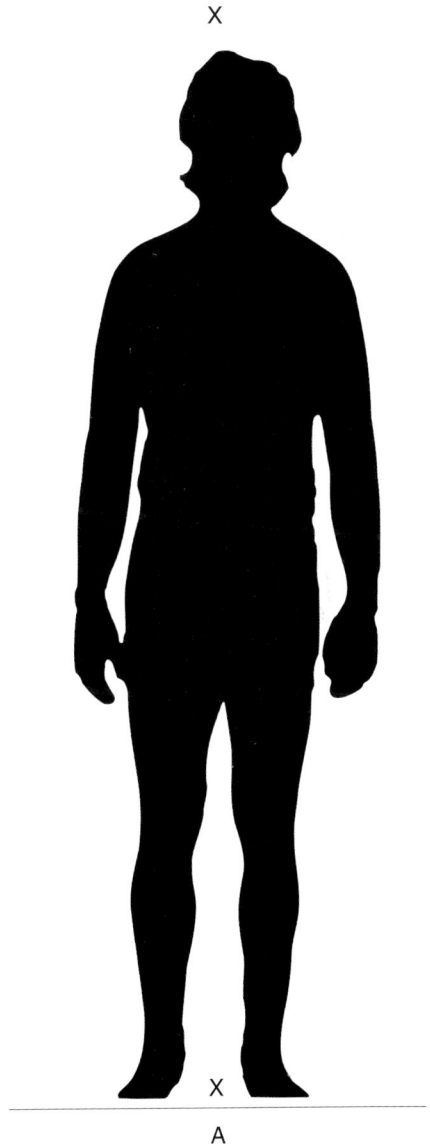

X

X

A

来比较一下吧。

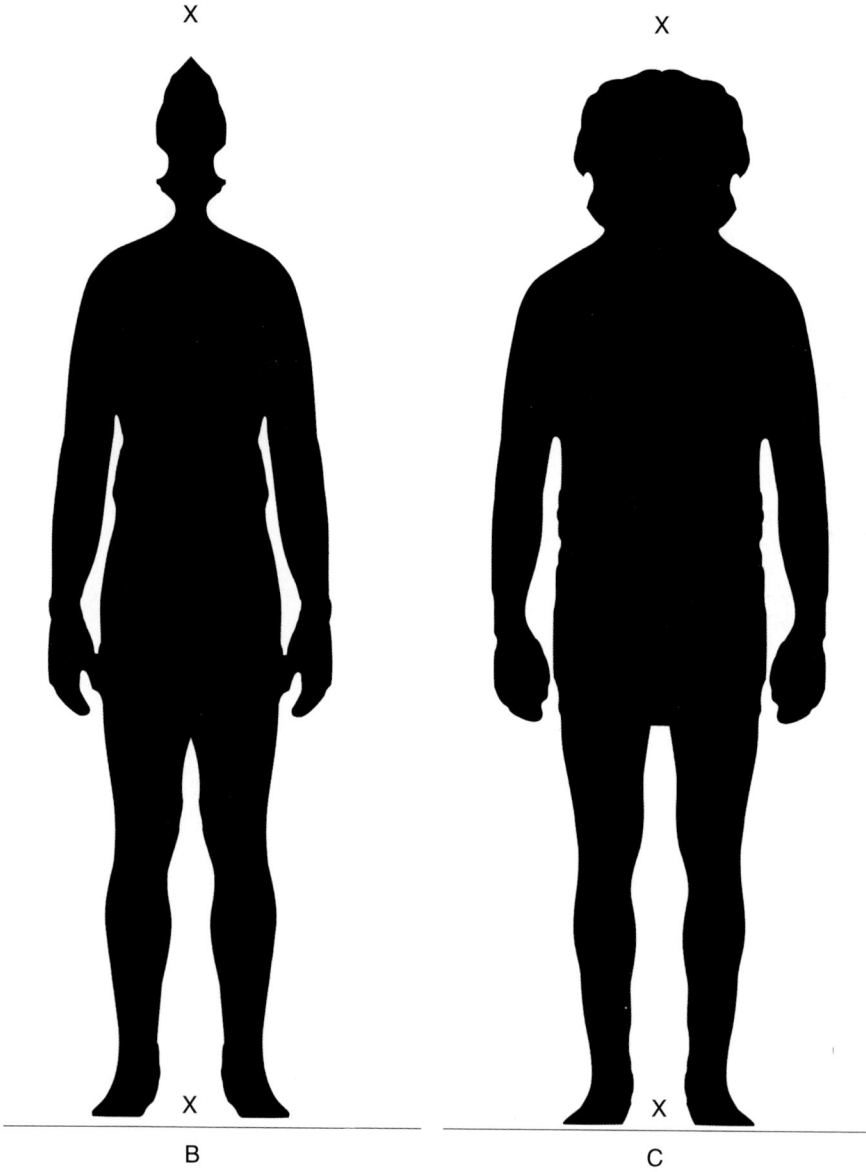

B

C

现在，将 3 幅图放在一起比较一下吧。

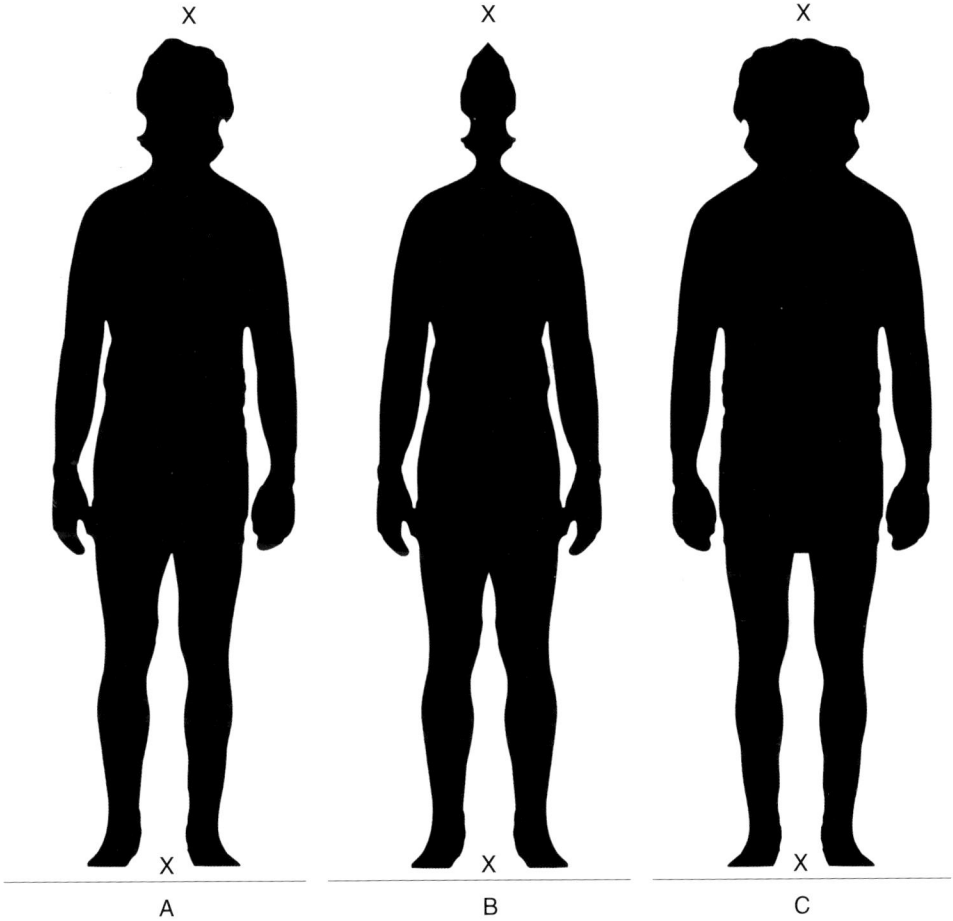

X   X   X

A   B   C

这样把这个人的左右半身分开并进行镜面对称拼合之后，左右半身之间的差异就相当明显了。我希望本书能够帮助你提升观察技能，从而识别体态的微小差异。

体态观察

　　理疗师、运动教练和舞蹈演员都必须学会如何观察身体。有些人通过二维坐标来观察身体，这种方法在某些特定的体系中也许有用，但最有效的方法还是在三维空间中观察整个身体。

排列和体态

　　排列揭示了身体各部位是如何组合以形成一个整体的。要理解排列，就要了解身体的结构是怎样服务于和影响功能的，并且要了解身体的各种活动受限情况（如脊柱侧弯或脊柱融合术和髋关节置换术后出现的活动受限情况）以及各种排列可能带来的影响。"排列"的概念更多地与结构相关。

　　体态则与身体的使用关系更为密切。我们的体态可能为良好、不良或者介于二者之间。尽管我们可能会受到如上文所述的排列上的限制，但我们仍然能够选择是放松地佝偻着，还是用力地站直以呈现良好体态。体态能够反映我们的心情、疲惫程度、反应敏捷程度以及近期是否动过手术等。"体态"的概念更多地与功能相关。

　　我主要为理疗师、运动教练以及教授运动学的人讲述如何观察身体及其运动模式。我会使用"体态评估"这个术语来评估身体的方方面面，包括结构利用率、习惯、偏好以及使用方法。

　　在身体受到特殊限制时，患者总是认为自己无法好转了。虽然理疗师并不能使患者的骨头回复原位，但人类的骨骼通常被软组织限制在一个相对固定的位置，无法进行全范围活动。理疗师可以帮助患者唤醒其身体内在的修复能力，并指导他们更好地做动作。此时患者就会发现，他们的身体并非无法好转。随着软组织的改变，身体的排列情况也会改变，从而为骨骼更好地发挥功能提供空间。当身体各部位更加适应各自的位置时，整个身体和各个器官就能更好地发挥功能。

　　理疗师和运动教练每天都要面对下面这些问题。

　　"我这里为什么绷得这么紧？"

"这个症状怎么总是出现呀？"

"我跑步的时候怎么伤到了脖子？"

"为什么我平衡感不好？"

"我妹妹和我一起上瑜伽课，为什么我做瑜伽时右半身总是很酸痛，但她却没事？"

在回答这些问题时，我们总是会考虑无数的因素。本书的重点在于体态评估，着眼于身体各部位的空间位置以及各部位相对于整个身体的空间位置。我们也会探究身体姿势可能对体态造成的影响。本书不会深入研究人体的各个系统，包括心血管系统、消化系统、内分泌系统、呼吸系统、淋巴系统、肌肉骨骼系统、神经系统、生殖系统以及泌尿系统。很明显，人体各个系统是否健康会影响体态，但我更希望你关注体态是如何影响人体各个系统的。

你如果能够熟练掌握两项技能，就能够帮助患者成为他们自己的运动教练，并让他们知道在什么时候以及怎样去调整自己的身体。这两项技能是：收集患者的准确而详细的信息；用这些信息帮助患者达到并保持最佳的身体状态。

在本书中，我们重点关注第一项技能，即收集患者的准确而详细的信息。如今，理疗师和运动教练等很多专业人士都开始将观察身体作为体态评估的重要组成部分。

通过特定的检测手段评估某个身体部位，我们能够获得有关这个部位的全部信息。但是，这些信息并不能告诉我们这个部位和整个身体之间的关系，也不能揭示这个部位的功能异常是否由身体其他部位对它的剪切、挤压、牵拉和旋转造成的，比如脚踝绝不可能脱离它上面的膝关节或骨盆独立旋前，任何过度屈曲脊柱的动作都对腿部的位置和紧张程度有重要影响。正是这些相互作用的关系，让我们在评估体态时对整个身体有了更深入的理解。

在实际工作中，我们经常需要对患处多、经历复杂、身体结构有多处改变的患者做出评估。身体现有的状态是在多年的习惯性动作模式以及生理和心理创伤的作用下形成的。如果我们观察身体的相互作用关系，那么一个疼痛部位也许只是一个起点，是我们评估的开端。通过考虑身体各部位功能的关系，我们可以以患处为起点，找到导致功能异常的重要潜在因素。

60多年的教学经验使我对人体的复杂程度有了深刻的理解。我指导过几千位理疗师、体育教师、运动教练以及运动员去分析身体各部位的关系，帮助他们提升工作水平。一旦你学会从体态评估的角度观察身体，你就可以了解一种全新的、动态的生物力学范式，并以这种范式去观察人体的结构和功能。

影响体态的因素

影响身体结构和功能的因素有很多，这些因素共同决定了我们身体独特的排列（结构）和体态（功能）。例如，小孩子经常会摔倒，可能会磕到头、扭到脚或骨折。当一个孩子骨折部位愈合，挫伤和疼痛消退，我们就认为他恢复健康了，但这次受伤可能使他身体的某个部位偏离中心，迫使身体进行自我调节以获得平衡。因此，幼年时的一次受伤经历可能就启动了一种特定的体态模式，使身体的某一部位偏离中心来补偿。在这个孩子长大的过程中，受伤的部位可能无法正常发育。此后每一次受伤，他的身体都可能做出补偿，并且这种补偿会叠加。

通常来说，身体各部位如此排列是有原因的。身体具有智慧，会偏离原本的排列或采用补偿机制来保持自身的平衡。总体来说，身体不会犯错误。它尽力使过往经历、所受伤害、补偿机制、要完成的任务以及现有能力相协调，从而最终完成一个动作。然而，即使身体已经不再需要补偿，它仍经常不自觉地维持适应性补偿的状态，以致丧失全部潜能，并使动作自由度受限。

我发现，在找到合适的方法来改善不良的身体运动模式后，身体能够顽强地抵御补偿机制带来的负面影响。理疗师、体育教师或运动教练如果能够使一个人改善身体运动模式，消除负面影响，并帮助他取得进步，使他表现得更好，那么他们会非常有成就感。一定要记住，身体一个部位的改变会影响整个身体。观察整个身体时，通过先单独观察各个部位的方式，我们会观察得更加全面且清楚。

当我们把人体看作一个各部位密切配合的系统而非许多独立的部分时，我们就会意识到，人体是一个交替处于静态平衡和动态平衡的完整系统。观察并理解这个系统有助于我们改善体态模式。

来看看影响体态的部分因素。

- 遗传基因。

- 在子宫里以及出生时的情况。

- 发育情况。

- 在婴幼儿期被父母或其他监护人搂抱、移动的方式。

- 生活用品（如家具、工具、婴儿座椅、鞋子）的设计。

- 各种器具（如支具、眼镜、医用石膏）。

- 行为榜样（如老师、明星、运动员）。

- 时尚潮流。

- 运动项目（如棒球、游泳、高尔夫、武术）。

- 年龄、体重、健康情况。

- 生活态度、信仰、性格。

- 职业特点（如需要久坐或需要使用重型器械）。

- 营养摄入情况、饮食习惯等。

- 周围环境（如社区环境、居住地的海拔、污染情况、噪声）。

- 物理因素。

评估语示例

要想帮助一个人改变体态模式，首先要学会观察和评估他现在的体态。以下是不同从业者的评估语示例。

理疗师：我能看出你躯干的中心在骨盆中心的后方（这是由于你的身体在双腿骨折后启动了补偿机制），这让你很难保持平衡。因为每次脚跟着地时，你躯干的中心都在脚的后方。如果我能帮你将身体排列模式调整到一种更接近自然中立的状态，那么你的步态将得到优化。

推拿师：我能快速评估你整个身体的排列模式，并把这些信息与我从你的肌肉和骨骼组织中得到的信息结合起来，设计出一套使你的身体状态得到全面改善的推拿治疗方案。

运动教练：在你举重时，我能看出你现在的身体排列模式是如何加剧了颈部和肩部的紧张程度。我可以帮你从整体上改善身体的排列模式，以免你的身体过度紧张。

心理治疗师：我能看出你现在的身体排列模式与你现在的心理状态不符，你总是采用含胸的姿势，这是曾经的伤痛经历造成的。我可以想办法帮你。

作业治疗师：我能看出你体态不良，并能指导你进行全身活动训练，从而提升你的日常生活活动（ADL）能力。

人体工程学顾问：我能看出你腰椎过度伸展和胸椎过度屈曲，我觉得这是由于你整天坐在一把低矮的椅子上造成的。我会帮你拟订改变你坐姿的全身活动训练方案，从而缓解你患处（胸廓出口）的疼痛。除此之外，我会为你设计一把更适合你的椅子。

本书的作用

人们通常因为身体某个部位（如腰部、肩部、颈部、膝盖、头部等）的不适而就诊，所以往往只要求理疗师处理患处。而一些理疗师在学习阿斯顿观察技能后，收获颇丰，他们能够更快速、更准确地发现患处和相关部位之间的关系，并由此制订治疗方案，使患者在缓解症状的同时改善身体的整体状态。

我的学生反馈，阿斯顿范式和阿斯顿观察技能训练带给他们的收获主要有以下 3 个方面。

• 阿斯顿范式提供了观察身体中立位的新视角。

• 阿斯顿观察技能训练有助于他们理解身体各部位的形态和排列是如何相互影响的。

• 最重要的是，阿斯顿观察技能训练可以帮助理疗师加强对身体各部位相互作用及其影响的理解。

无论你是经验丰富的理疗师、体育教师、运动教练，还是这些行业的实习生，我都希望本书带给你新的启发，并在实际工作中帮到你。

我写这本书的初衷是为理疗师等专业人士提供一套全面的工具来自学观察技能，这些技能包括：

• 在三维空间中准确评估身体各部位的情况，包括各部位的排列和维度。

• 了解身体各部位之间特定的相互作用是怎样导致或维持长期的体态模式的，如过度紧张或松弛、关节活动度过大或受限等。

为了帮助你观察患者的身体，迅速看出整个身体中有哪些相互作用导致了患处的症状，本书还为你提供了：

• 帮助你学习和提高观察技能的练习。

• 方便你记录观察结果的标记方法——让你事后看一眼就能回忆起之前看到的情况。

• 用于总结评估结果，从而为患者制订治疗计划。

这些评估的要素是确定治疗方案（包括治疗顺序、所用医疗仪器以及治疗部位）的基础。不过，以视觉观察结果为基础来制订治疗方案的具体知识已经超出了本书的范围。

阿斯顿范式提供了评估肌肉骨骼功能的全新角度，推动了运动教育、健身、产品设计、推拿、身体疗法等方面的变革，并制订了不同的人体工程学应用指导方针。正因为很多医疗和健身领域的专家在运用这些技能后给予我积极的反馈，肯定了这些知识的价值，我才开始创作这本书。

除了上面提到的，阿斯顿范式还衍生出了完整的运动教育、身体疗法和健身的方法，以及无数的相关产品。

如何使用本书？

本书提供的练习和示例都经过精心设计，意在按照特定的顺序传授知识、介绍技能。我采用的是一种可以让你亲身体验的教学方法，通过这种二维的方法，我可以更准确地向你展示我们要探索的三维世界。希望你花一些时间，把所有练习都做一做。

或许你已经有分析身体排列模式的经验了，但阿斯顿范式对最佳排列模式有不同的看法，可以为你提供新的视角。你应当循序渐进，一步一步地熟悉这种新视角。

本书由易到难，从第 2 章开始，每一章都会设置很多示例来帮助你重复练习某一技能。这种设计是基于这样一个看法——如果人们在学习新技能之前能够熟练运用已学技能，那么他们就能更加轻松且全面地掌握整个知识体系。

总的来说，从第 2 章开始，每一章都包括文字说明、示例和练习，用于展示书中的观点，以及一些临床上的应用实例。阅读第一遍时，你可以只粗略地看一看技能。再次阅读时，你就可以实际运用书中的概念了。有些人可能认为，在学习技能时，明白技能对实践有何影响是最重要的。总之，你可以用不同的方式阅读这本书，它们会带给你不同的体验，可能在不同的情况下发挥作用。在阅读过程中，随着你经验的累积、问题的增多，本书内容的深度也会增大。本书的版式是我特意设计的，以便你在书上做笔记。注意，想要熟练运用本书介绍的技能，就一定要做足够的练习。

关于练习，我建议你在图片上做标记。你如果不愿意在书上做标记，也可以用临摹纸和记号笔来做练习。我还建议你用一截牙线或细绳（20 ~ 23 厘米）作为铅垂线（与地面成 90° 的直线）。

在正文中，我提供了很多照片作为示例。为了让你尽可能多地练习，我希望你去观察患者和朋友的照片、书刊中的图片以及你本人的照片。如果可能，最好有 4 个角度的视图：正视图、后视图、左视图、右视图。观察对象的衣着应当能显露他的身体轮廓，以便你观察。

在观察过程中，我们主要关注以下两方面。

· 排列：以铅垂线为参照，身体各部位相对于彼此以及整个身体的位置和作用关系。

· 维度：整个身体或身体各部位的体积、质量或形状。身体各部位在 3 个维度（长度、深度、宽度）上延伸的方向和程度对身体形态和功能有重要影响。

按照从简单到复杂的顺序，我们会先分别评估上述两方面，再研究它们是如何相互影响的。

学习前测

前测 1

如果你想知道自己通过这本书学到了什么，你可以记下现在你是如何观察的以及观察结果，以便你日后进行比较。

仔细观察下面的照片并回答问题。如果有必要，可以再附一张纸。

（1）你的观察结果是什么？

（2）你觉得这个人可能有什么问题？

（3）你在治疗中可能会关注她的哪些身体部位？为什么？

笔记：

_____

_____

_____

前测 2

　　请你的朋友从 4 个角度为你拍照，得到 4 张照片（图 A 为正视图，图 B 为后视图，图 C 为左视图，图 D 为后视图），再加上一张你随意站着的照片（图 E），把这些照片放在方框里，以你自己为研究对象，观察照片并回答上页学习前测 1 中的问题。

正视图

A

后视图

B

左视图

C

右视图

D

随意站着

E

第 ② 章
排列和几何形状

概述

通过观察人体的骨骼标志和铅垂线，你可以获得许多信息。在此基础上，我还想强调，你要在三维空间中观察身体各部位，并且在评估过程中必须考虑排列（位置）、维度（形状）以及不对称性带来的影响。

排列包括身体各部位在空间中的位置，以及各部位之间、各部位和整体之间三维的相互作用关系，我会在后面几章中对此进行详细说明。

当我们想要搞清楚是什么因素（包括首要因素和次要因素）导致了一位患者的症状时，评估他整个身体的排列模式是非常有帮助的。有时我们很容易陷入误区，认为所有症状相同的人的身体排列模式必定相同，因此可以为他们制订相同的治疗方案。

下页图中的两个人都患有腰痛——这是一种常见病。请观察下页的图 A 和图 B，然后思考：他们看起来一样吗？

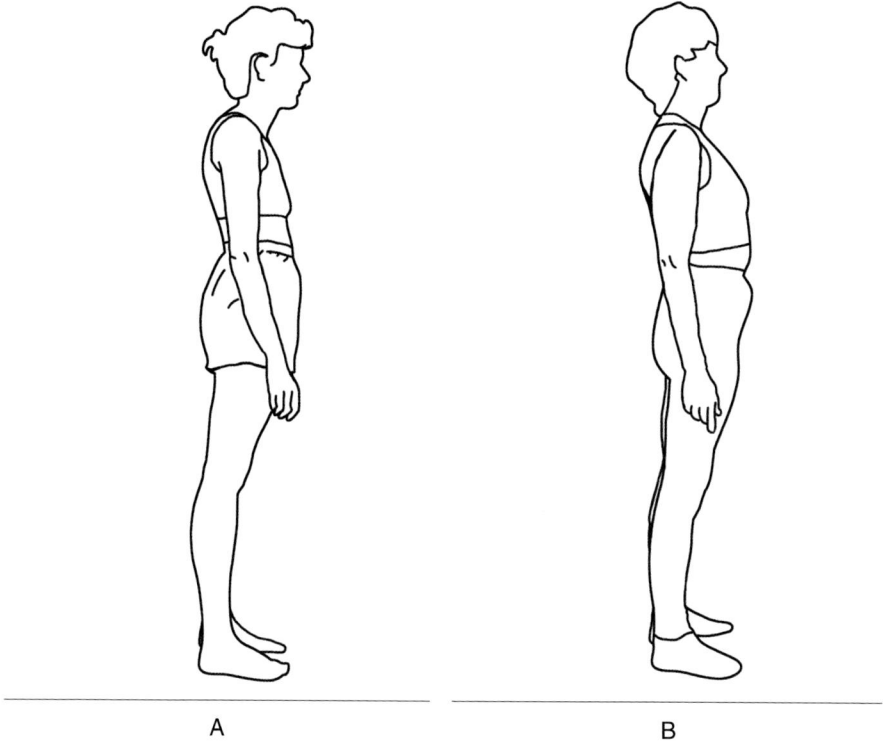

A　　　　　　　　　　　　B

　　注意，虽然这两个人的症状相同，但他们的身体排列模式不同，因而他们的腰部受到的压力不同。因此，我们要为这两个人制订不同的治疗方案。

　　（注：本书中大部分图片展示的都是患者或学生在治疗或课程开始前的状态。虽然他们的身体排列模式可能被夸大了，但这有助于你进行观察。）

常见的身体排列模式

观察以下几种常见的身体排列模式。图 A 展示了吸腹收臀式，图 B 展示了舞者式（伸展），图 C 展示了含胸弓背式（屈曲），图 D 展示了牙医式（旋转）。

A

B

C

D

为了达到某些特定的目的，我们适应了各种身体排列模式，但这样的模式可能会给身体带来一些不良影响。下面列出了一些可能的不良影响。

1. 吸腹收臀式

具体表现
- 腹部收缩。
- 骨盆后倾。

这样排列的目的
- 稳定脊柱。
- 改善体态。

不良影响
- 可能对腰椎造成压迫，导致臀部和脊柱的活动范围减小。
- 导致躯干和骨盆相对于臀部和腿部向后偏移。

2. 舞者式（伸展）

具体表现
- 挺胸。

这样排列的目的
- 拉长身体曲线。
- 上提双腿。

不良影响
- 使胸部过度拉伸。
- 可能压迫腰部，削弱脊柱的减震能力。这对芭蕾舞者来说是不利的。

3. 含胸弓背式（屈曲）

具体表现
- 躯干放松。

这样排列的目的
- 彻底放松，减轻压力。

不良影响
- 使胸部受到压迫，导致呼吸不畅，腹部和腰部受到的压力增大。

4. 牙医式（旋转）

具体表现
- 身体相应部位以脊柱为轴旋转。

这样排列的目的
- 协调和患者、椅子之间的位置关系来完成工作。

不良影响
- 在没有支撑的情况下屈曲身体，躯干左右两侧所受压力长期不均衡，会影响手和手指的灵活性以及脊柱旋转的自由度。

　　显然，每种具体的表现都会影响整个身体的排列模式。本书将提供一个基本的知识框架，帮助你理解身体是如何作为一个整体来工作的。

3 种基本平面

　　人体有 3 种基本平面（图 A 展示了将身体分成左右两部分的矢状面，图 B 展示了将身体分成前后两部分的冠状面，图 C 展示了将身体分成上下两部分的水平面），我们先分别讨论这 3 种平面，再把它们结合在一起，形成对排列的三维（下页的图 D 展示了二维图形，图 E 展示了三维图形）描述，因为对任何三维物体的描述都涉及这 3 种平面。身体是三维的，因此当身体的某个部位发生变化时，我们要考虑此变化在 3 种平面上的影响。我们必须明白，某个身体部位在 1 种平面上发生的简单变化，会在 3 种平面上对其他身体部位产生影响。

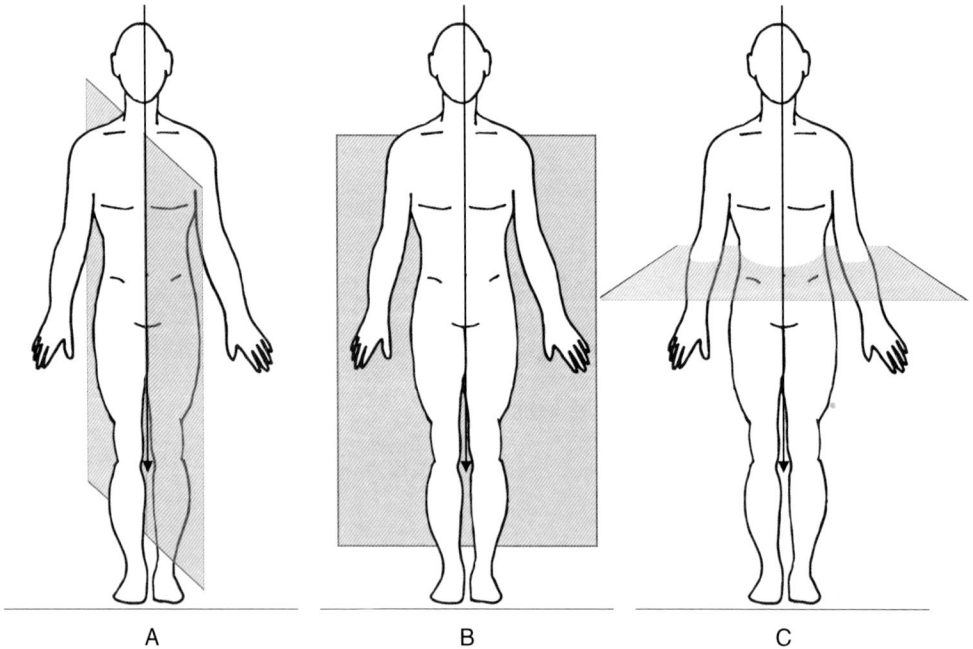

| A | B | C |

D

E

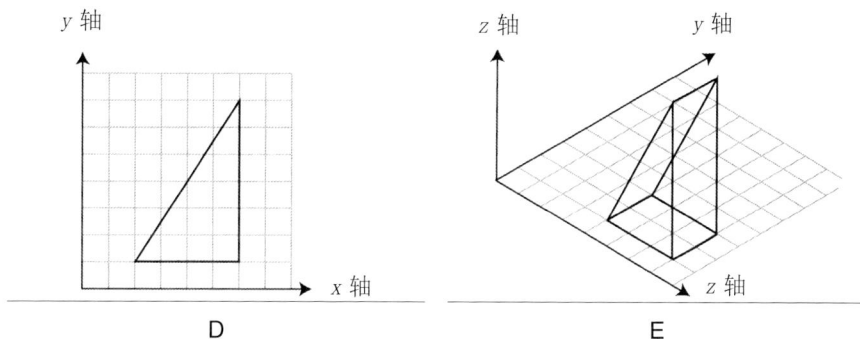

我们可以进一步简化，从以下 6 种视角来观察身体。

- 前视角——从前方观察（冠状面）。

- 后视角——从后方观察（冠状面）。

- 右视角——从右侧观察（矢状面）。

- 左视角——从左侧观察（矢状面）。

- 俯视角——从头顶向下观察（水平面）。

- 仰视角——从足底向上观察（水平面）。

我们仅从一种视角观察时，可以看出身体各部位 3 种相互关系（左右、前后、上下）中的 2 种。

- 前视角或后视角：可以观察身体左右、上下的位置关系。

- 左视角或右视角：可以观察身体前后、上下的位置关系。

- 俯视角（从头顶向下观察）：可以观察身体前后、左右的位置关系。

- 仰视角（从足底向上观察）：可以观察身体前后、左右的位置关系。

示例

　　观察下面4种视图（图A为正视图，图B为后视图，图C为左视图，图D为右视图）。

　　（1）从正视图和后视图来看，你认为这位患者的诉求或治疗的重点是什么？

　　（2）现在，观察左视图和右视图，你还能得出相同的结论吗？

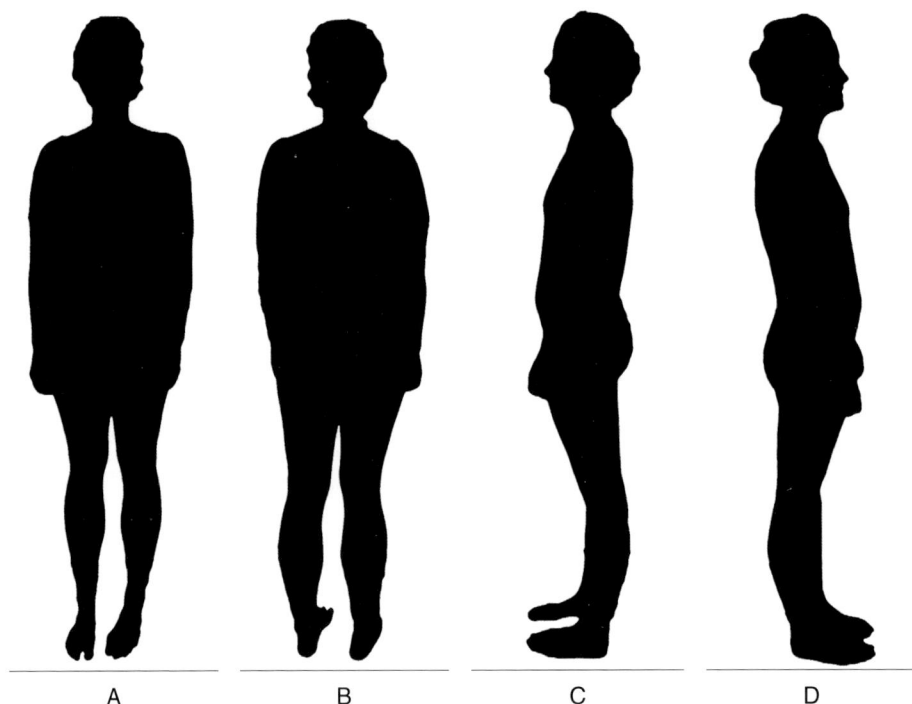

A　　　　　　B　　　　　　C　　　　　　D

　　可能的情况有以下几种。

　　• 你注意到患者的左腿有异常，经询问得知，为了矫正过度外旋的左腿，她在两岁时每晚都要在左腿上装上支架。

　　• 或者，你从侧视图中注意到她的双膝都过度紧张。

　　• 或者，你从正视图中看出，她的身体右侧从膝盖、臀部、胸部到肩部看起来更短或受到的压力更大。

• 或者，她可能向你讲述了自己的经历——她觉得含胸会让她在人群中不太显眼，这样她就更加自在。你可能会怀疑：是不是她的胸部右侧挤压腹部和骨盆，以致右小腿被挤到后侧？

• 又或者，她可能告诉你她是垒球队的投手，需要使自己的左脚稳定来辅助右臂投球。

• 你也可能注意到，在正视图中，她的肩部和双腿都向内收，胸部前倾。

• 她还可能告诉你，一位运动教练曾让她练习"天勾"（一种勾手投球方法）来矫正她的体态。她痛恨这段经历，希望再也不用做这件事了!

那么，我们该从哪里入手呢?

观察图形

为了锻炼观察能力，我们先从观察下面这些图形开始。

请注意它们在形状和大小上的不同。

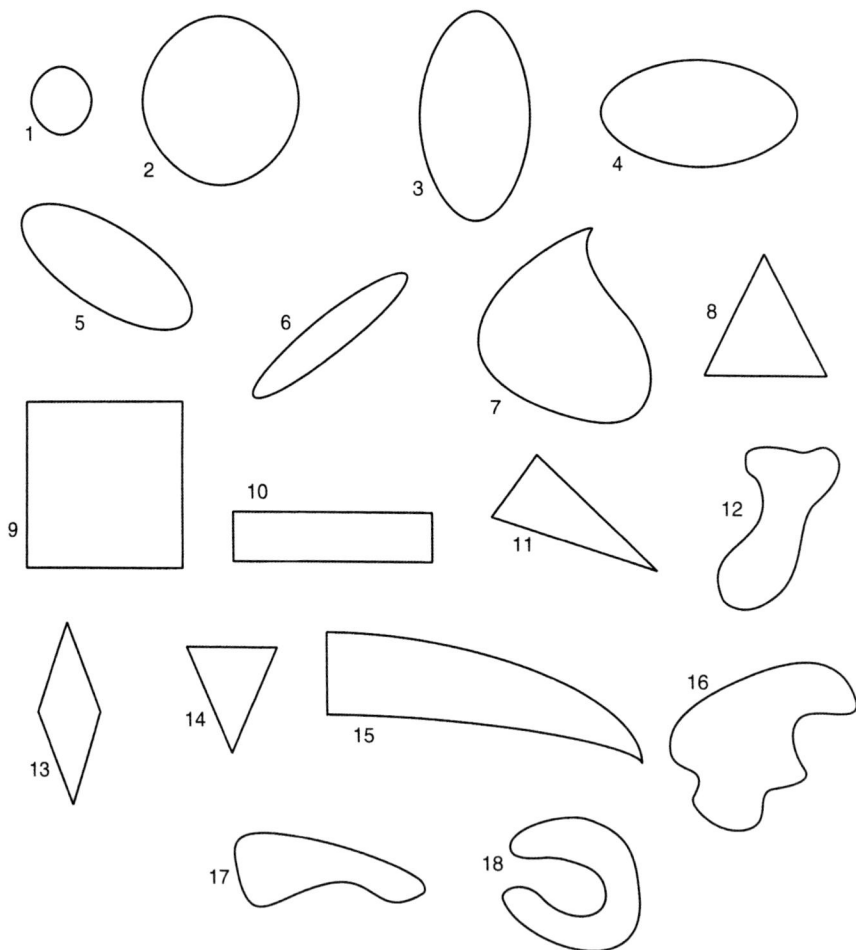

判断几何中心

一个图形的几何中心是它的形心。如果一个物体的形状不规则，那么形心会偏向更大的那一端。

■ 练习2.1

观察下面这些图形，找出它们的形心，在你认为是形心的位置上画一个点。在观察这些图形时，你就对如何找到形心有了大致的了解。你可以在这些图形上覆盖一张临摹纸标出每个图形的形心，或者直接用铅笔在图中标出。

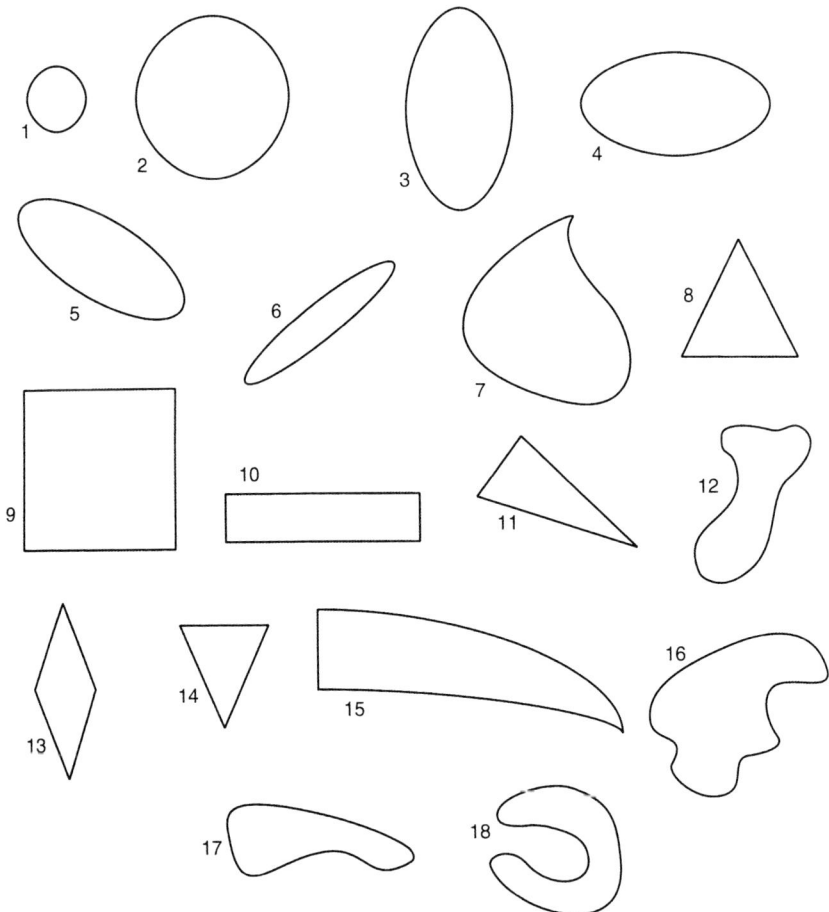

位置

在审视身体各部位的排列情况时，我们首先要找到身体各部位的中心，之后要看身体各部位或各部位的中心之间的相对关系。我们要牢记前文所说的 3 种基本平面，这样就可以将身体某个部位的位置描述为在另一个部位的左侧、右侧、上方、下方、前方、后方。

■ 练习2.2

找到下列图形组合中每一个图形的形心并进行标记。

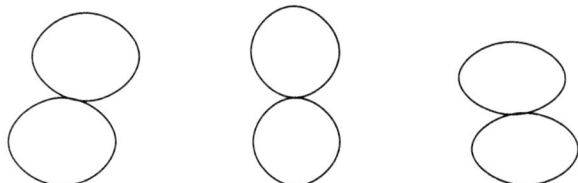

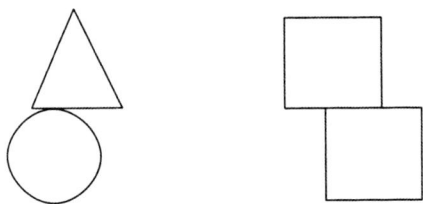

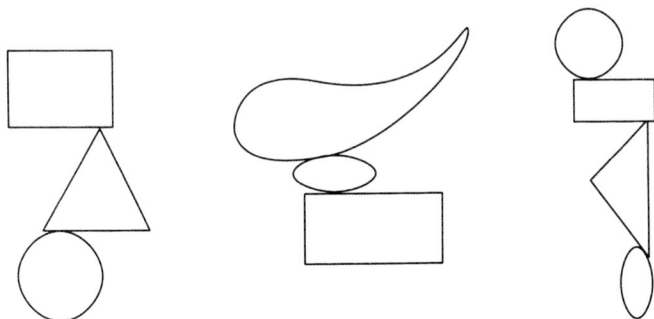

现在，把一张临摹纸盖在这一页上，在临摹纸上将每组图形的各个形心分别用线连起来。观察这些线。

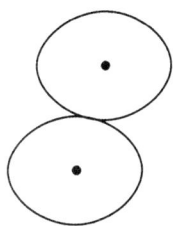

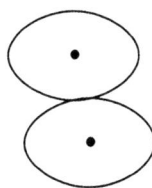

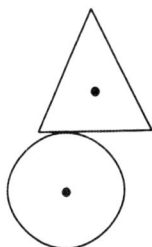

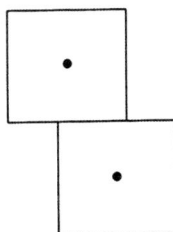

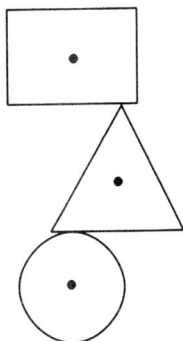

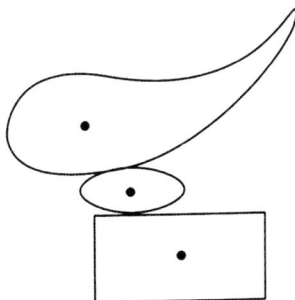

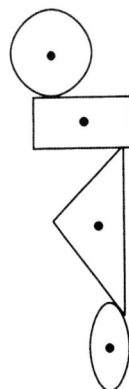

■ 练习2.3

仔细观察下列形状不规则的图形，思考它们各部分的形心相对于彼此以及水平线的位置关系。

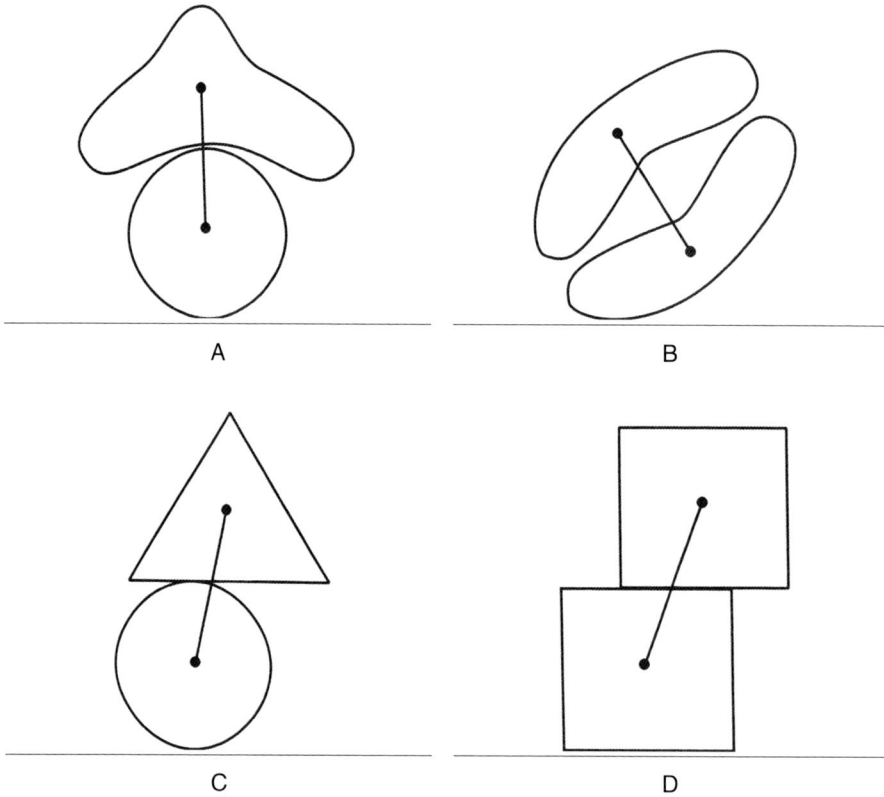

A

B

C

D

在图 A 和图 B 中，上方图形的形心在下方图形的左侧。

在图 C 和图 D 中，上方图形的形心在下方图形的右侧。

注意，由于上方和下方图形的相对位置不同，这 4 组图形中各部分形心的连线与水平线的夹角也不同。

对位置进行标记

与耗时耗力的文字记录相比，在人体图上将你对患者的观察和评估结果标记出来是十分有用的。这些标记可以帮助你更好地解决患者的问题，也便于你比较患者在不同疗程的身体变化。除此之外，这些标记对你写报告、与患者及其他理疗师交流也大有帮助。为了让你更方便、更清楚地了解患者的信息，本书将介绍几种标记方法，相信你可以找到对你来说最有用的方法。下图展示的是一种快速标记方法，用以记录身体各部位在左右方向上的相对关系。

标记符号

先在每个部分的形心处画一个点。然后，在图形组合中顶部图形的上方中间或者底部图形的下方中间画一个 X，作为参照点。用箭头来表示偏移的方向，箭头的长度取决于一个部分的中心与下面（如果从顶部开始）或上面（如果从底部开始）部分的中心在左右方向上的偏移程度。

示例

在下面这个示例中，我们从底部的参照点（X）开始做标记。

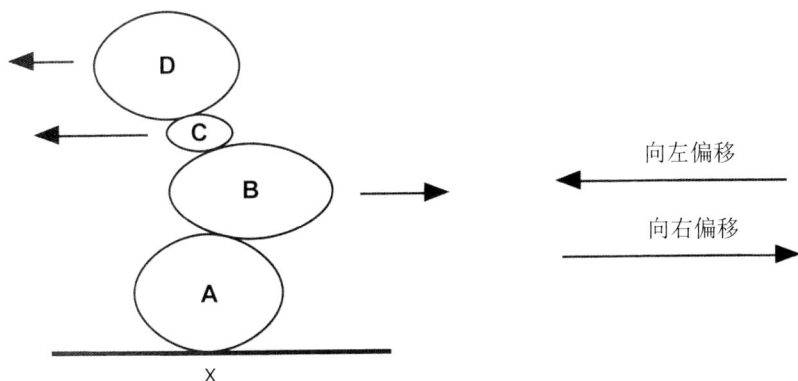

在这个示例中，我们可以看到，图形 B 相对于图形 A 向右偏移，图形 C 相对于图形 B 向左偏移，图形 D 相对于图形 C 向左偏移。

下面再来看一个示例。

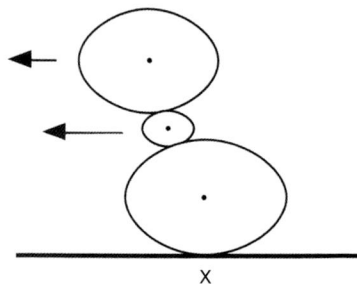

在这个示例中，我们可以看到，中间部分对应的箭头更长，这是因为相对于上面部分与中间部分之间的偏移程度，中间部分与下面部分之间的偏移程度更大。

■ 练习2.4

在图 A 的图形 1 下方标记参照点 X。从参照点 X 开始，观察组成图 A 的各个图形之间的相对位置关系。观察结果如下。

- 图形 2 偏向图形 1 的左侧。
- 图形 3 稍稍偏向图形 2 的左侧。
- 图形 4 偏向图形 3 的右侧。

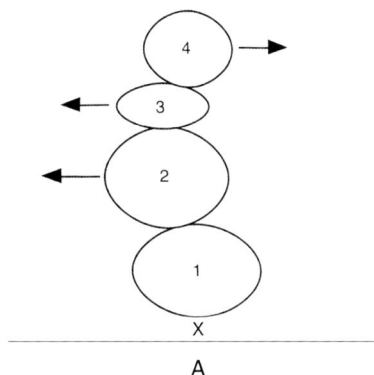

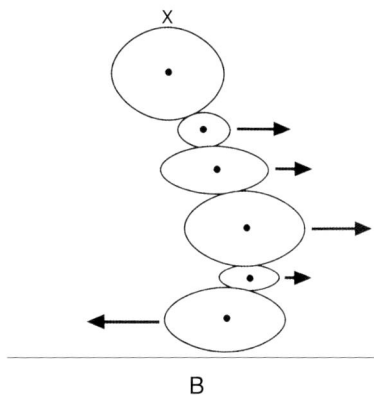

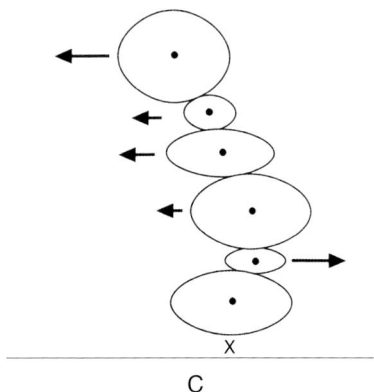

评估图 A 中图形之间相对位置关系的方法有两种，图 B 展示的是从上至下进行评估的示例，上面第一个图形没有标箭头，它用来作为参照；图 C 展示的是从下至上进行评估的示例，最下面的图形没有标箭头，它用来作为参照。

要注意从上至下和从下至上这两种评估方法的区别。我们要同时掌握这两种评估方法，因为采用不同的评估方法得出的结果可能有很大差别。

■ 练习2.5

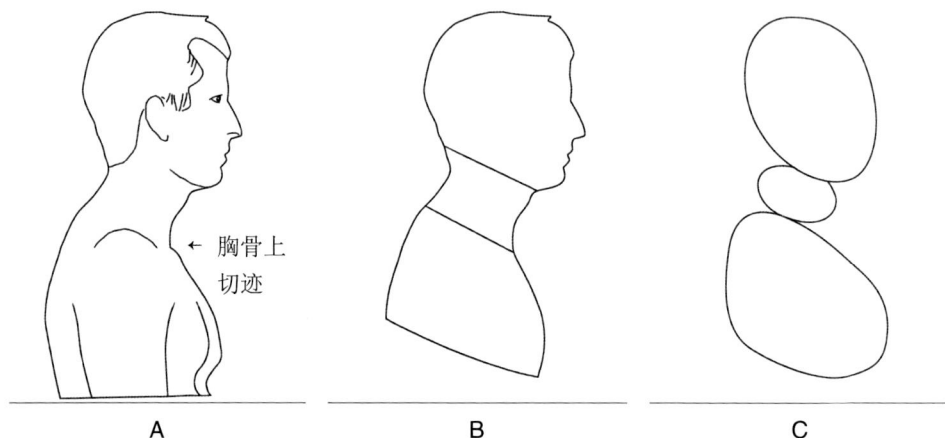

| A | B | C |

第一步，观察图 A 和图 B（身体轮廓图）。两图均为右视图，图中均画出了胸部上半部分、颈部和头部。

第二步，在图 B 上做标记。

• 在每个部位的中心处画一个点。

• 把这些点用线连起来，观察各部位的位置偏移情况，即观察连线向左或向右弯折的情况。

第三步，在图 C（球体组合图）上做标记。

• 在每个部位的中心处画一个点，把这些点用线连起来，观察位置偏移情况。

• 在图的底部标出参照点，然后用箭头来表示每个部位偏移的方向和程度。

• 换一支不同颜色的铅笔或使用临摹纸，在图的顶部标出参照点，然后从上至下画出箭头，用以表示每个部位偏移的方向和程度。

对标记过程的简单回顾

（1）画出身体各部位的轮廓。

（2）用点标出每个部位的中心。

（3）连点成线。

（4）观察相邻部位之间连线的弯折情况。

（5）标出参照点。

（6）用箭头来表示每个部位是向左还是向右偏移，同时用箭头长短来表示偏移的程度。

（7）参照点不同时，注意箭头起始位置的差别。

总结

我们已经学习了如何观察身体的二维图，知道了怎样找到身体各部位的中心并分析它们之间的关系。具体步骤如下。

（1）画出球体组合图（图A）。

（2）在各部位的中心处画一个点。

（3）用线将各部位的中心连起来，表示出各部位的位置关系。

（4）用箭头标示各部位在左右方向上的相对偏移情况。

如果有其他因素（比如身体重量、肌张力、重力等）作用在这些身体部位上，会发生什么呢？

· 图形越大，代表其对应的身体部位重量越大，抵抗变形的能力也越强，并且对它周围图形的影响就越大。

· 如果各部位的边缘是有弹性的，那么一个部位的形状可能会在周围部位的作用下发生改变，如图B所示。

A

接下来，我们会探究这些因素和更多其他因素，你的观察技能也将继续得到提升。

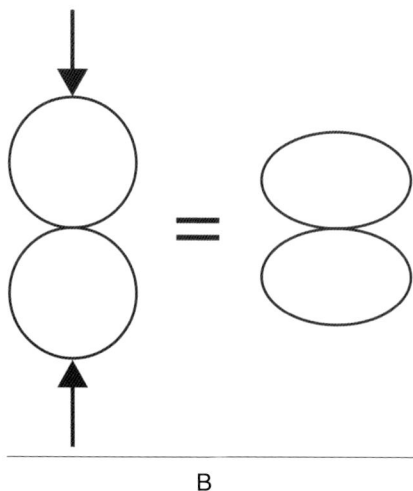

B

第3章
从侧视图看排列移位

人体的 9 个部位

1980 年，当我开始培训理疗师时，他们提醒我用"移位"来描述位置的偏移。无论是"移位"还是"偏移"，你喜欢哪个词，就用哪个词来描述某个身体部位在左右或前后方向上的偏移情况。

我把人体分为 9 个部位，这样我们就能清晰地看出这些部位之间是如何相互影响的。我把胸部分为上下两部分，是为了更好地观察胸腔的运动情况。虽然人体有很多关节，每个关节都能代表一个独立的部分，但我还是建议按照下面这 9 个主要部位来观察人体。

这 9 个部位是：

- 头部
- 颈部
- 上胸部
- 下胸部
- 腹部（腰部）
- 骨盆
- 大腿
- 小腿
- 足部

如果考虑手臂，就要再加 3 个部位。

■ 练习3.1

观察下面3组图（图A～图C）中的3种身体排列模式。

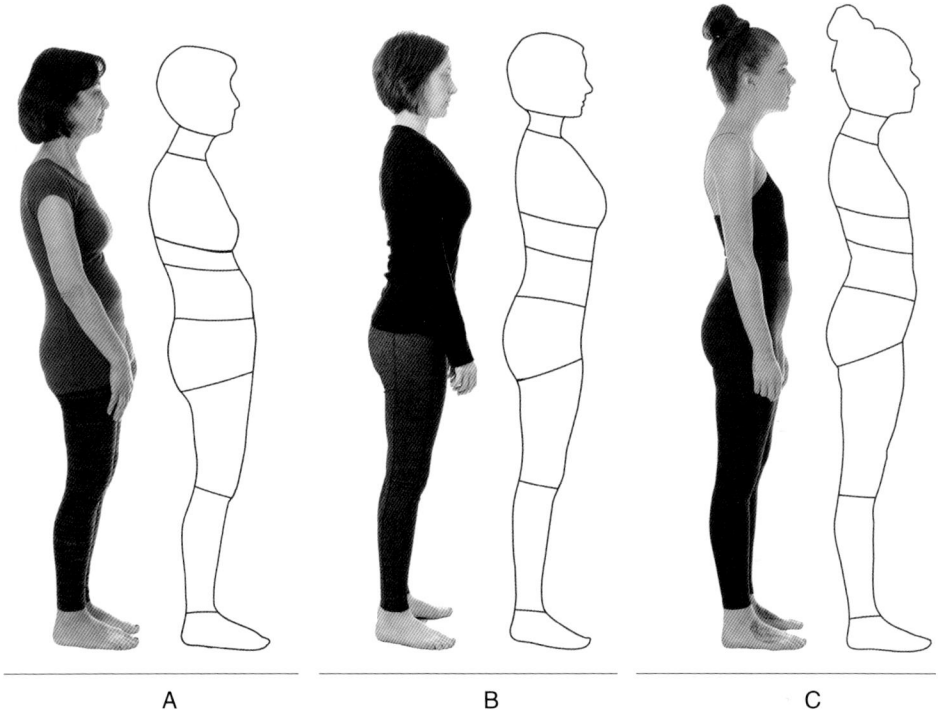

A   B   C

下面以胸部为例来说明3组图展示的身体排列模式。

图A展示的是屈曲模式：上胸部向下屈曲，下胸部也可能屈曲。

图B展示的是伸展模式：上胸部和下胸部都伸展。

图C展示的是屈曲和伸展并存的模式：上胸部屈曲，下胸部伸展。

人体侧面的体表标志

　　为了更立体地观察身体各部位，我们可以先从这 9 个部位（先不考虑手臂）开始，各部位之间以体表标志为界。

　　下面 3 幅图均为侧视图，其中体表标志参考图（图 A）可以帮助我们观察身体各部位相对于其相邻部位的位置，以及各部位之间形成的角度。

　　我们可以根据体表标志参考图画出身体各部位轮廓图（图 B），进而画出球体组合图（图 C），之后在球体组合图上标出评估结果。

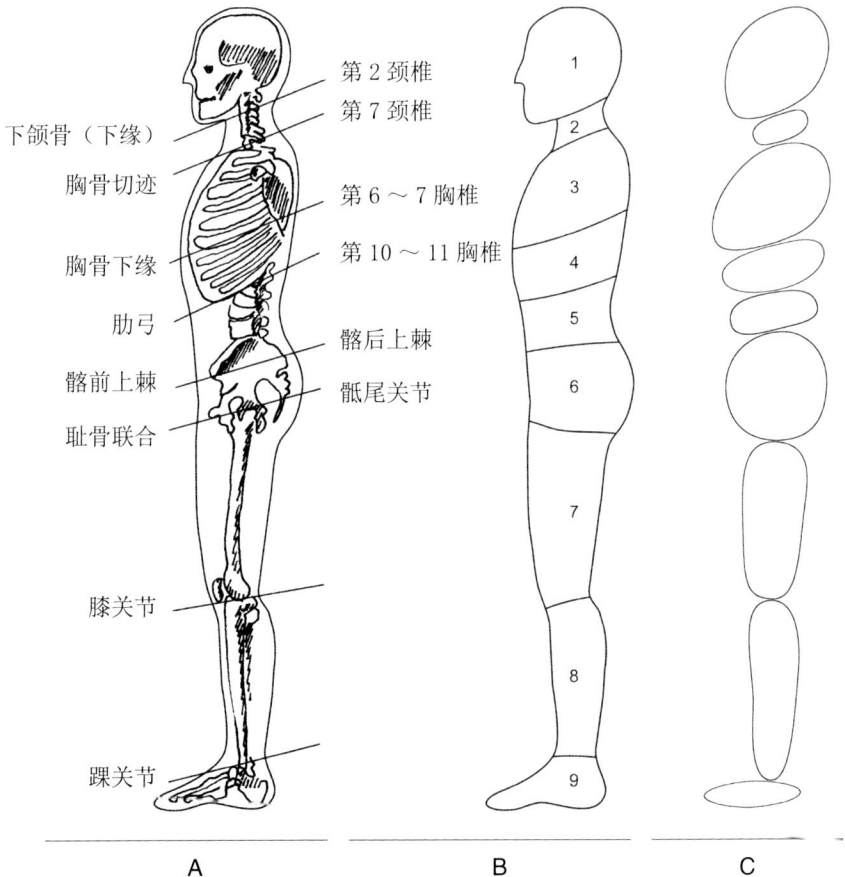

下颌骨（下缘）
胸骨切迹
胸骨下缘
肋弓
髂前上棘
耻骨联合
膝关节
踝关节

第 2 颈椎
第 7 颈椎
第 6 ～ 7 胸椎
第 10 ～ 11 胸椎
髂后上棘
骶尾关节

A　　　　　　B　　　　　　C

画出身体各部位

我创造性地使用了球体组合图，以便快速简便地表示人体的９个部位。观察下面一组图，学习如何借助体表标志参考图（图Ａ）和照片（图Ｂ），画出各部位的轮廓图（图Ｃ），然后在球体组合图（图Ｄ）上标出评估结果，最后把评估结果转移到人体图（图Ｅ）上。

现在，按照上面的步骤开始学习。当你能够快速准确地标出评估结果时，你就不需要每次都重复所有的步骤了。

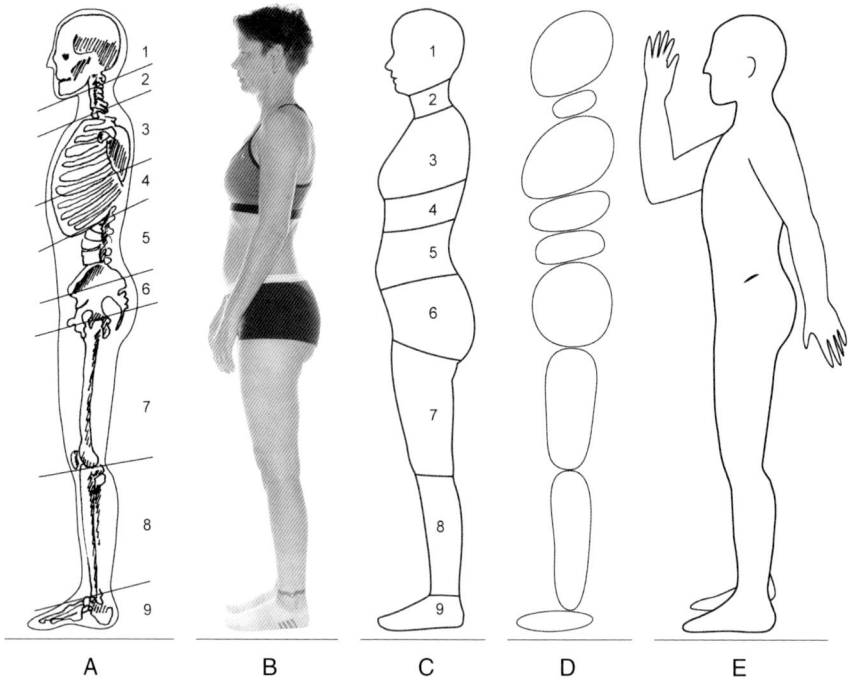

A B C D E

在球体组合图上做标记

（1）观察人体照片（图A），确定照片中这位女性的身体排列模式。

（2）利用体表标志，画出她的身体各部位轮廓图（图B）。

（3）在各部位的中心处画点，连点成线，并观察9个部位在前后方向上的相对位置关系。

（4）在球体组合图（图C）上用箭头标出各部位在前后方向上的偏移情况，注意用箭头长度表示偏移程度。

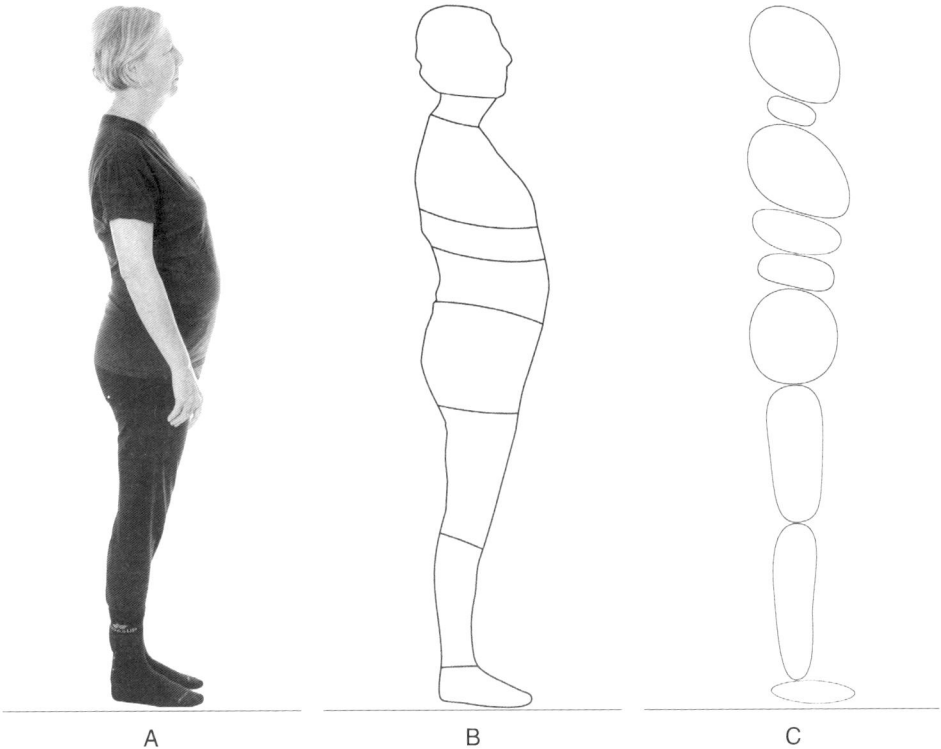

A   B   C

观察箭头，你会发现各部位相对于相邻部位向前或向后偏移。这些相反方向上的偏移说明，相邻的身体部位之间存在剪切力的作用。

■ 练习3.2

观察下面两组图（图 A 和图 B），将每组图中的人体照片和对应的身体各部位轮廓图进行比较。轮廓图展示了身体 9 个部位的位置。练习画各部位轮廓图可以帮助你快速辨认身体的排列模式。

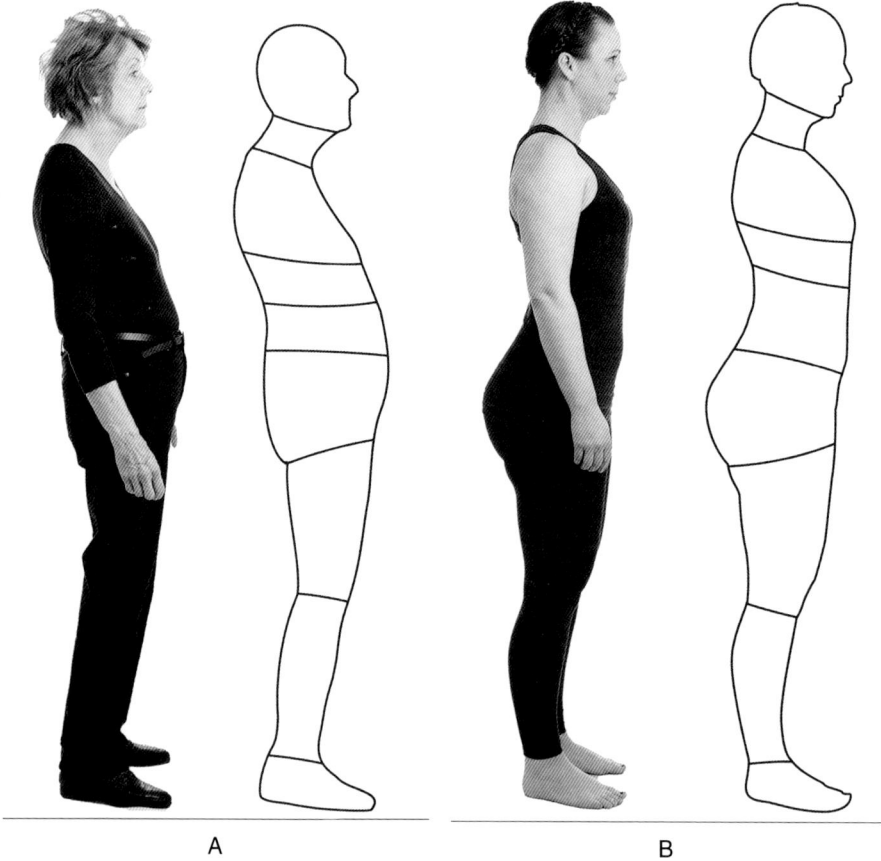

A   B

观察身体各部位的位置关系

继续进行观察技能训练。先画出身体各部位轮廓，然后在球体组合图上用箭头标出身体各部位之间的位置关系。

■ 练习3.3

（1）仔细观察下面照片（图A）中这位女性的外形轮廓。

（2）利用体表标志，在轮廓图（图B）中画出她身体的9个部位。

（3）在球体组合图（图C）中，在头顶或足底标出参照点X，并标出你的评估结果。

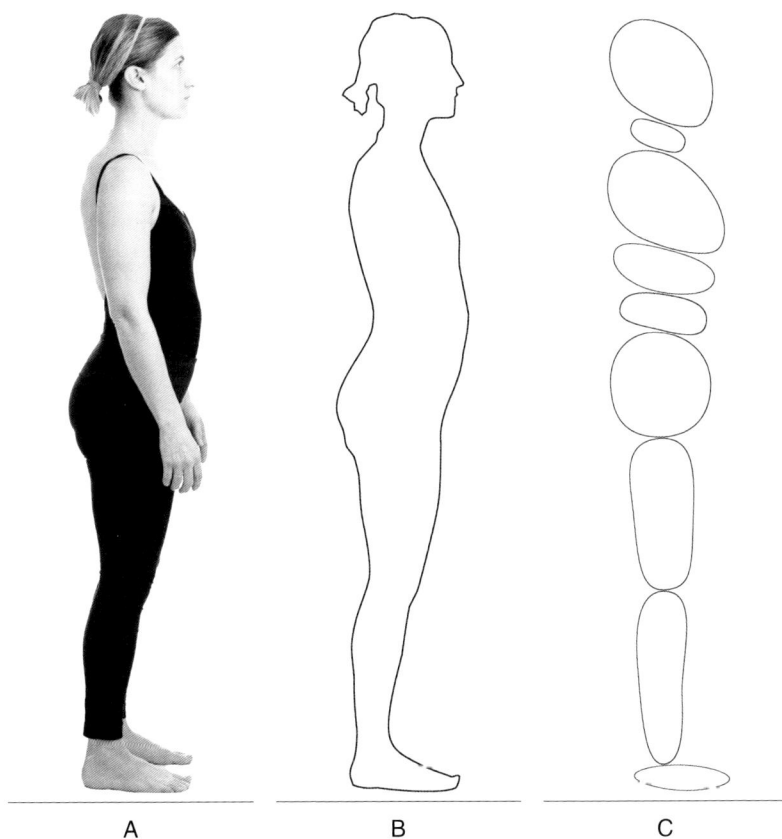

A   B   C

■ 练习3.4

在下面两组图（图 A 和图 B）中，根据照片（图①），在轮廓图（图②）中标记身体各部位的中心，然后在球体组合图（图③）中用箭头标出各部位在前后方向上的偏移情况。

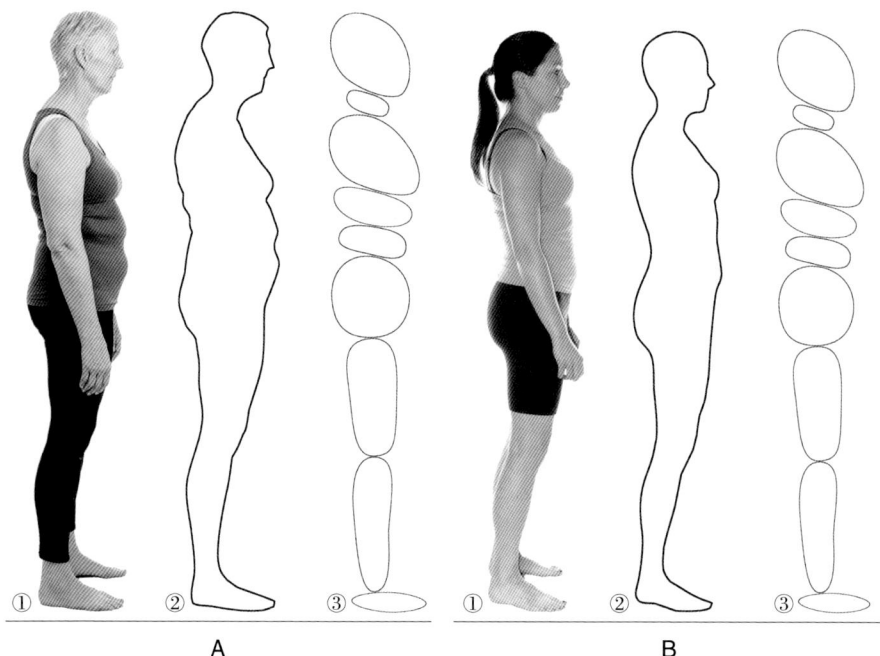

做完标记之后，再遮挡住照片和轮廓图，只观察你在球体组合图上所做的标记，根据标记想象对应的身体排列模式。然后拿开遮挡物，重新观察照片，看看你根据标记想象的身体排列模式和真实情况是否接近。

此时，你可以试着将自己的身体各部位按照球体组合图上的标记所表示的前后位置关系进行调整，以呈现对应的身体排列模式。

检查一下你的标记是否存在缺失或错误。修改标记，直到你不需要照片就能根据标记准确地再现观察对象的身体排列模式。不断精进你的标记技能，这样你就能够准确地比较治疗程前后患者体态的变化，并按照时间顺序记录治疗进展。

■ 练习3.5

按照以下步骤在下面两组照片（图 A 和图 B）上做练习。

（1）在每组的第一张照片上画出各部位轮廓。

（2）用点标出各部位的中心。

（3）连点成线。

（4）用箭头标示各部位的相对偏移情况。可以从足底开始，也可以从头顶开始。

（5）将你的标记和第二张照片进行比较。你标得准确吗?

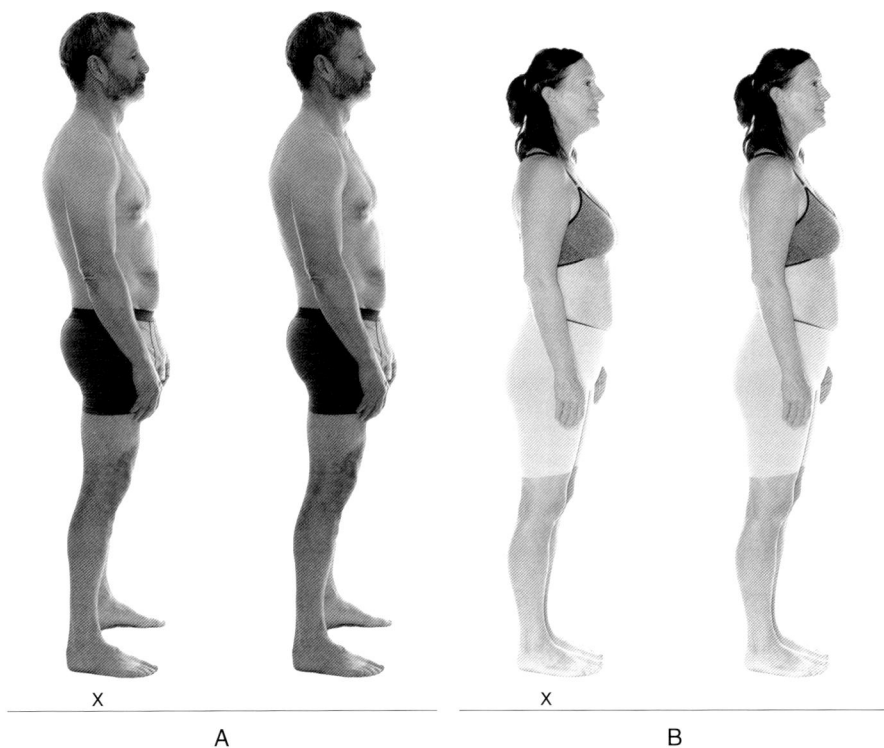

A   B

有时，我们被明显的相对位置关系吸引了目光，因而忽略了一些细节。画轮廓图的方法可以帮助你训练自己的观察能力，让你对身体 9 个部位的位置了然于胸，并且将它们之间的相对关系标记得更加清楚。

■ 练习3.6

观察下面两组图（图 A 和图 B）中的照片和轮廓图。画出身体各部位轮廓，从参照点 X 开始，自下而上标出各部位的相对偏移情况。注意，足部是承重最大的部位，足部以上的所有部位都相对参照点有一定的偏移。

（1）画出各部位轮廓。

（2）标出参照点 X。

（3）用箭头标示身体各部位的相对位置关系。

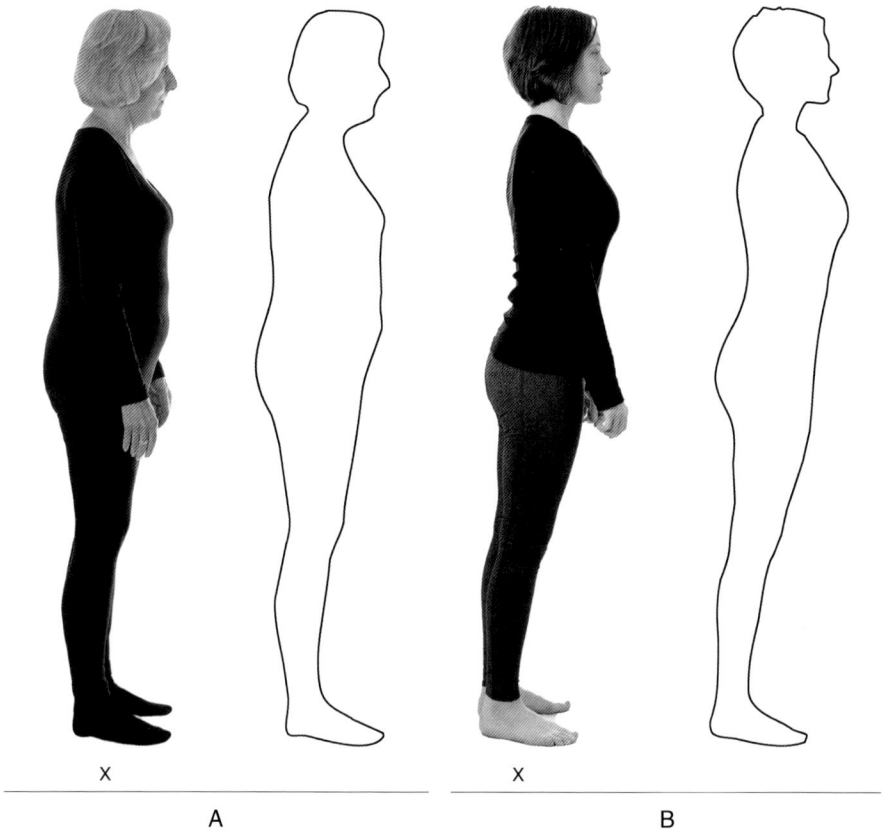

A

B

■ 练习3.7

在上一页练习的基础上，换一个参照点来做练习。也许你的患者颈部和头部受到过严重的挥鞭伤。现在，从照片中人的头顶的参照点 X 开始，自上而下在下面两组图（图 A 和图 B）中的轮廓图上做标记。

（1）画出各部位轮廓。

（2）标出参照点 X。

（3）用箭头标示身体各部位的相对位置关系。

（4）比较这一练习中自上而下（参照点在头顶）的标记和上一页练习中自下而上（参照点在足底）的标记有什么不同。

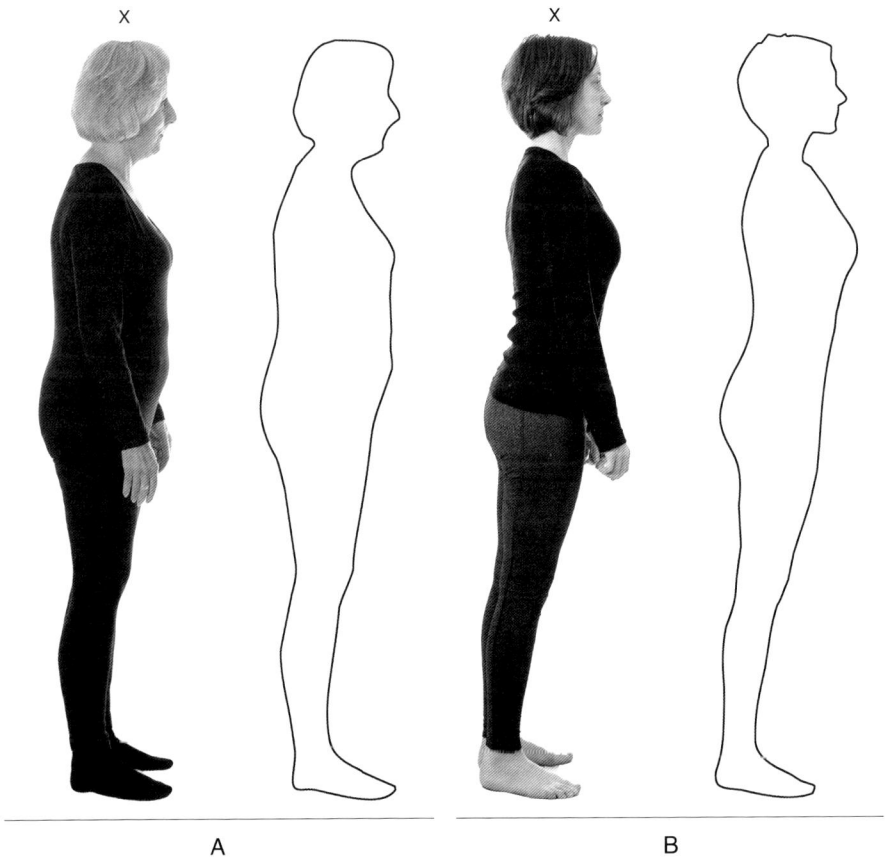

A

B

将标记从照片转移到人体图

　　一些理疗师通过拍摄照片来记录和跟踪患者体态的变化。这些照片可以有效地记录患者接受治疗后所取得的进展，也可以作为研究的视觉资料。如果我们把刚刚学习的标记方法直接用在患者的照片上，那么这些标记方法将很有用。

　　下面两组图（图 A 和图 B）展示的是两名患者的照片及其对应的人体图，你可以试着将标记从照片转移到人体图上。无论你是使用患者的照片还是直接面对患者做评估，把评估结果标在人体图上都很有用。

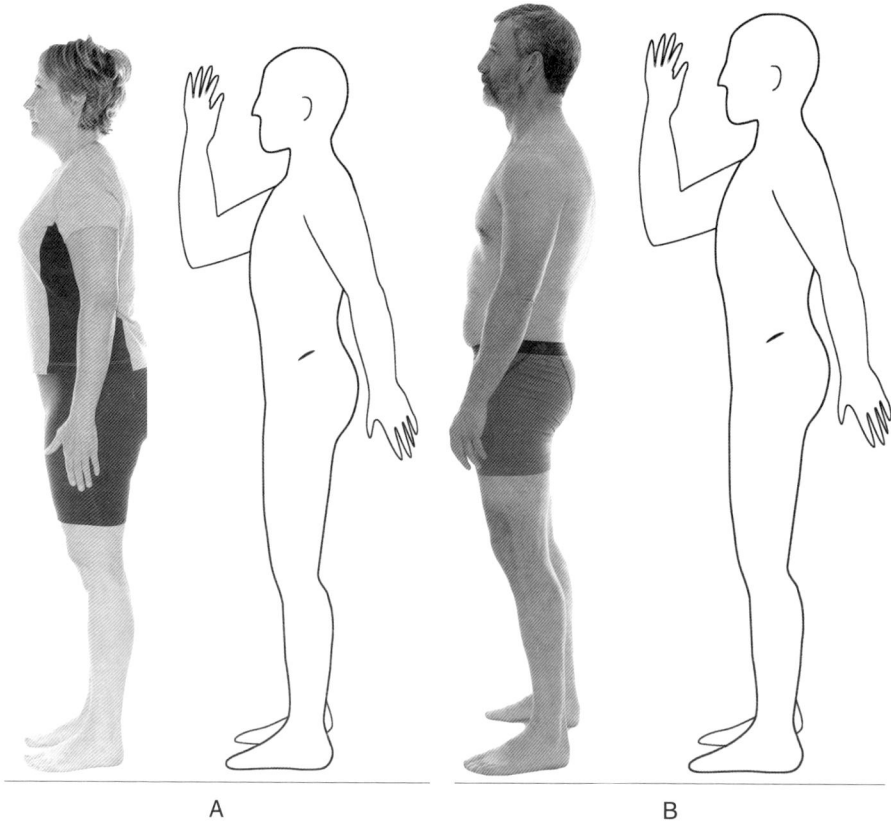

A

B

人体侧面的铅垂线

人体侧面的铅垂线通常会穿过耳朵、肩膀、腰椎、髋部、膝盖和脚踝。下图展示了人体侧面的铅垂线及体表标志。

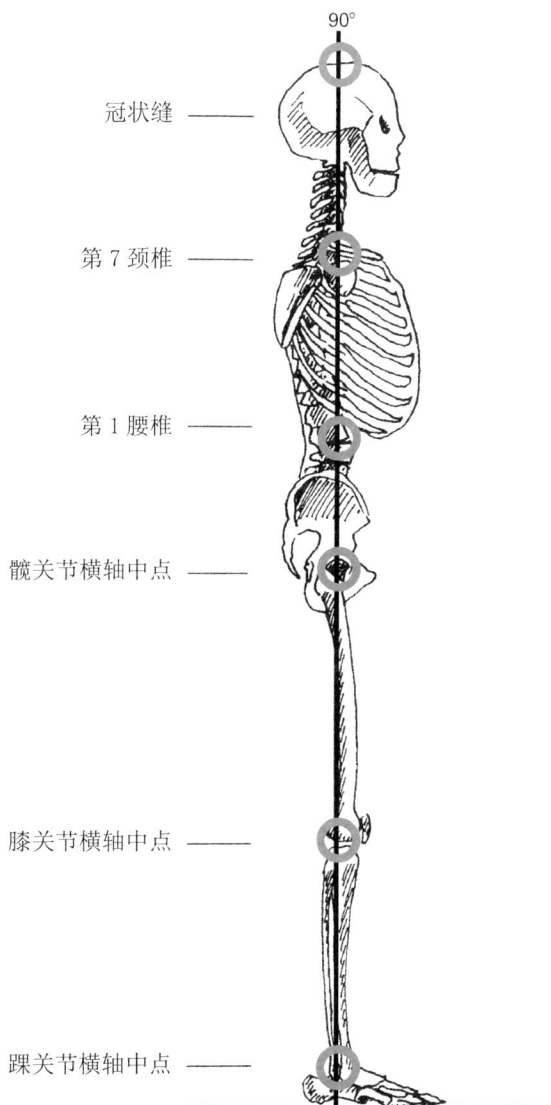

90°

冠状缝 ——

第 7 颈椎 ——

第 1 腰椎 ——

髋关节横轴中点 ——

膝关节横轴中点 ——

踝关节横轴中点 ——

下面来看一个示例。在图 A 上，我们可以从患者的足底开始向上画铅垂线，使其穿过患者的脚踝直达头顶。有了铅垂线这一辅助工具，我们就能迅速判断身体各部位的相对位置关系。

图 B 中的评估结果是按照下面的步骤得出的。

（1）画出各部位轮廓。

（2）标出参照点 X。

（3）画出铅垂线（可以先用一段牙线或者绳子来确定位置，然后借助直尺或直角规画一条垂直于地面的直线）。

（4）画出水平方向的箭头，标出身体各部位相对于铅垂线的前后偏移情况。

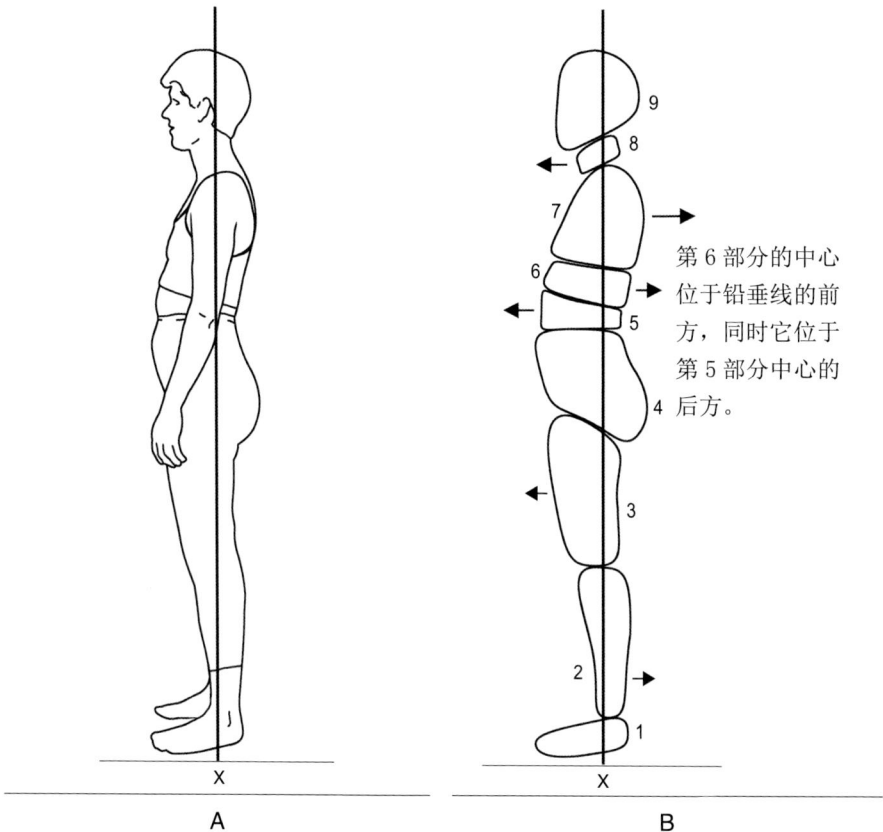

第 6 部分的中心位于铅垂线的前方，同时它位于第 5 部分中心的后方。

A

B

将各种标记组合起来

借助下面3张照片(图A～图C),我们来复习一下截至目前所学的标记方法。我们可以按照以下步骤将各种标记组合起来。

(1)画出身体9个部位的轮廓。

(2)用点标出各部位的中心。

(3)在足底或头顶标出参照点X并画出铅垂线。

(4)将各部位的中心点连起来。

(5)用箭头标示身体各部位前后偏移的方向和程度。

(6)将各部位的偏移情况与铅垂线做比较。

根据从以上6个步骤中得到的信息,请思考,足部主要的承重点是哪里?更偏向前脚掌还是脚跟?用向上的箭头(↑)标出足部承重最大的部位。

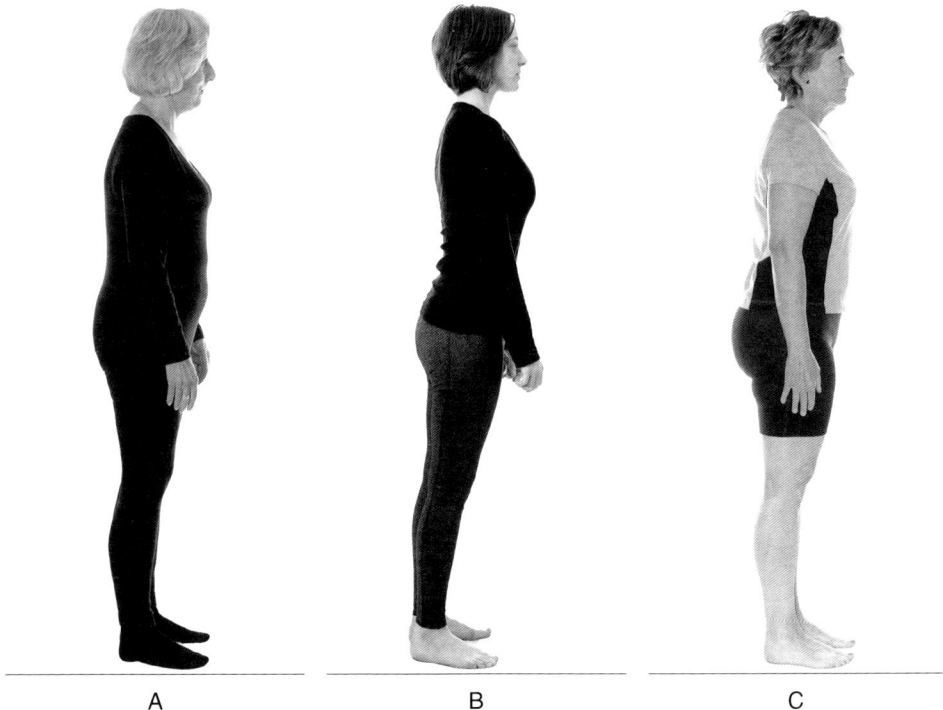

A B C

直接在人体图上做标记

　　现在来观察下面两组图（图 A 和图 B）。请在观察每组图中的照片后，尝试直接将评估结果标在对应的人体图上。很多理疗师在对患者进行评估的同时，还会让患者在人体图上自行标出疼痛或受伤的部位。这种医患结合的标记方法可以提供更多的信息，因为你可以将自己的评估结果与患者的症状进行比较。

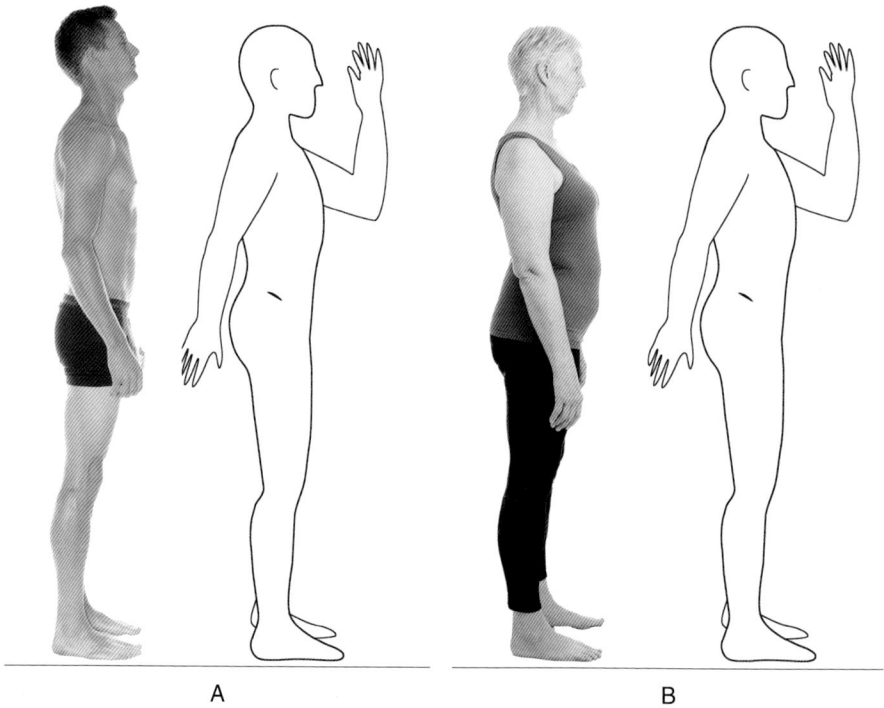

A   B

　　画出箭头，以此来确定身体各部位在前后方向上的偏移，并用向上的箭头标出足部承重最大的部位。

　　图 A 中的身体排列模式揭示了一种常见但又经常被忽视的位置关系，即患者的颈部是向前偏移的，但他头部的中心却在颈部的中心的后方。

　　图 B 中患者的颈部相对于上胸部位置要靠后。如果她将上胸部后移，颈部微微前倾，那么她的头部和颈部会对得更齐。

■ 练习3.8

在下面两组图（图 A 和图 B）的人体图上标出照片中的人的身体排列和承重情况。请用箭头标示身体各部位的前后位置关系，并用向上的箭头标出足部承重最大的部位。

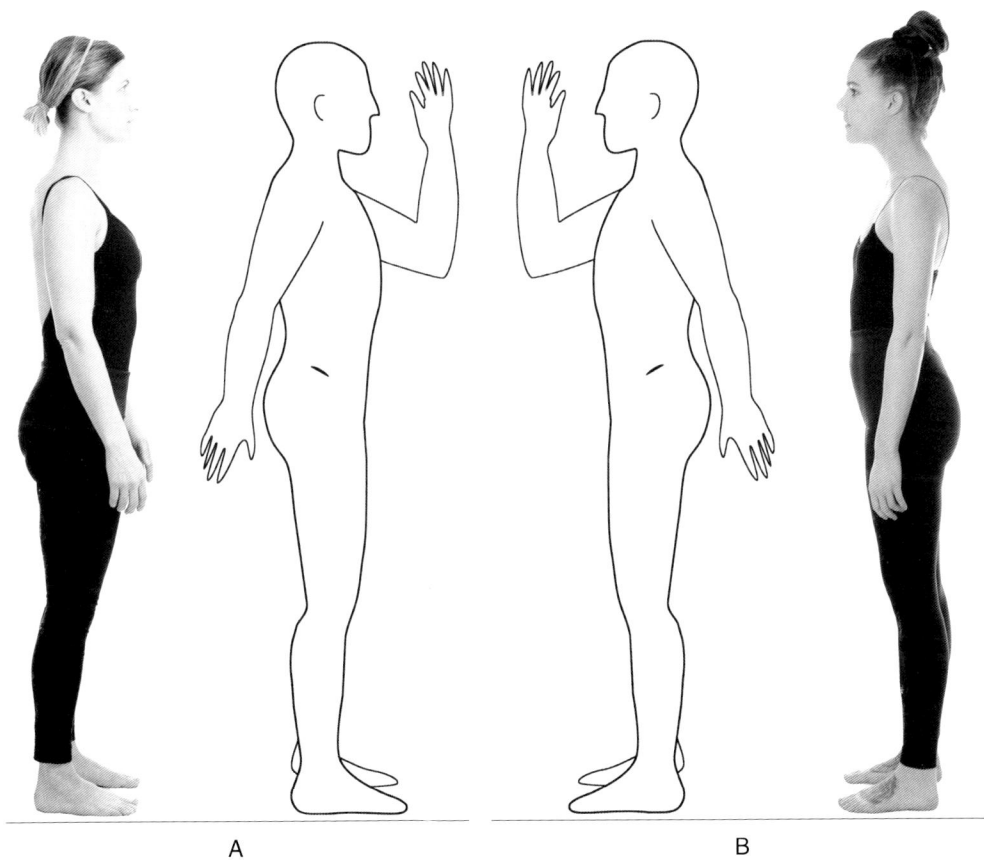

A   B

第 **4** 章

从正视图看排列移位

观察下面3幅图，思考如何根据骨骼结构图（图A）和身体各部位轮廓图（图B）画出球体组合图（图C）。

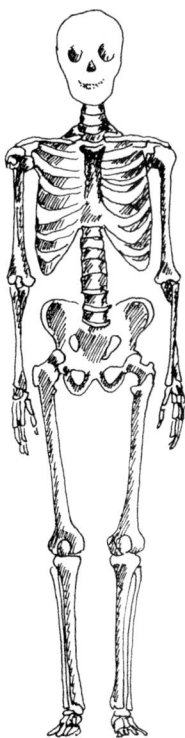

A

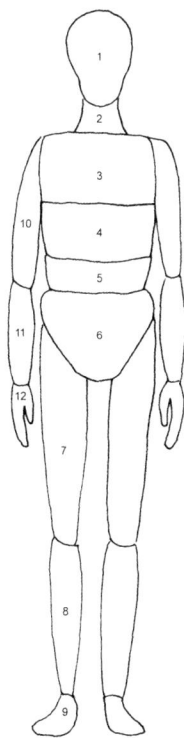

B

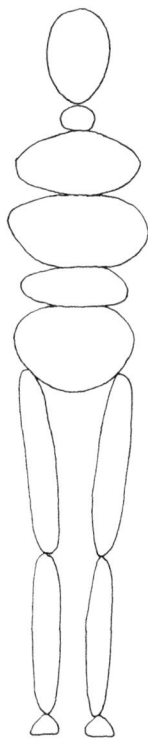

C

■ 练习4.1

　　为了更具体地分解你的评估过程，请拿一张纸，遮住下图中这位女性足部上方的所有身体部位。首先从正视图（图 A）开始，请仔细观察她的足部，想象她的小腿应该位于何处。请把用于遮挡的纸每次上移一个身体部位，然后观察这一身体部位，并根据已显露的部位预测接下来的身体部位的位置。

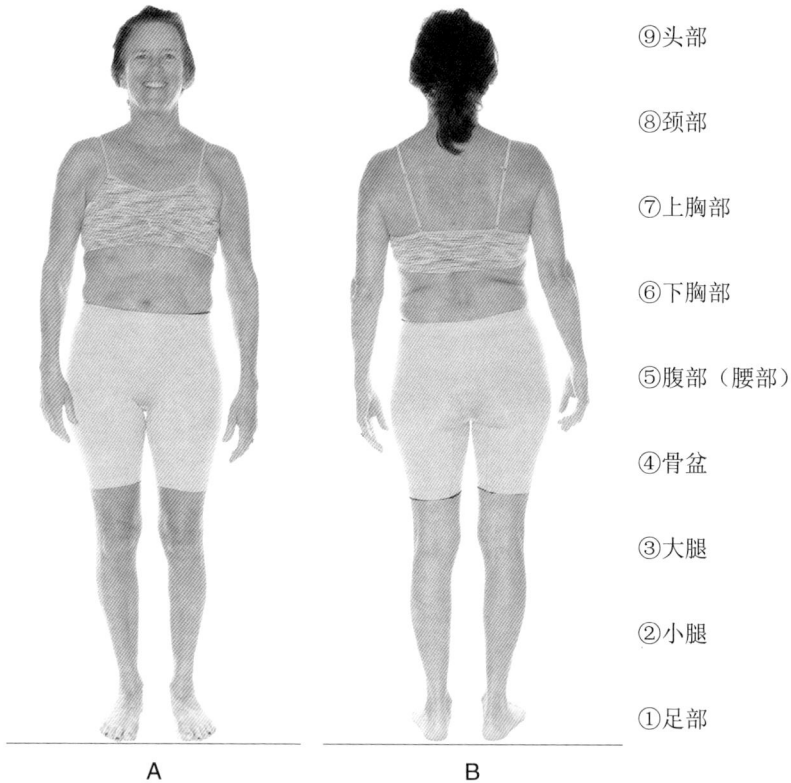

⑨头部

⑧颈部

⑦上胸部

⑥下胸部

⑤腹部（腰部）

④骨盆

③大腿

②小腿

①足部

A　　　　　　　　B

　　重新观察正视图，这位女性骨盆向右偏移以及胸部向左偏移的程度是否出乎你的意料？她的身体排列模式在后视图（图 B）中表现得更加明显，你发现了吗？有时，换一种视角观察可以得到更多信息。

　　相比于从一开始就观察整个身体，遮住身体大部分然后从头部或足部开始依次观察身体各部位往往能让你有更多发现。

各部位的中心及位置关系

下面的图 A 是练习 4.1 图中女性的身体各部位轮廓图。当我们标出各部位的中心并将其用线连起来后，就能看到图 B 所示的情况。

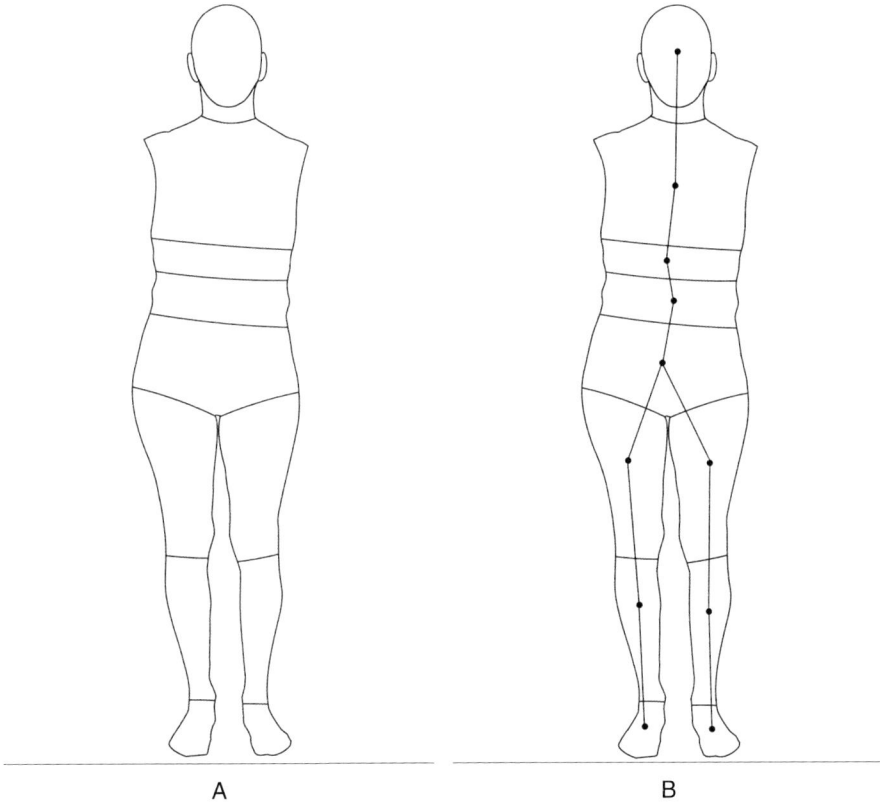

A   B

■ 练习4.2

将一张临摹纸盖在下面这组照片（图 A 为正视图，图 B 为后视图）上，画出照片中女性的 9 个身体部位的轮廓。标出各部位的中心，再将其用线连起来，观察身体各部位在左右方向上的偏移情况。

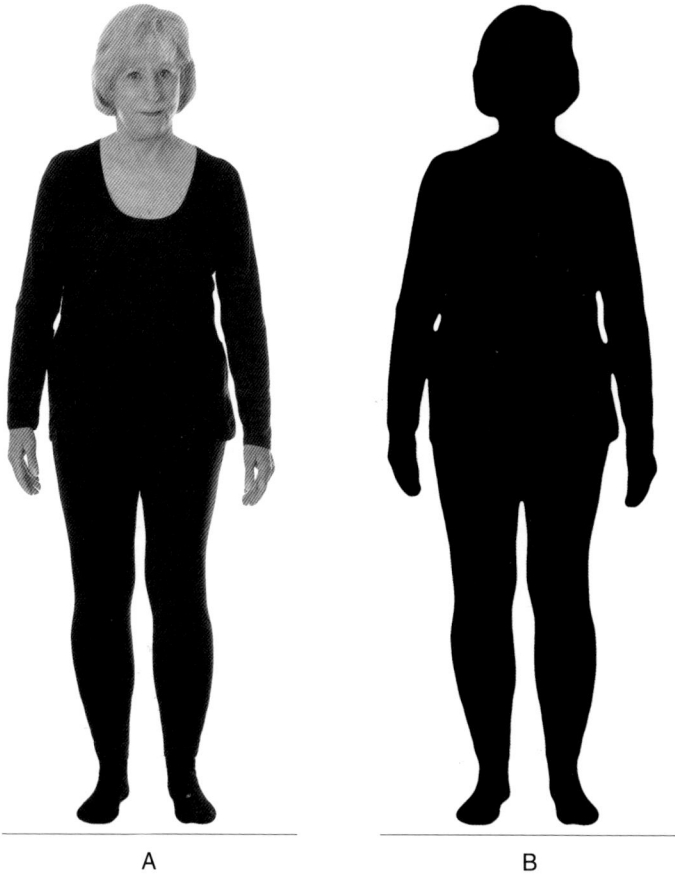

A   B

冠状面左右方向上的位置标记

现在，让我们在冠状面上观察身体各部位在左右方向上的相对位置关系。图 A 为练习 4.2 照片中女性的身体轮廓图，从连接身体各部位中心的折线可以清楚地看出各部位的位置关系。

我们可以在图 A 的基础上标出参照点 X，用向左或向右的箭头标示身体各部位相对于相邻部位在左右方向上的偏移情况，并用向上的箭头标出足部承重最大的部位（如图 B 所示）。

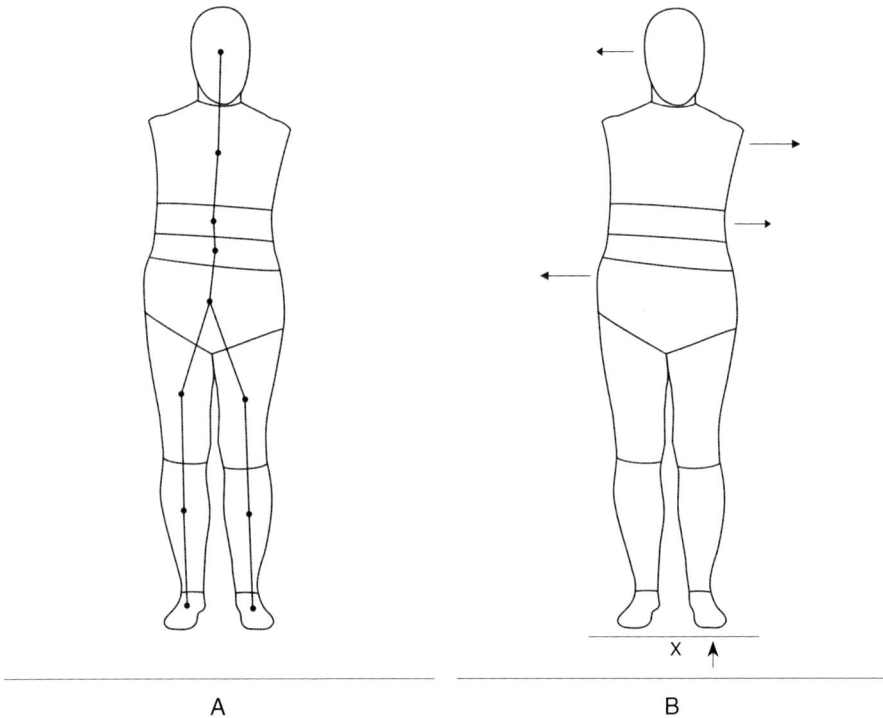

A

B

■ 练习4.3

第一步，观察下面这组照片（图A），按照提示做练习。

（1）分别画出3位女性的身体各部位轮廓图。

（2）在各部位的中心处画一个点。

（3）连点成线。

（4）在足底标出参照点X，从足部向上，用箭头标示身体各部位相对于其下方部位
　　的左右偏移情况。

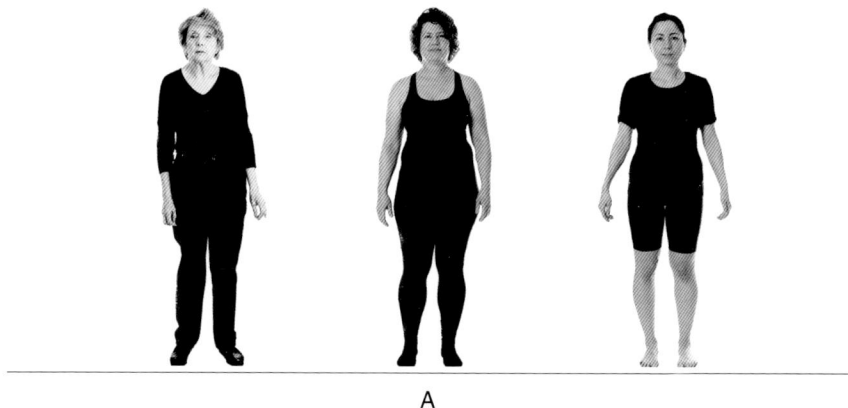

A

第二步，把你的标记分别转移到对应的人体图（图B）上。

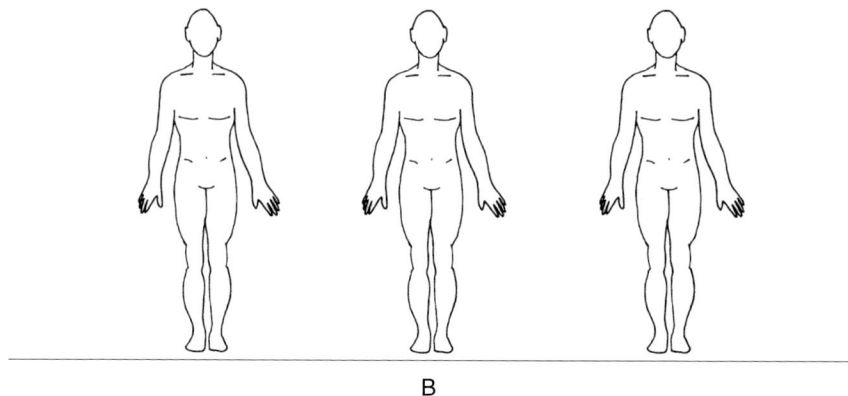

B

第三步，从足部开始，检查你在上一页所画的箭头的长度。现在，将上一页的照片放大（图 C）来观察一下。

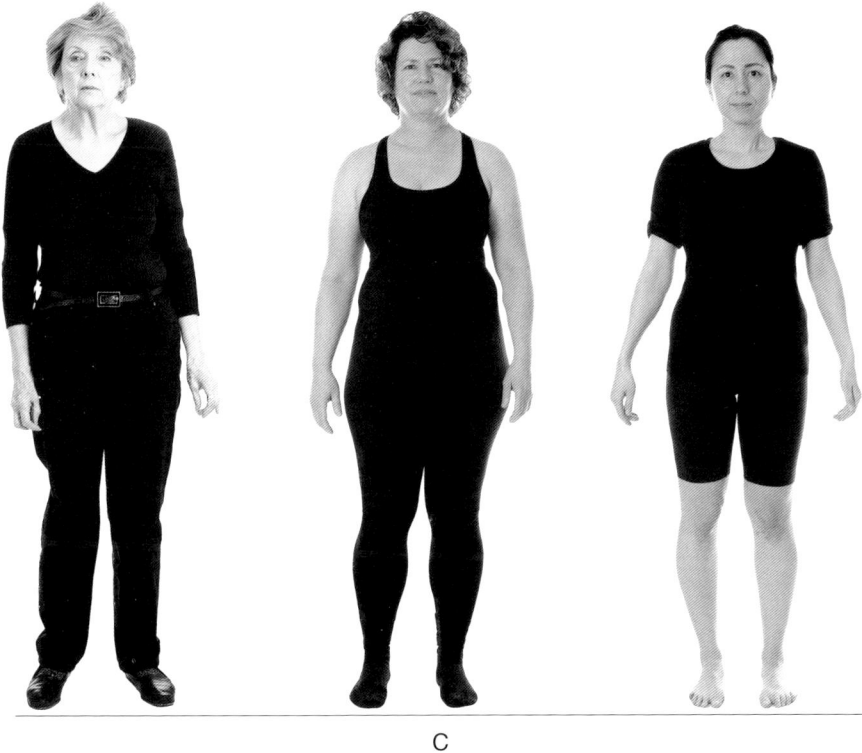

C

这 3 位女性更多地是用左脚还是右脚承重？利用牙线（将牙线一端放在照片中女性双脚连线的中点处，将另一端拉到其头顶正中，并使牙线与书眉的水平线垂直）来判断她们身体重量更多地落在左脚还是右脚。用向上的箭头标出足部承重最大的部位。

在正视图中用铅垂线将身体分为左右两部分

在现实生活中，大部分人的身体都不是左右完全对称的。

■ 练习4.4

在右边的人体图（图 A）中画出铅垂线：将牙线拉直，一端放在双脚连线的中点处，另一端拉到头顶正中，使牙线和图片下方的水平线垂直。

以下体表标志习惯上被认为是身体的几处中心（在图 A 中用●表示）。

- 耻骨联合。

- 肚脐。

- 胸骨角。

- 胸骨上切迹。

将各中心点连成线，这条中线是人体前正中线的一部分。

对比图 B 中人体的正视图和后视图，你在后视图中也观察到相同的身体排列模式了吗？

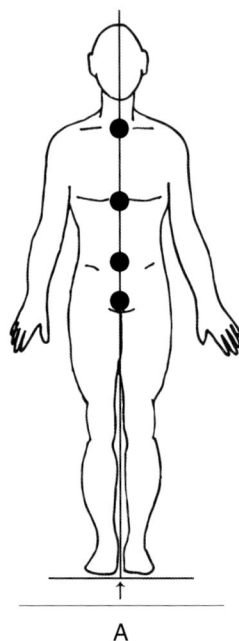

A

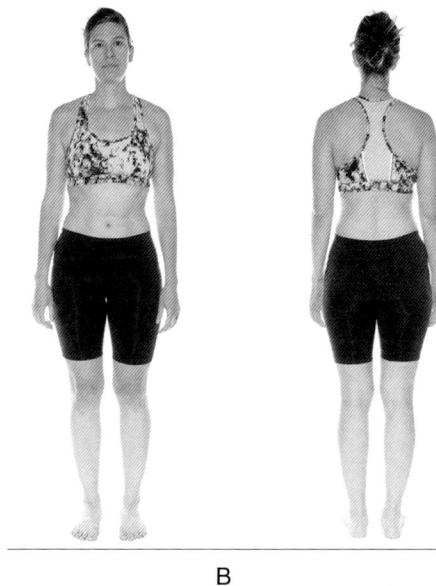

B

身体中线

我们已经通过练习 4.4 初步了解了中线的概念，那么如何通过中线判断身体各部位的偏移情况呢？

■ 练习4.5

（1）借助牙线画出下面两组照片（图 A 和图 B）中女性身体的铅垂线。

（2）用点标出耻骨联合、肚脐、胸骨角、胸骨上切迹 4 个体表标志，并连点成线。

（3）将这一页的照片和上一页的照片进行比较。哪种身体排列模式更好？

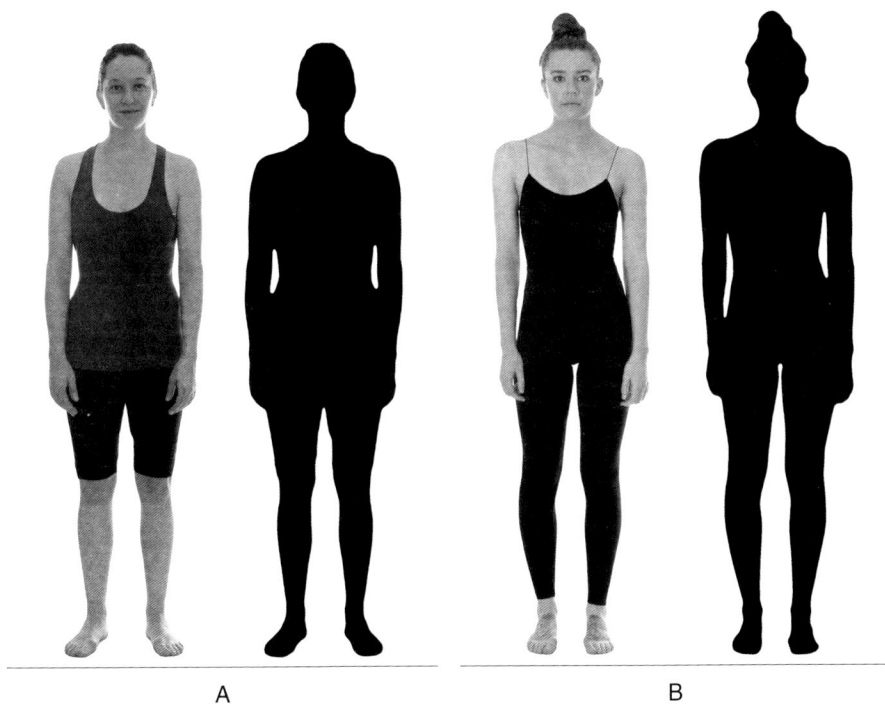

A   B

她们的身体重心是否向左或向右偏移？

虽然这两位女性的胸部都向右偏移，但我们可以看出，图 A 中的女性身体大部分重量都落在左脚，图 B 中的女性则相反。

■ 练习4.6

通过添加身体中线，我们很容易就能看出下图中这位女性的骨盆向右偏移，而她的躯干的上部和中部向左偏移。

用一张临摹纸标出以下 5 个体表标志。

• 耻骨联合（从这里能看出下半身重量的分布情况）。

• 肚脐。

• 胸骨角。

• 胸骨上切迹。

• 鼻梁。

从双脚连线的中点出发，依次用线连接上述体表标志。

将右图和你在临摹纸上所做的标记进行对比。

你认为她的大部分体重落在哪里？左脚还是右脚？

了解了她的身体排列模式后，你就会知道，答案是左脚，因为她上半身的偏移使更多的体重落在了左脚。在第 6 章我们将学习有关旋转的知识，届时你对承重部位的判断就会变得更加容易。

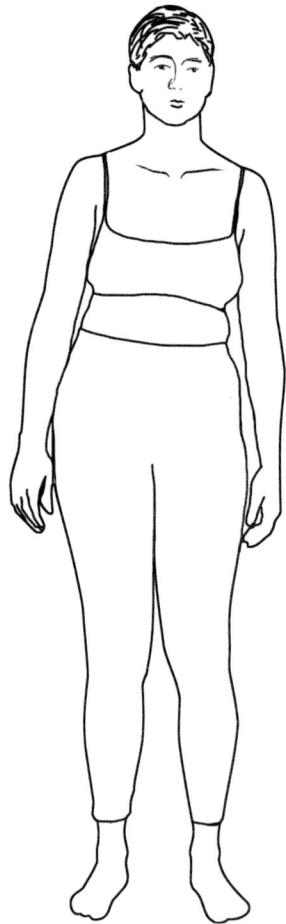

■ 练习4.7

这个示例说明了身体是如何针对各部位的偏移情况进行自我调节的。

（1）将夹子夹在牙线一端，捏着夹子使牙线自然下垂。

（2）把本书立起来，使它与水平面垂直。

（3）把牙线放在照片前面，观察下面两张照片（图 A 和图 B）中两位女性身体各部位的中心和左右偏移情况。

A   B

我们可以看出，图 A 中女性的骨盆向右偏移，胸部和下颌向左偏移，而图 B 中女性身体的很多部位都向左偏移。

足部的承重标记

　　身体各部位的位置会决定身体的重量更多地落在左脚还是右脚。在你认为承重最大的部位的中心点下方画向上的箭头，以此作为足部的承重标记。

　　人们常常意识不到自己的身体重量在左右脚上的分布可能并不均匀。此外，每只脚的承重部位也不尽相同，比如脚掌、脚跟、足部内侧或外侧等。

　　我常常建议人们借助剪影图（如下图所示，图 B 是图 A 的剪影图）来判断身体的排列和承重情况。我们在本书中也会用剪影图来辅助评估。

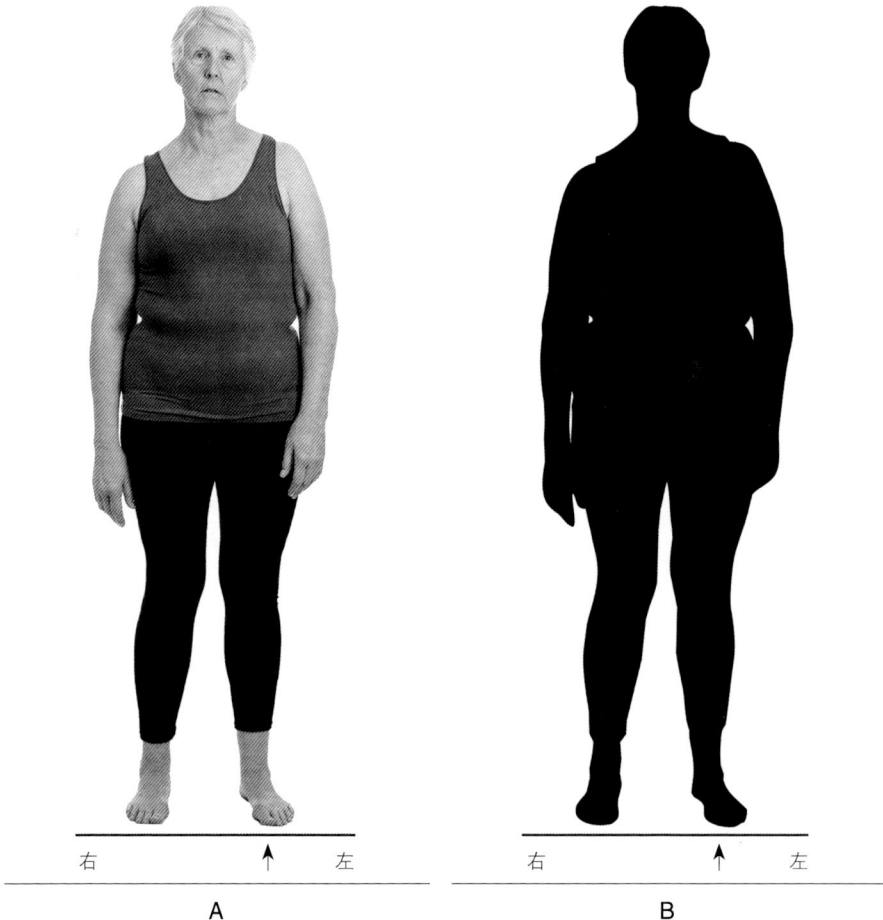

右　　↑　　左	右　　↑　　左
A	B

■ 练习4.8

这项练习有助于你学习如何判断患者身体哪一侧承重更大。

（1）让患者自然站立，并保持静止。仔细观察患者的身体。

（2）让患者将重心移至身体右侧，并保持此状态直至感到身体平衡。停顿一下。

（3）让患者将重心移回身体中央。停顿一下。

（4）让患者将身体重心移至身体左侧。停顿一下。

（5）让患者将身体重心移回身体中央。停顿一下。

（6）让患者将身体重心向右脚移动，直至左脚悬空。之后放下左脚，使重心回到身体中央。

（7）让患者将身体重心向左脚移动，直至右脚悬空。之后放下右脚，使重心回到身体中央。

（8）在完成上述动作的过程中，患者身体移动幅度较小的一侧通常是承重较大的那一侧。

仅仅通过观察，你能看出右图中患者身体的重量偏向哪一侧吗？请用牙线来验证一下你的观察结果。

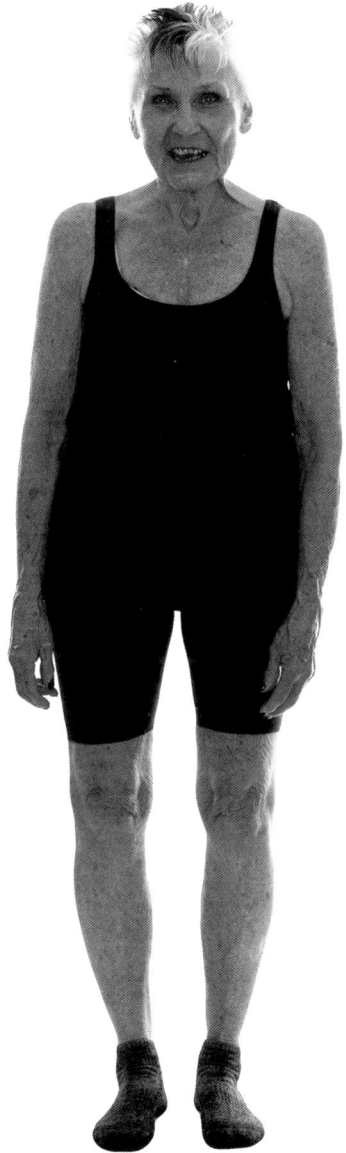

■ 练习4.9

评估通常从足部开始，因为足部是承重最大的身体部位。

（1）观察下面照片（图A）中患者的身体。

（2）借助牙线来判断患者身体的重量更多地落在右脚还是左脚。

（3）用以下符号做标记。

- 参照点：X
- 偏移：→　←
- 铅垂线：|
- 承重：↑

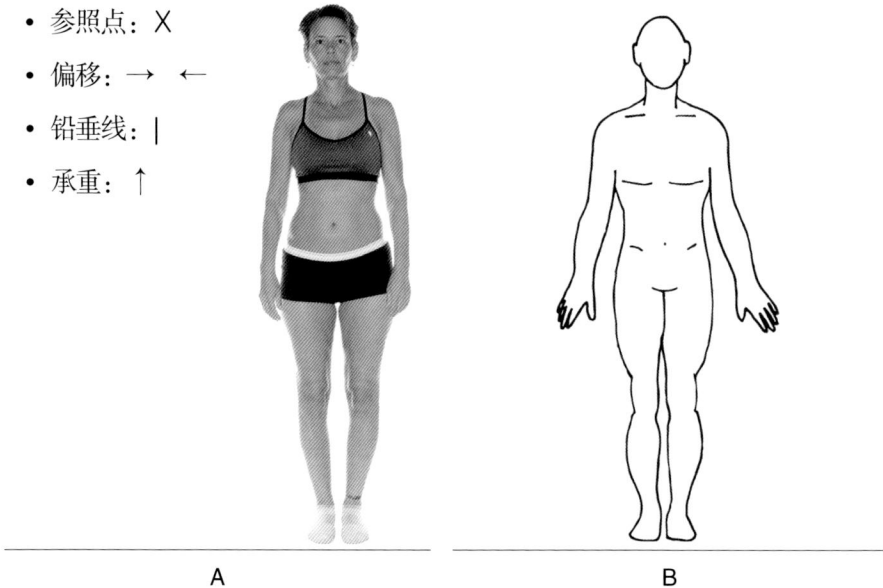

A　　　　　　　　　　　　　　B

（4）将临摹纸盖在照片上，在临摹纸上画出身体各部位轮廓图，并用第3步中列出的符号做标记。

（5）拿开临摹纸，不看刚刚做的标记，在照片上观察患者身体各部位的位置关系。

（6）在人体图（图B）上标出你刚才做的标记。只看这些标记，你能想象出患者的身体排列模式吗?

学会观察患者治疗前后身体的变化，这对你和患者都大有帮助，能够为下一步治疗做好准备。这项技能在你为患者讲解他们身体的排列模式和变化时也很重要。

第 5 章

从 4 种视角
观察排列和倾斜

至此，我们已经观察了身体各部位在冠状面（左右方向）上的偏移，和在矢状面（前后方向）上的偏移。现在，在水平面上，我们要学习如何观察倾斜度。倾斜度指将身体左右两侧对应的标志连成线后，连线与水平线的夹角的角度。我们先来看一看观察倾斜度时要注意的体表标志有哪些。

人体正面的体表标志

下面是可供选择的体表标志（从头部开始）。

（1）头顶。

（2）上颌骨 ★。

（3）下颌骨（下缘）。

（4）锁骨上窝 ★★。

（5）肩关节。

（6）第 6 肋骨至胸骨下缘。

（7）肋弓。

（8）肘关节。

（9）髂嵴。

（10）腕关节。

（11）髋关节。

（12）指尖。

（13）膝关节。

（14）踝关节。

正视图中完整的体表标志如右图所示。

★在大多数情况下，你会看到上颌骨和颞下颌关节的倾斜度相似；不过，经过仔细观察，你可能会发现上颌骨是水平的，而下颌骨的下缘是弯曲的，这使颞下颌关节呈现出强烈的不对称性。

★★有时你会发现患者的一侧锁骨位置偏低，但同一侧的肱骨位置很高。

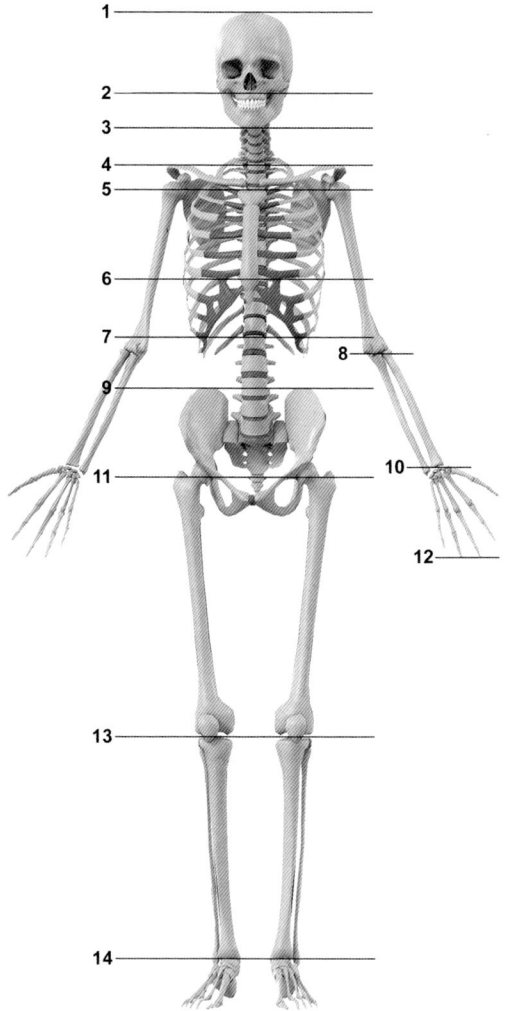

在正视图中用线连接体表标志以观察身体的倾斜度

■ 练习5.1

这项练习有助于揭示身体左右两侧的倾斜度。

借助临摹纸做标记：

（1）参考图 A，在图 B 上用点标出 14 个体表标志（见上页），用线连接骨架左右两侧对应的标志。

（2）观察图 C（身体各部位轮廓图）。图 B 和图 C 展示的是同一个人的身体。注意其右手比左手低的特点与肩部的倾斜有怎样的对应关系。

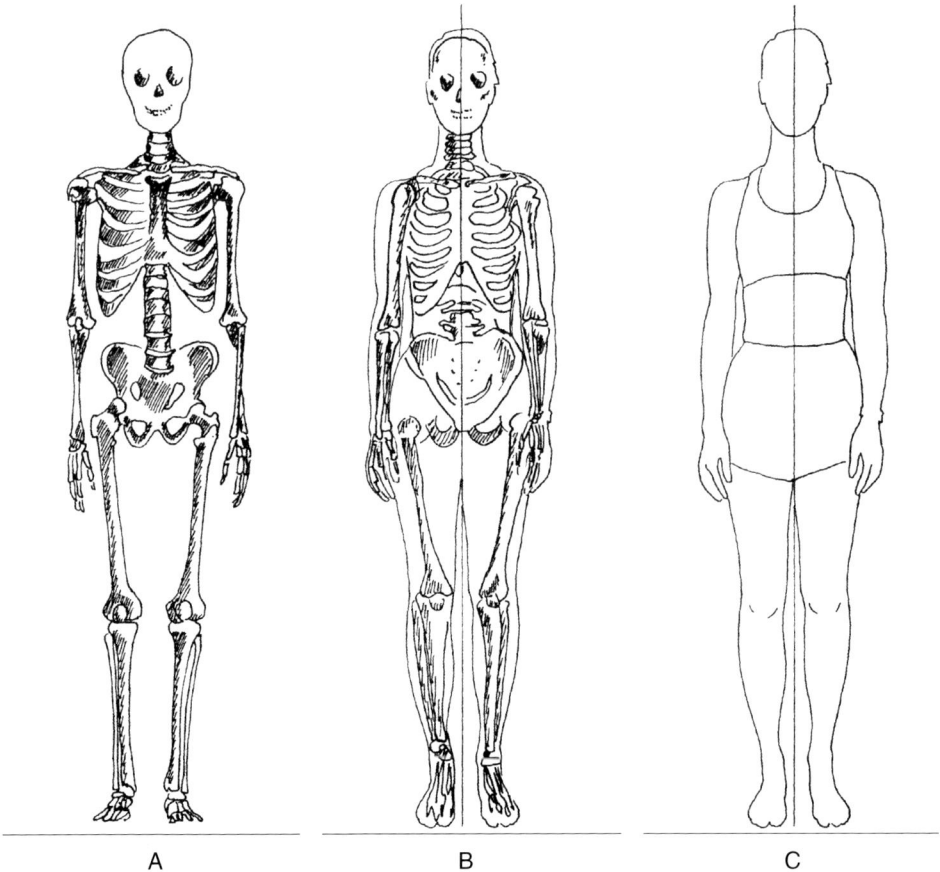

A	B	C

接下来观察一种与上页图中的对称模式不同的身体排列模式。我们可以参照下面的照片（图D）和人体图（图E）在图F中用点标出患者身体左右两侧的体表标志，连点成线（这条线称为标志线）后可以发现明显的偏移。

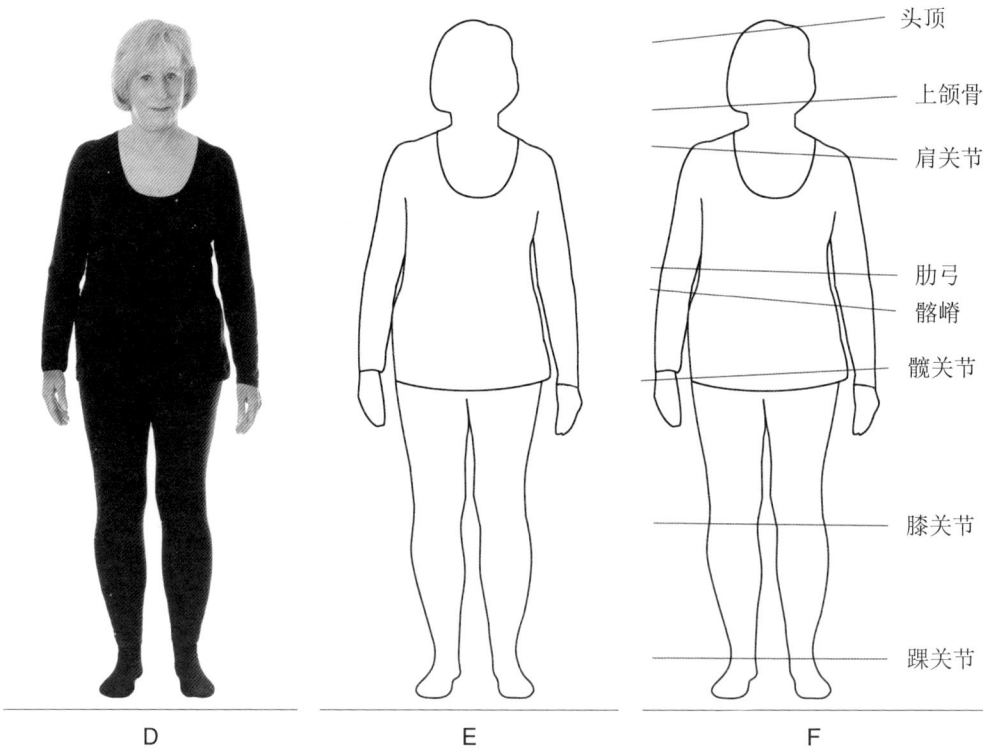

头顶
上颌骨
肩关节

肋弓
髂嵴
髋关节

膝关节

踝关节

D　　　　　　　　E　　　　　　　　F

在图F中，身体左右两侧的不平衡状态为我们揭示了该患者受压迫的身体部位（位置偏低）和另一些被牵拉的身体部位（受到牵拉而位置升高）。

如果两条标志线可以交叉，那么交叉侧的两个部位通常会受到更大的压迫。在这个示例中，受到更大压迫的是患者的上颌骨和右肩。这可能和患者自述受压迫最严重或感觉最不适的部位相符。

如果考虑身体的旋转情况（详见第6章），我们就会发现，患者右侧髂嵴升高是因为旋转。

再来看看下面这位患者的身体排列模式。他的各体表标志线都接近水平（如图 G 所示）。不管是从正面看还是从背面看（图 G 为正视图，图 H 为后视图），他的身体左右两侧几乎完全对称。

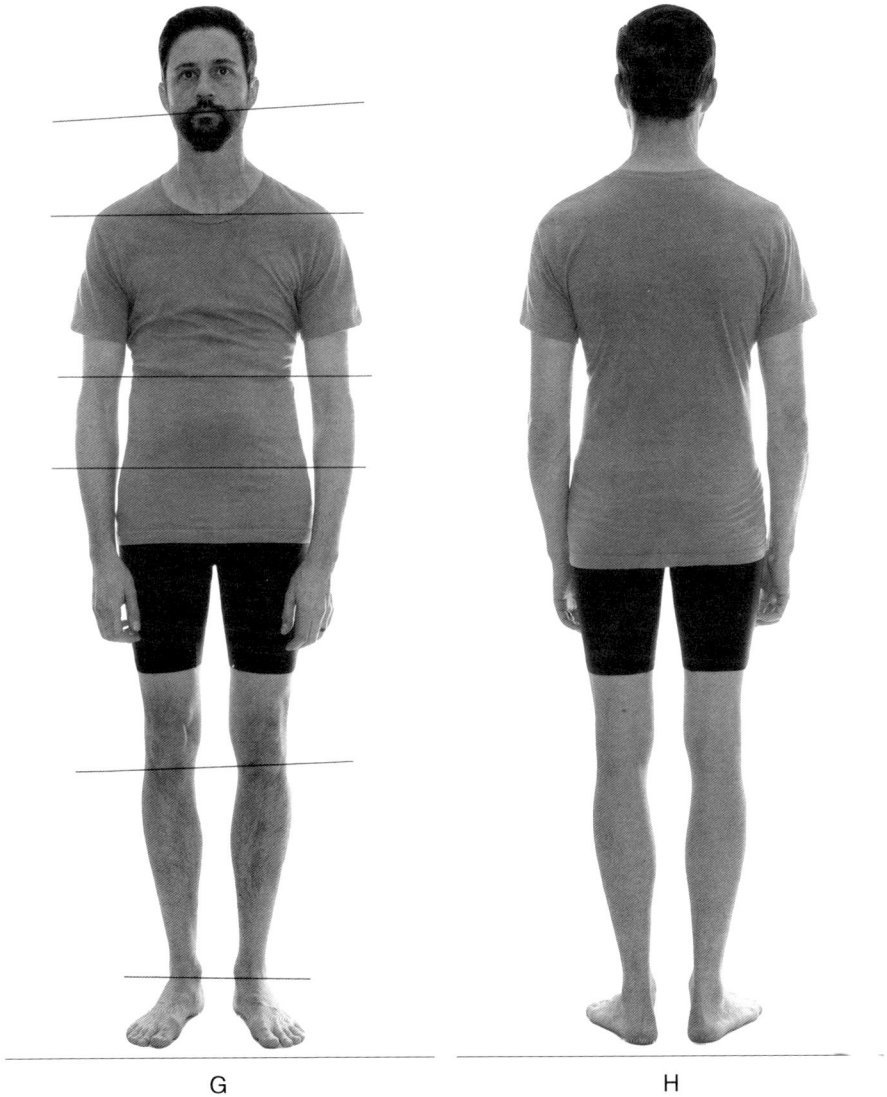

G   H

■ 练习5.2

在下面两种视图（图 A 为正视图，图 B 为后视图）上，找出这位患者身体左右两侧的体表标志，并用线连起来。观察身体各部位的倾斜度。在正视图和后视图中，倾斜度相同吗?

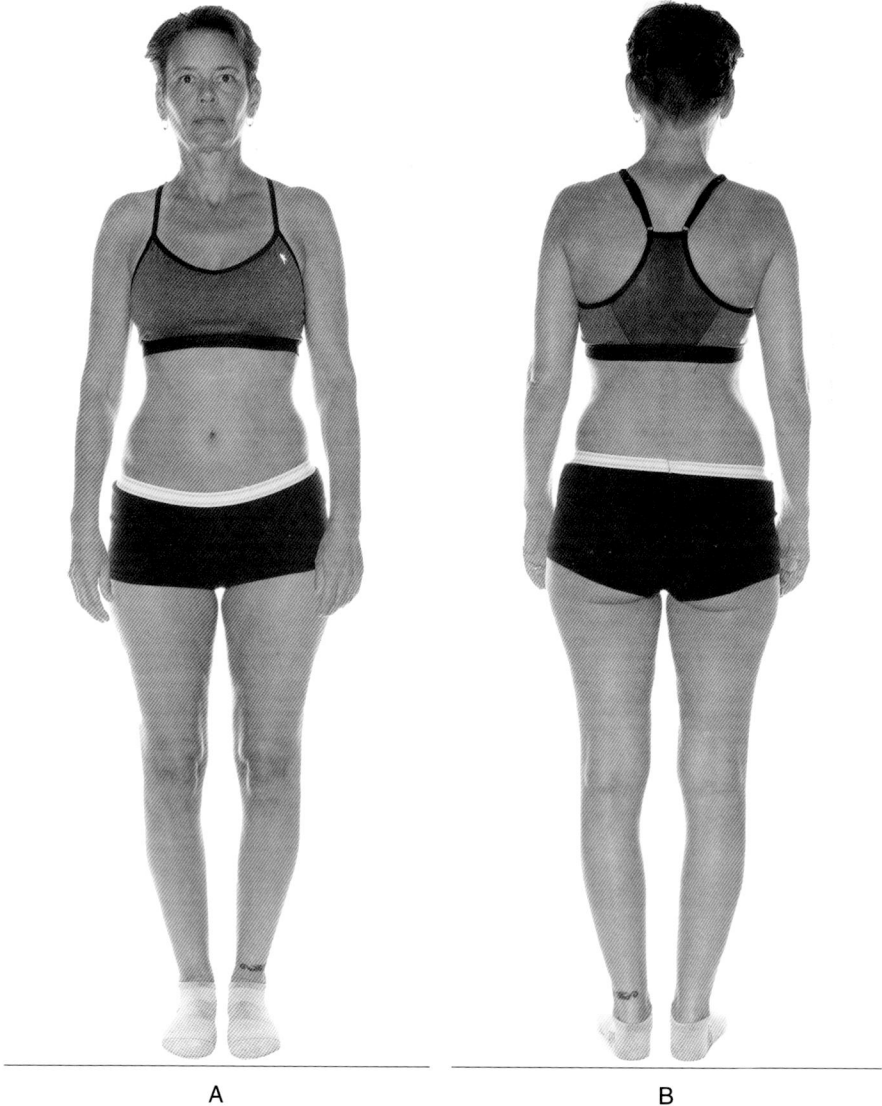

| A | B |

■ 练习5.3

　　找出下面3幅图（图 A ~ 图 C）中患者身体左右两侧的体表标志，并将这些标志用线连起来。观察这些标志线的倾斜度。你可以离书远一点儿，这样更方便观察。

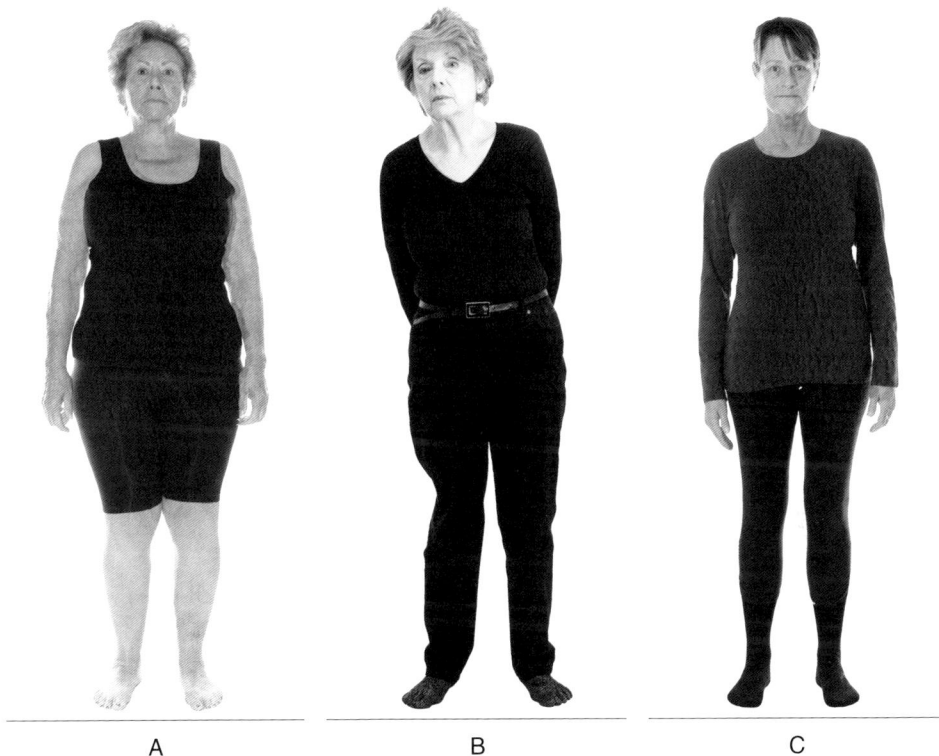

A　　　　　　　　　　　B　　　　　　　　　　　C

　　观察身体某一部位的倾斜度，你可以看出该部位是受压迫而位置降低还是被牵拉而位置升高。通常情况下，倾斜度的变化（如同侧相邻的两个身体部位，一个偏低，另一个则偏高）是身体进行补偿和反补偿的表现，目的是使身体各部位在中线上保持平衡。

不同的站姿

　　我曾问下图中的女性是否进行过什么让她左肩抬高的体育运动或其他活动，她回答说："我吹笛子很多年了。"（图C展示了她吹笛子时的站姿）

　　这就解释了为什么采用自然的站姿（图A）时，她的身体会表现出头部和肩部倾斜、左胸部上移、身体重量更多地落在左脚上的特点。

　　当她采用随意的站姿（图B）时，你能看出她是如何交叉双臂以改善头部偏向一侧的问题吗？

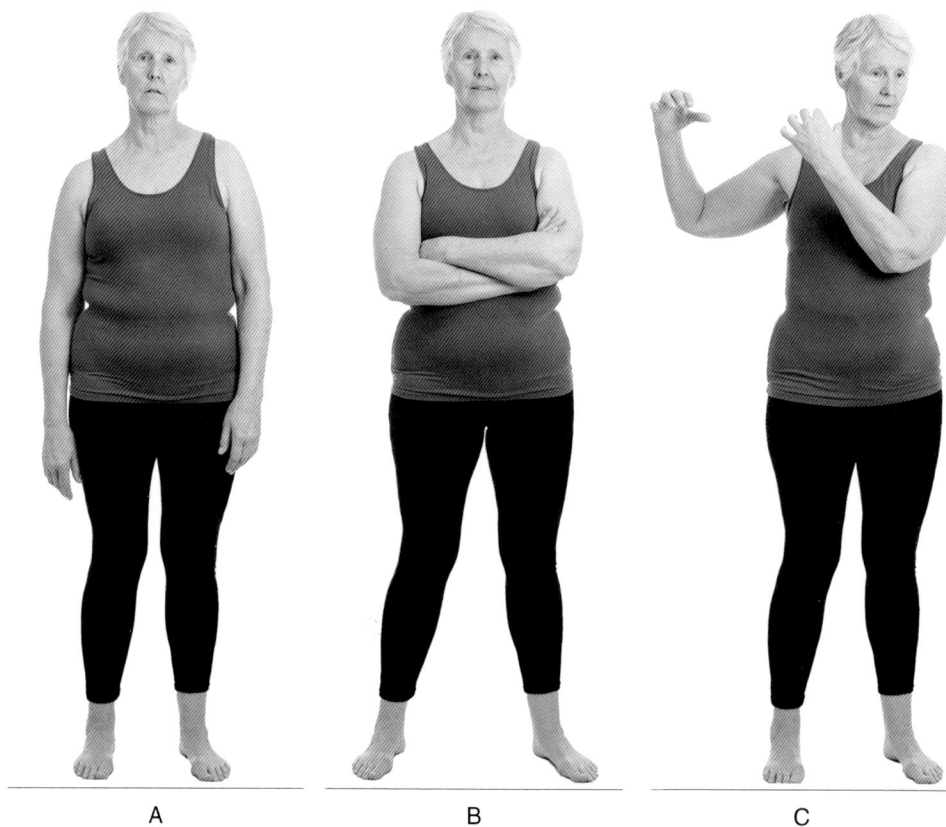

A　　　　　　　　　　B　　　　　　　　　　C

人体背面的体表标志

下面是可供选择的体表标志（从头部开始）。

（1）头顶。

（2）枕骨圆枕。

（3）第 2 颈椎。

（4）第 7 颈椎。

（5）肩关节。

（6）第 6 至第 7 胸椎。

（7）第 10 肋缘最下端。

（8）肘关节。

（9）髂嵴。

（10）腕关节。

（11）髋关节。

（12）指尖。

（13）膝关节。

（14）踝关节。

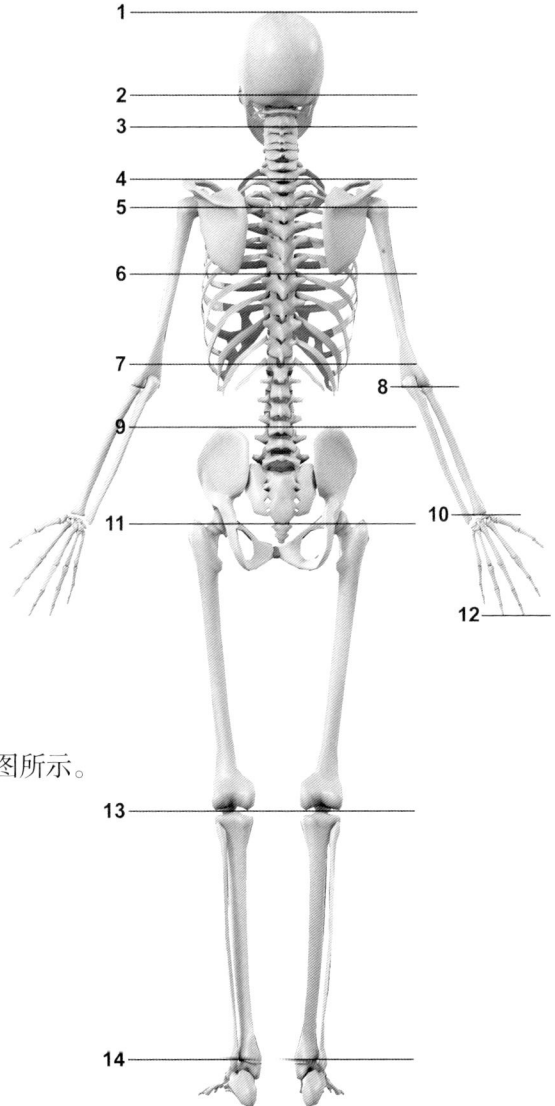

后视图中完整的体表标志如右图所示。

示例

下图中这位患者是一位受过训练的运动员，她热爱自己的运动项目，也致力于瑜伽教学。观察这位患者的正视图（图A）和后视图（图B）并思考以下问题。

（1）在两种视图中，患者身体各部位的倾斜一样明显吗？

（2）在两种视图中，患者身体各部位都是朝同一方向倾斜的吗？

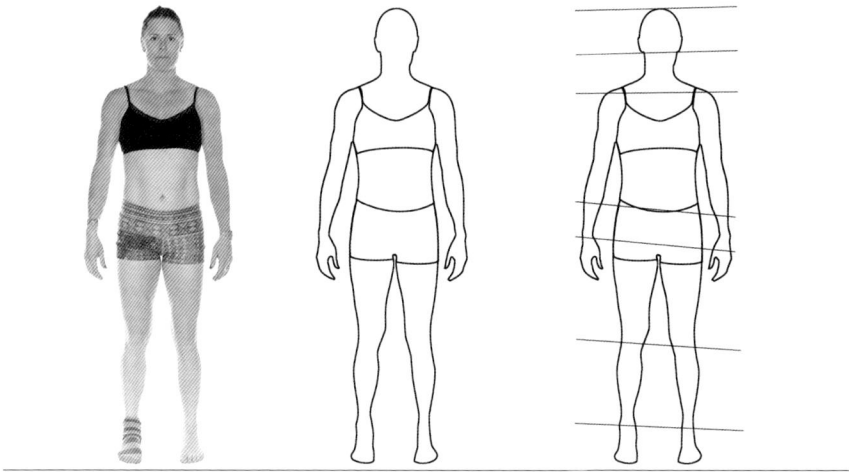

A

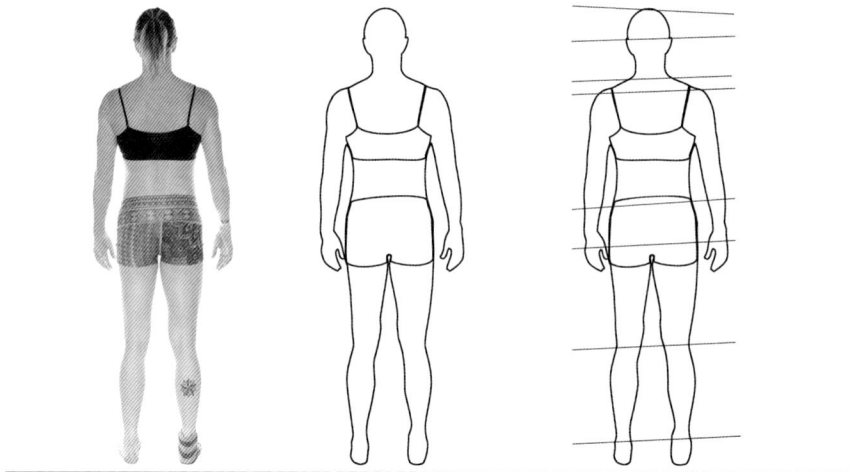

B

在后视图中用线连接体表标志以观察身体的倾斜度

下面3幅图分别为后视角下人体的骨架图（图A）、身体各部位轮廓图（图B）和球体组合图（图C）。

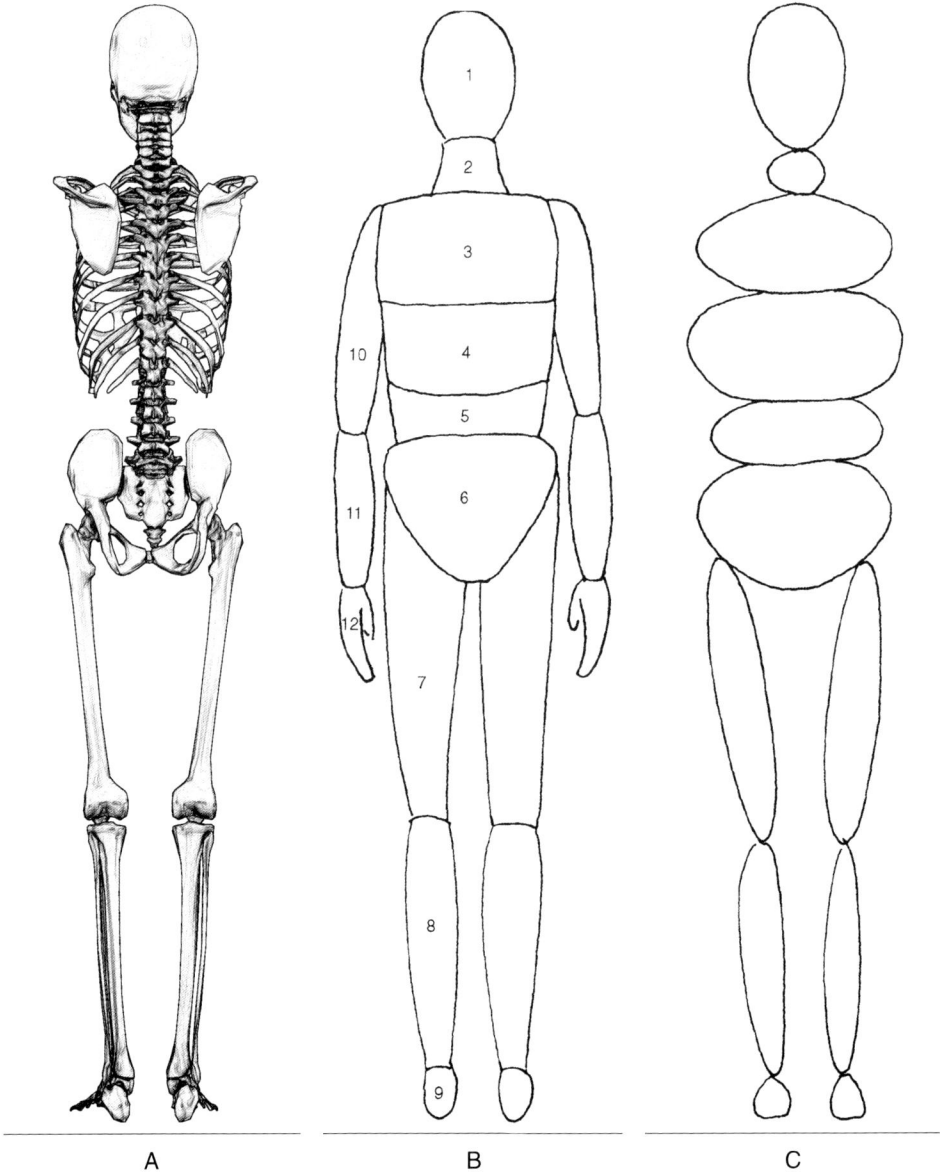

A   B   C

■ 练习5.4

观察下面两组图，按照提示完成练习。

（1）借助临摹纸，先在正视图（图A）中做标记。在患者接受治疗前的照片上标出她身体左右两侧的体表标志并连线。

（2）你有没有漏掉某个体表标志？（请参考本章前面介绍的人体正面和背面可供选择的体表标志。）

（3）把你画完线的临摹纸盖到患者接受治疗后的照片上，看看在接受治疗后患者的身体倾斜度是否仍和接受治疗前的一样。

（4）在后视图（图B）中做同样的练习。

此外，思考一下：患者的体重更多地落在左脚还是右脚上？她的承重情况在治疗前后一样吗？

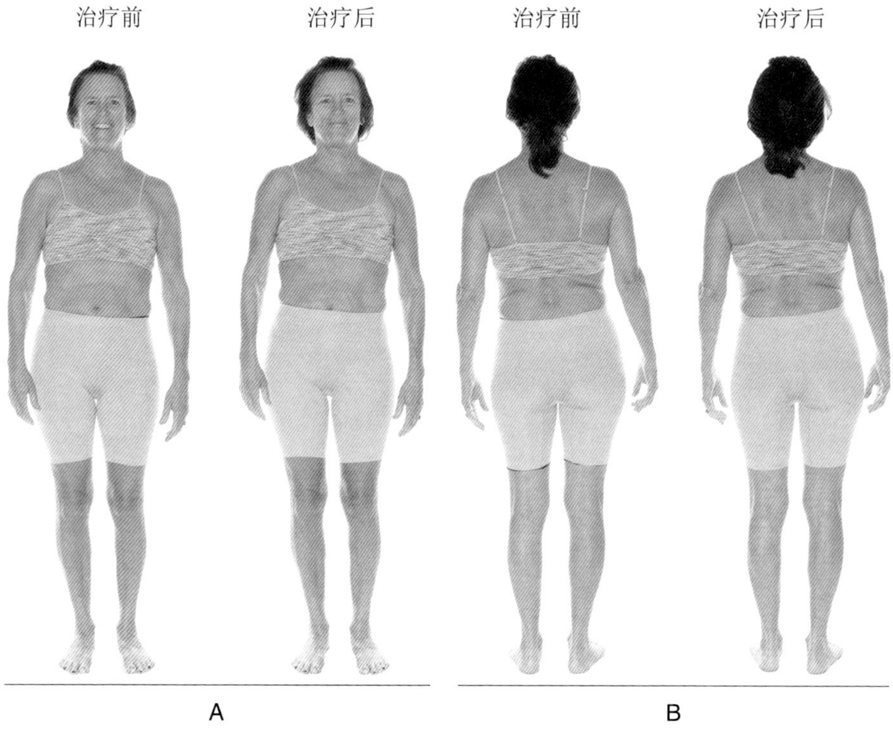

| 治疗前 | 治疗后 | 治疗前 | 治疗后 |

A

B

将倾斜度、偏移和承重的标记组合起来

■ 练习5.5

　　仔细观察下面3组图（图A ~ 图C），请判断：患者的倾斜和偏移情况，哪种更吸引你的注意力？首先，针对吸引你更多注意力的倾斜或偏移情况做标记。其次，对另一种情况做标记。最后，用向上的箭头标出你认为身体承重最大的地方（左脚或右脚）。

标记符号

① 倾斜度（上下方向）：

② 偏移（在正视图和后视图中为左右方向，在侧视图中为前后方向）：

③ 身体承重最大的地方（在左脚或右脚上做标记）：

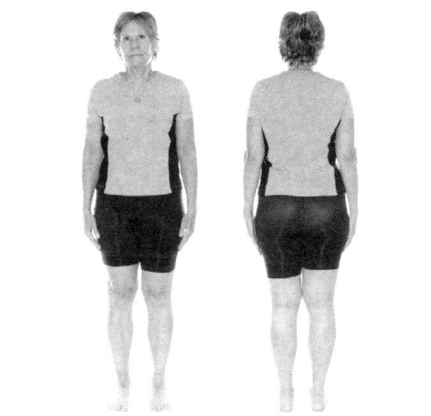

A

B

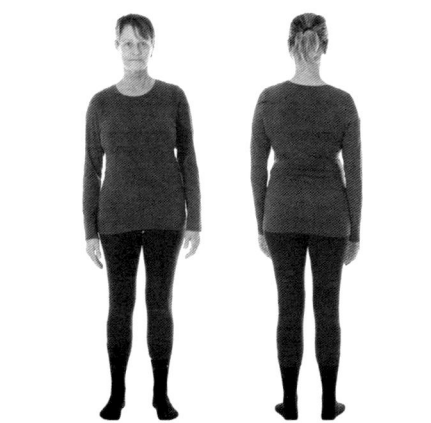

C

在侧视图中标出倾斜情况

下面3幅图分别为体表标志参考图（图A）、身体各部位轮廓图（图B）和身体各部位倾斜情况标记示例图（图C）。

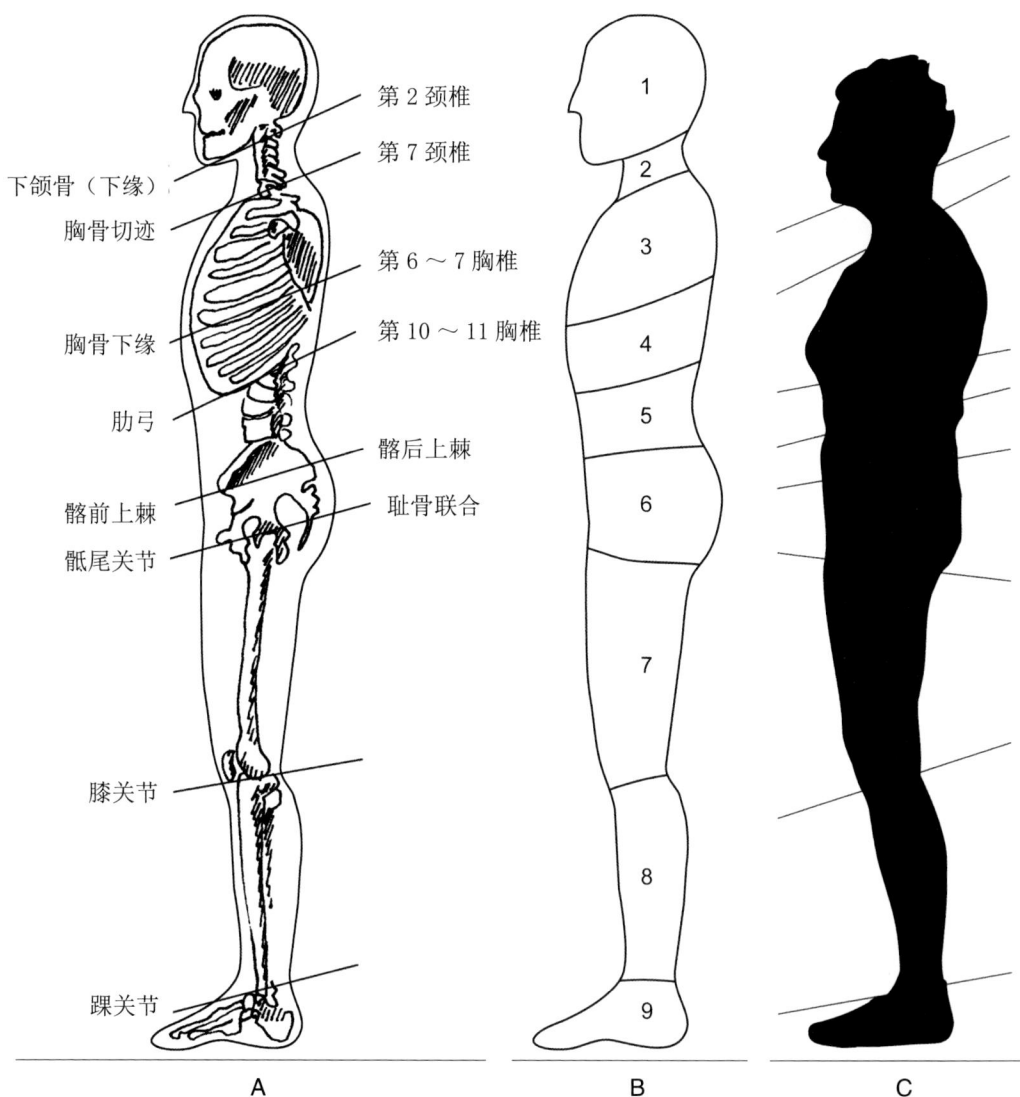

下颌骨（下缘）

胸骨切迹

胸骨下缘

肋弓

髂前上棘

骶尾关节

膝关节

踝关节

第2颈椎

第7颈椎

第6～7胸椎

第10～11胸椎

髂后上棘

耻骨联合

A

B

C

■ 练习5.6

观察下面两组图（图 A 和图 B），针对最吸引你注意力的身体部位，标出倾斜和偏移情况（标记符号见第 85 页）。你认为身体承重最大的地方是足前部还是足后部？用向上的箭头标出。

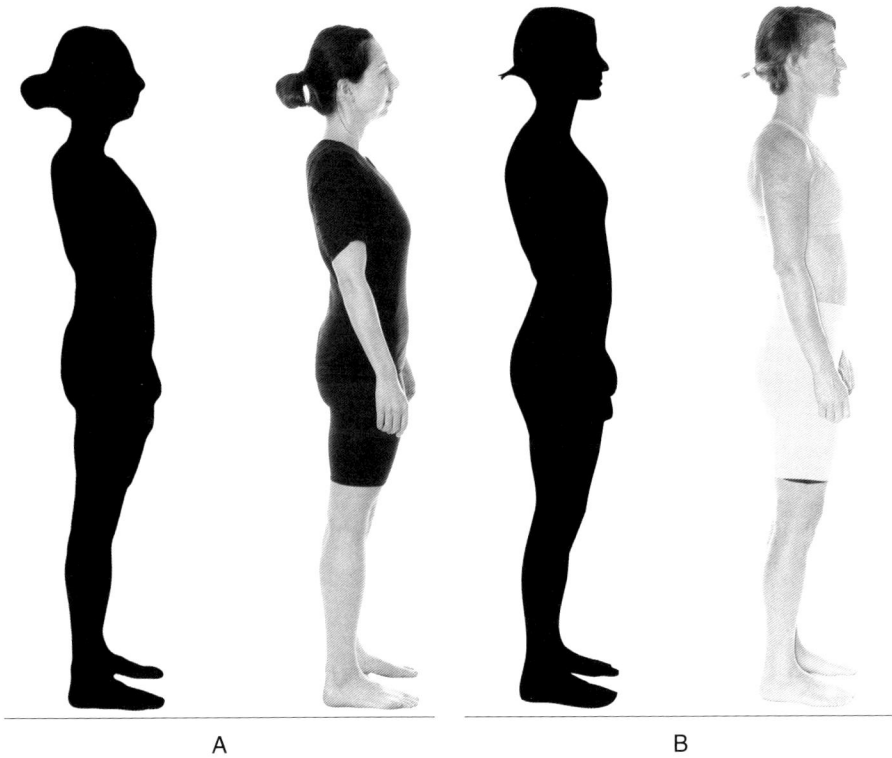

A   B

在侧视图中标出骨盆的倾斜和偏移情况

我们已经学习了如何在正视图和后视图中观察身体各部位的倾斜度（高低关系）。现在，让我们从侧视图中看一看骨盆的倾斜度（即骨盆前倾或后倾的程度）。

在此之前，我们已经在侧视图中观察过骨盆在前后方向上的偏移情况，也在正视图和后视图中观察过骨盆在左右方向上的偏移情况。

偏移和倾斜的不同

偏移和倾斜经常被人们混为一谈，但它们是不同的。偏移指身体各部位在水平面上或前后、左右方向上的位置。倾斜度指从正面、背面、侧面观察到的身体各部位之间因上下或高低位置不同而形成的倾斜角度。

为了判断骨盆的倾斜度，我们需要观察髂后上棘（PSIS）和髂前上棘（ASIS）的相对位置关系（参见第43页的体表标志参考图）。此外，我们还需要确定坐骨结节相对于股骨的位置。

骨盆的倾斜度

　　• **骨盆中立**：骨盆看起来更多地位于腿部上方。髂前上棘相对于髂后上棘和耻骨结节相对于骶尾关节都呈现出微微的前倾状态。在这种状态下，腿部在髋关节处可以自如活动。

　　• **骨盆后倾**：骨盆向后、向下倾斜，常导致坐骨结节下移到股骨后侧。很多因素会导致这种情况发生，比如，骨盆和腿部后侧肌张力过大，或者与之相反，腿部前侧肌张力过小。

　　• **骨盆前倾**：骨盆顶端、髂前上棘和髂后上棘向前倾斜，坐骨结节常被抬高，高出股骨。导致这种情况的原因可能是骨盆前侧肌肉（如腰大肌和腿部肌肉）的肌纤维较短。

示例

在下面的示例中，中立的骨盆（图A）呈现向前约5°的倾斜度，后倾的骨盆（图B）呈现向后约10°的倾斜度，前倾的骨盆（图C）呈现向前约25°的倾斜度。

请在下面3幅图中，先画线连接髂前上棘和髂后上棘，再连接耻骨联合和骶尾关节。此外，请标出骨盆相对于大腿是向前还是向后倾斜的。

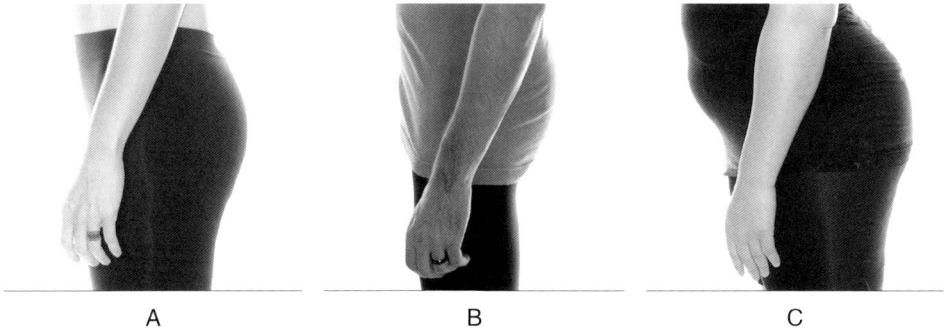

A   B   C

一般来说，骨盆中立的范围是前倾2°～10°或后倾0°～10°，但这个标准是不精确的，我们不能独立于身体其他部位来单独观察骨盆，而是要将其放在整个身体中考虑。

骨盆倾斜度的标记方法

在下面的照片（图 A）上，标记 3 位患者骨盆的倾斜度。请先画线连接髂前上棘和髂后上棘，再连接耻骨联合和骶尾关节。

A

现在，我们可以将这些线转移到人体图（图 B）上。

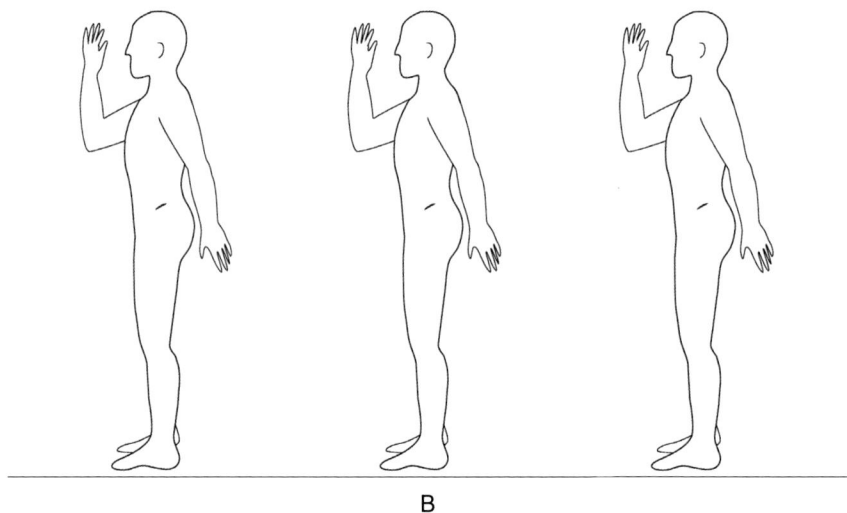

B

利用铅垂线标记骨盆的位置和倾斜度

  骨盆的位置和倾斜度可以有很多不同的组合。例如，在下面的图 A 和图 B 中，骨盆的中心都位于铅垂线的前方，但是，这两幅图中骨盆的位置和倾斜度是不同的（图 A 中骨盆相对中立，图 B 中骨盆前倾）；而图 C 中骨盆的中心则位于铅垂线的后方（骨盆后倾）。

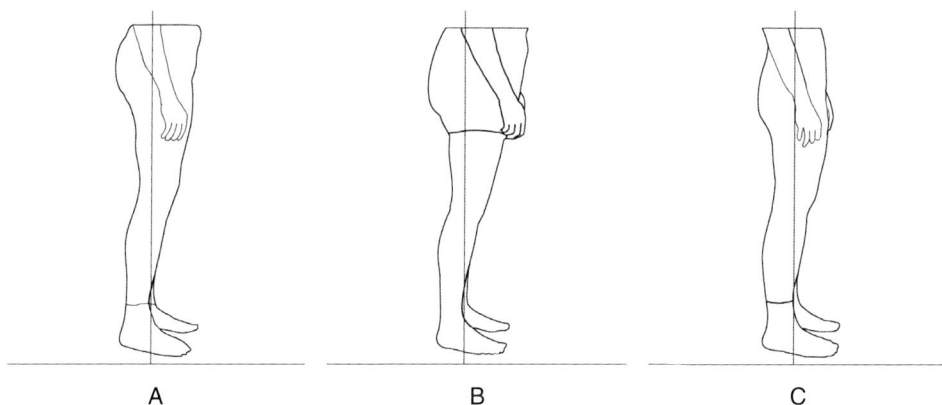

A   B   C

  仔细观察图 D，它展示了骨盆的位置和倾斜度其他可能的组合方式。同时，请关注坐骨结节和股骨间的距离。

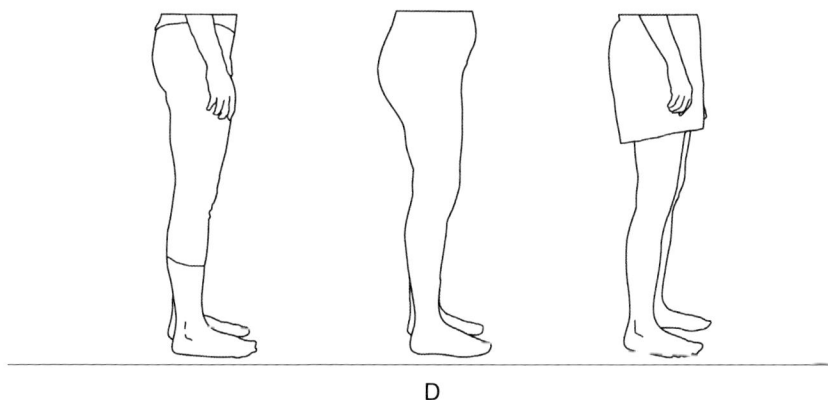

D

91

不同的倾斜度和位置

■ 练习5.7

　　观察下面两组图（图 A 和图 B）中患者的照片，将一张临摹纸盖在照片上，然后在临摹纸上画出患者身体各部位的轮廓。之后标出骨盆和腿部的位置，并标出骨盆的倾斜度。

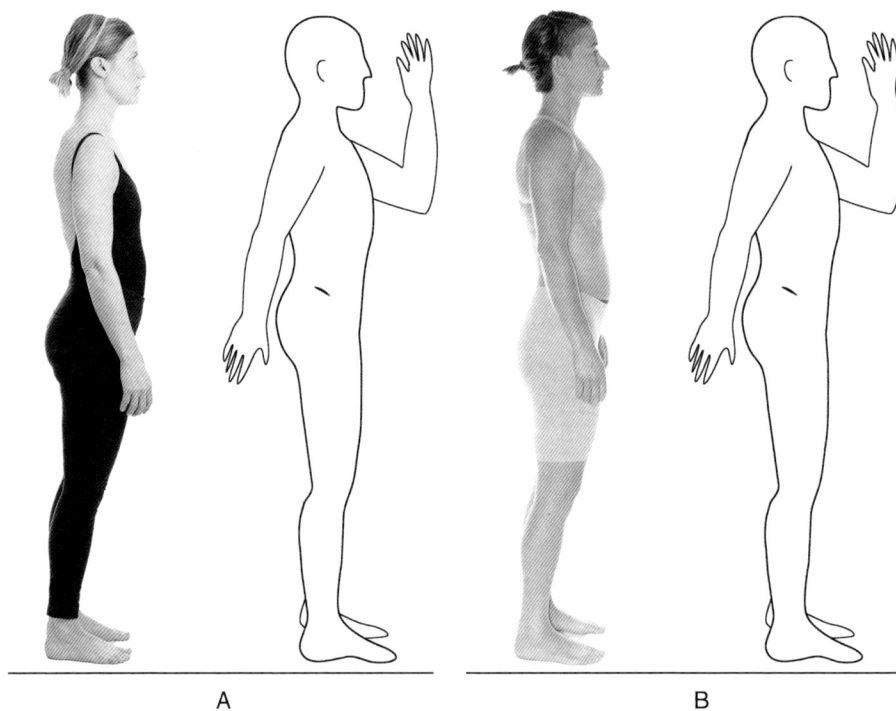

A   B

　　记住，X 是参照点。将 X 标在足底，自下而上做标记，这样可以更好地判断髋关节位于踝关节的前方还是后方。

　　最后，在人体图上标出身体各部位的位置和倾斜度。

拓展思考

　　如你所见，位置和倾斜度的组合具有多种可能性。掌握位置和倾斜度的组合情况对于判断如何矫正患者的体态模式是很重要的。举例来讲，骨盆前倾的患者常常被建议应该将骨盆向下收缩。如果骨盆前倾的患者本身骨盆位置就靠前，那么他可能没办法做到这件事，除非他先将骨盆矫正到相对中立的位置。你可以试一试。

　　与之相反，一位患者如果同时有骨盆后倾、骨盆位置靠后、腰部弧度减小的情况，如下图所示，那么他就需要同时调整骨盆的倾斜度和位置才能使腰部弧度变得正常。

■ 练习5.8

请在以下3种视图（图A为正视图，图B为后视图，图C为侧视图）中标出下页所示的体表标志。在一种视图中做完标记后，停下来想一想在这种视图中，你观察的重点是什么。

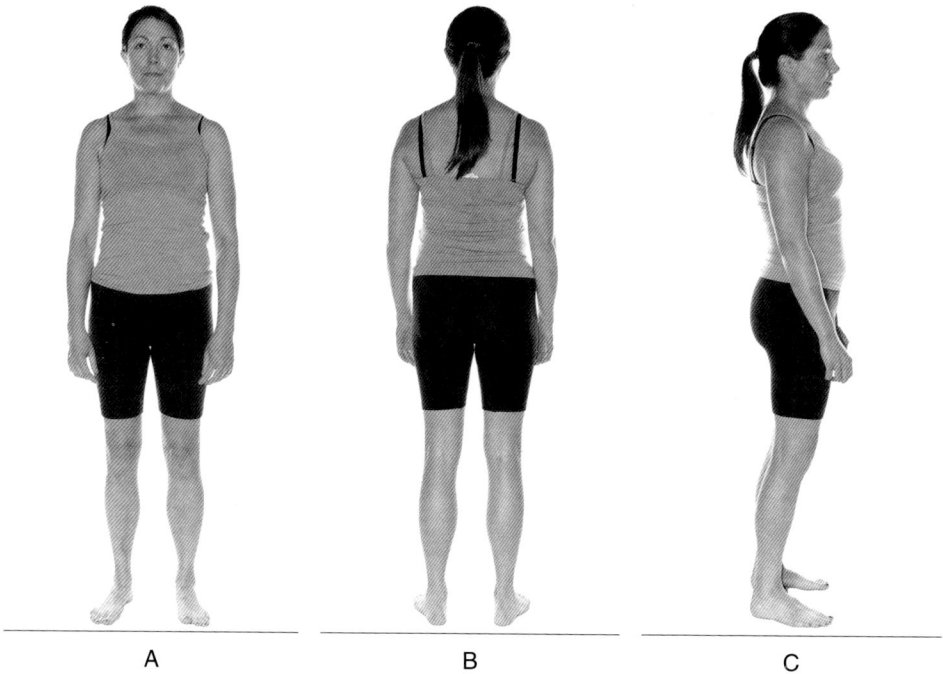

A   B   C

现在，你已经在3种视图中做好了标记。想一想，哪种视图提供的信息最多？为什么？

不同视图中可供参考的体表标志

正视图（左右方向）

（1） 头顶

（2） 上颌骨

（3） 下颌骨（下缘）

（4） 锁骨上窝

（5） 肩关节

（6） 第6肋骨至胸骨下缘

（7） 肋弓

（8） 肘关节

（9） 髂嵴

（10） 腕关节

（11） 髋关节

（12） 指尖

（13） 膝关节

（14） 踝关节

后视图（左右方向）

（1） 头顶

（2） 枕骨圆枕

（3） 第2颈椎

（4） 第7颈椎

（5） 肩关节

（6） 第6～7胸椎

（7） 第10肋骨边缘最下端

（8） 肘关节

（9） 髂嵴

（10） 腕关节

（11） 髋关节

（12） 指尖

（13） 膝关节

（14） 踝关节

侧视图（前后方向）

（1） 上颌骨至枕骨圆枕

（2） 下颌骨（下缘）至第2颈椎

（3） 胸骨切迹至第7颈椎

（4） 胸骨下缘至第6～7胸椎

（5） 肋弓至第10～11胸椎

（6） 髂前上棘至髂后上棘

（7） 耻骨联合至骶尾关节

（8） 膝关节

（9） 踝关节

■ 练习5.9

请在以下 4 种视图（图 A 为正视图，图 B 为后视图，图 C 为左视图，图 D 为右视图）中练习做标记。

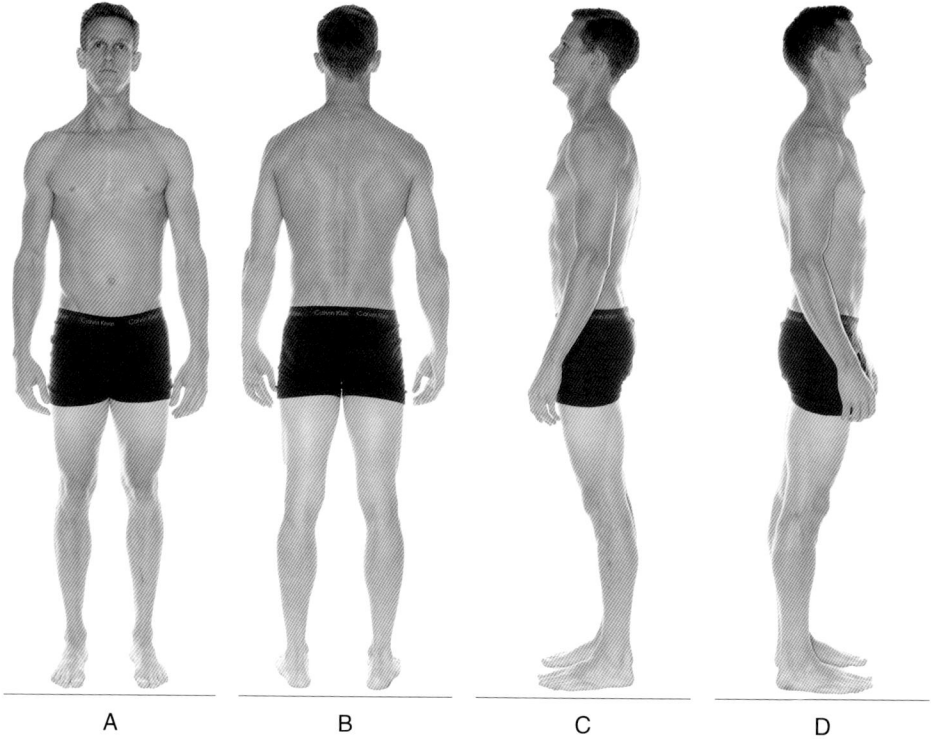

A　　　　　　　　B　　　　　　　　C　　　　　　　　D

哪种视图提供的信息最多？

注意，图 C 和图 D 中患者的骨盆呈现出了不同的倾斜度。

（1）在图 C 中，坐骨结节相对靠下，在股骨后方。

（2）在图 D 中，坐骨结节相对靠上，使骨盆更接近中立位。

记住，在体态评估中我们不能单独观察身体的某一部位，而要观察整个身体。

观察两侧骨盆的倾斜度

观察下面两幅图（图 A 为右视图，图 B 为左视图），然后想一想：这位女性的身体左右两侧看起来一样吗？如果不一样，不一样在哪里？

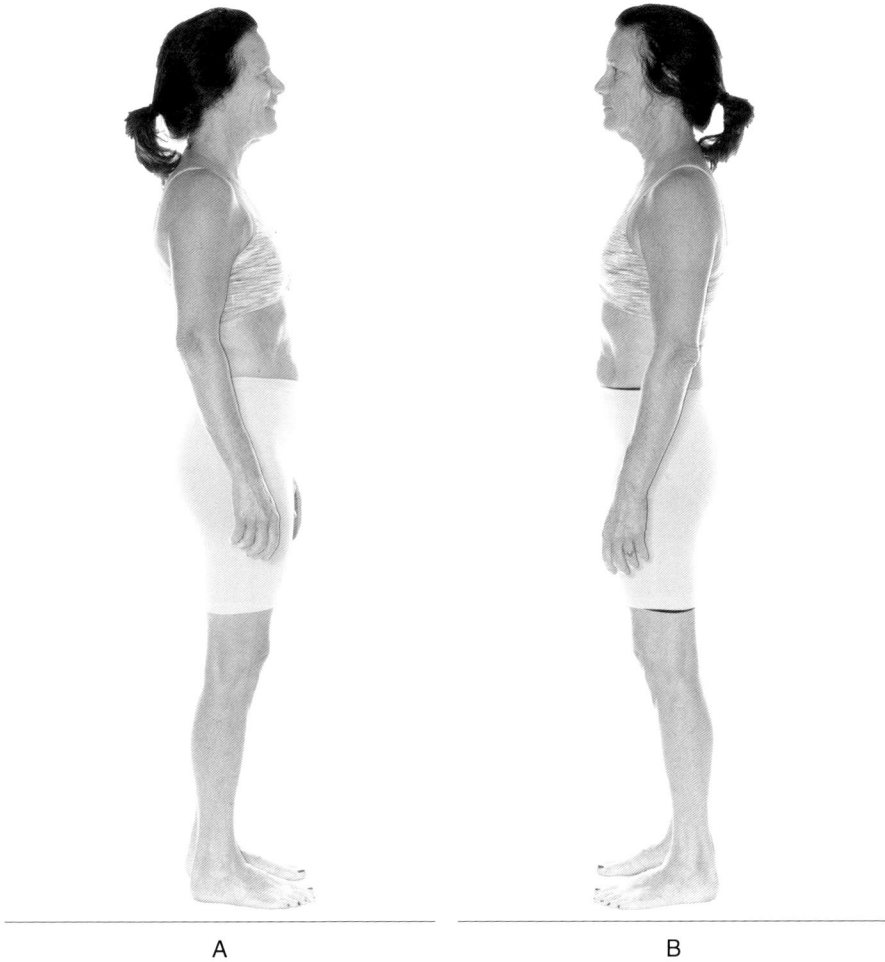

A   B

第 6 章
观察身体的旋转

到目前为止，我们都是在同一个平面上观察患者的身体排列情况的。对于每个平面，我们都是从平面的两侧来观察，以获得更准确的评估结果。观察下面这位女性患者的 4 种视图（图 A 为正视图，图 B 为后视图，图 C 为左视图，图 D 为右视图），标出患者身体各部位的中心，连点成线，并画出铅垂线。你能看出什么差别？

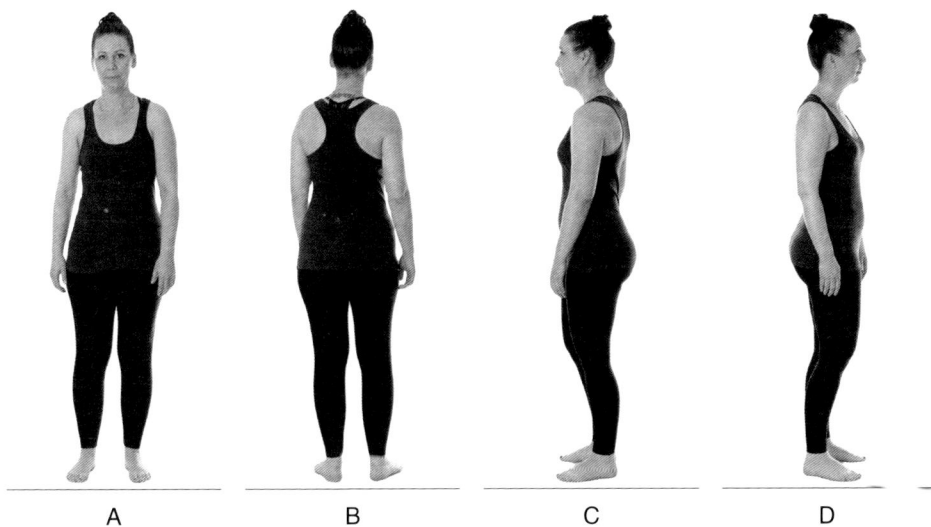

| A | B | C | D |

除了可能出现偏移和倾斜之外，身体各部分还可能出现旋转。举例来说，旋转可能导致患者一侧肩膀位于铅垂线所在的冠状面上，另一侧肩膀却明显偏向后方。患者的一侧骨盆可能位于中央，而另一侧骨盆在铅垂线前方。你还可以看到有些身体部位由于旋转而出现整体偏移，比如骨盆左侧转到前方，而骨盆右侧转到后方，等等。如下面的俯视图（图 E）所示，我用"从右至左旋转"来描述右侧某个身体部位向前旋转、整体朝向左侧的情况。对某一身体部位来说，旋转可能在整体上发生，也可能只发生在局部，比如肩膀向内旋转、前臂向后旋转、手掌向后旋转等。

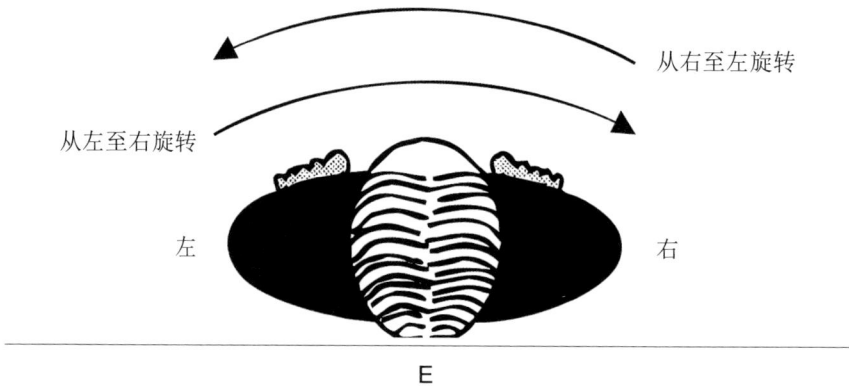

E

现在，再次观察上页的左视图和右视图，这次重点观察患者手臂的旋转。在左视图中，你能看出她左侧的肩膀和胸部向前旋转，而右腿稍稍向前偏移吗？在右视图中，你也能看到相同的体态模式吗？

最后，再次观察上页的正视图和后视图，看看这种体态模式是如何清晰地展现出来的。

旋转的标记方法 1

　　在正视图（图 A）和后视图（图 B）中标记身体排列情况的方法是相同的。直箭头表示某一身体部位向左或向右偏移，弯箭头表示躯干的某一部位向内或向外旋转以及四肢向前或向后旋转。

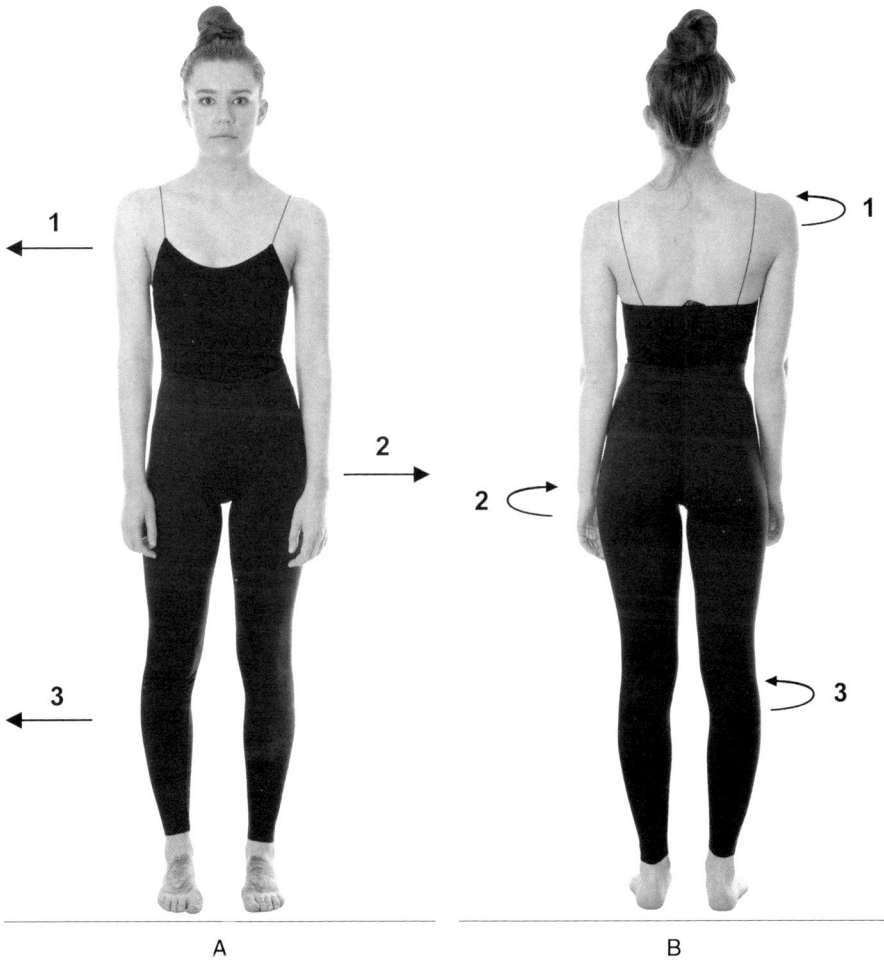

A   B

冠状面上的旋转

■ 练习6.1

在下面两组图（图 A 和图 B）中标出身体各部位的中心并将其用线连起来，然后画出铅垂线，观察身体各部位与铅垂线的相对位置关系。

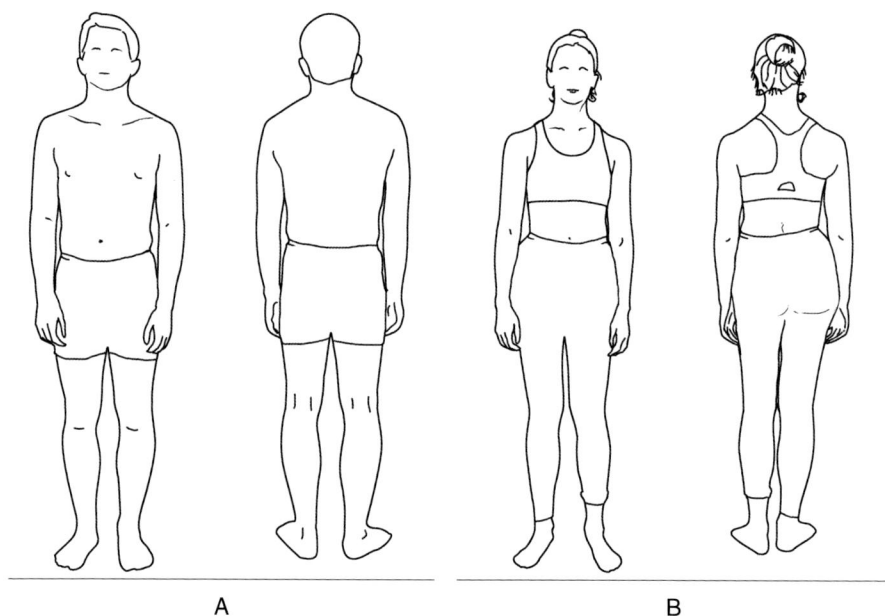

A   B

这些身体部位只表现出了向左或向右的偏移吗？你能看出左侧或右侧身体在前后或内外方向是否有旋转吗？

标记下肢的旋转

如果你能从 4 种视图中看出身体各部位的旋转情况，你就可以按照下图所示的方法标记出一个或几个身体部位的旋转情况。竖线表示你要标记的身体部位，两端的短横线标在受旋转影响的关节处。弯箭头表示旋转的方向：向前 / 向内或向后 / 向外。

图 A 是某一身体部位向内或向外旋转的标记示例：骨盆向左旋转，右侧小腿向外旋转。

图 B 是几个身体部位都向前旋转的标记示例：左侧的大腿、小腿和足部都向内旋转。

图 C 是关节向内或向外旋转的标记示例（将弯箭头画在关节处）：左侧髋关节向内旋转，右侧膝关节向外旋转。

图 D 是组合标记示例 1：左侧髋关节和膝关节向内旋转，左侧踝关节向外旋转。

图 E 是组合标记示例 2：左侧髋关节向内旋转，左侧膝关节和左脚向外旋转。

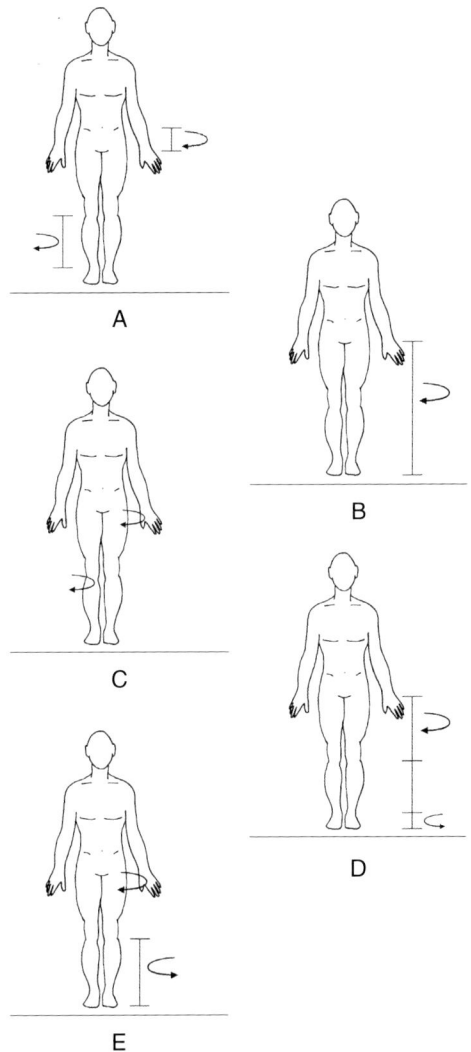

A

B

C

D

E

示例

在正视图中，我们将旋转描述成从右至左旋转（身体右侧向前旋转，偏向左侧）或从左至右旋转（身体左侧向前旋转，偏向右侧）。我在这里展示了一些正视图，用于说明还有哪些信息可以在正视图中标记出来。

图 A 表示右侧髋关节向内旋转（从右至左），左侧肩关节向内旋转（从左至右）；图 B 表示左腿向前旋转（从左至右），右侧髋关节向内旋转（从右至左）；图 C 表示右侧臀部至足部向前旋转（从右至左），左侧肩部至腰部向内旋转（从左至右）；图 D 表示左脚向后旋转，左侧臀部和腿部向前旋转，右侧肩部至腰部向内旋转。

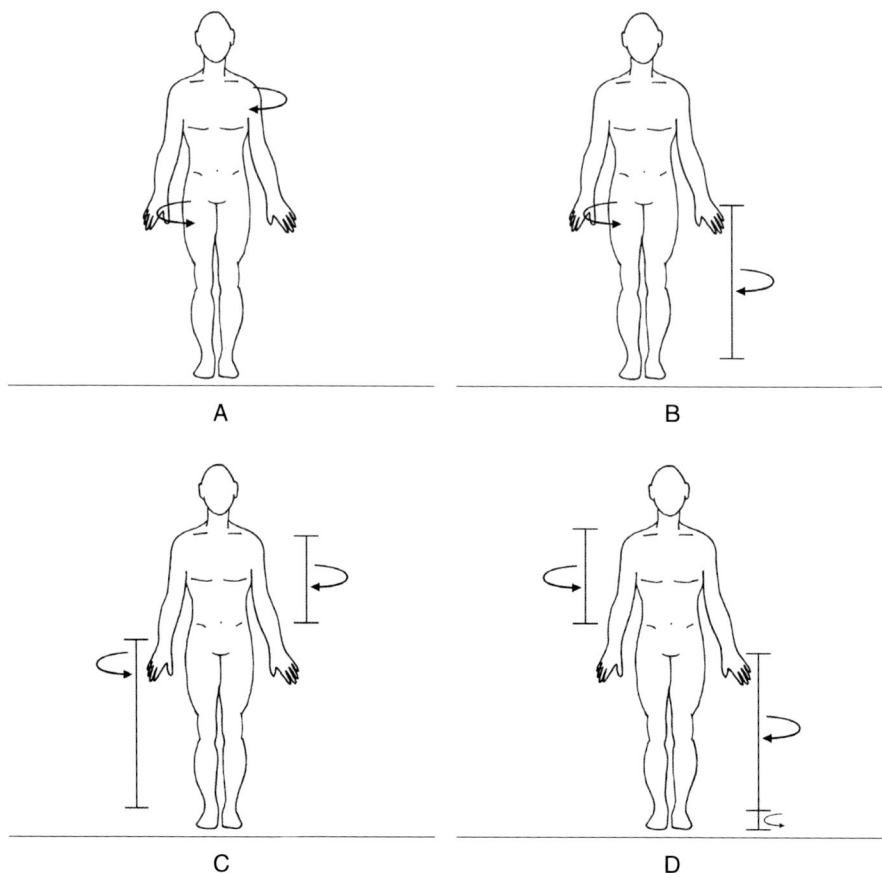

A

B

C

D

反向旋转

目前为止我们了解到，通常身体不会出现只有一个部位旋转而其他部位不旋转的情况。就像一种体态模式常常包含了身体各部位相对于铅垂线的前后偏移，旋转也通常发生在某一方向及其相反方向上。

右图是一个反向旋转示例。

从图中可以看出，患者肩部出现了从左至右的旋转，骨盆出现了从右至左的旋转，右腿则向内旋转。

之后，你还会发现，旋转和反向旋转的组合是多种多样的。我们会在第9章详细介绍各种组合，来研究它们对身体整体平衡的影响。

示例

　　观察下面 3 种视图（图 A 为正视图，图 B 为后视图，图 C 为侧视图）。

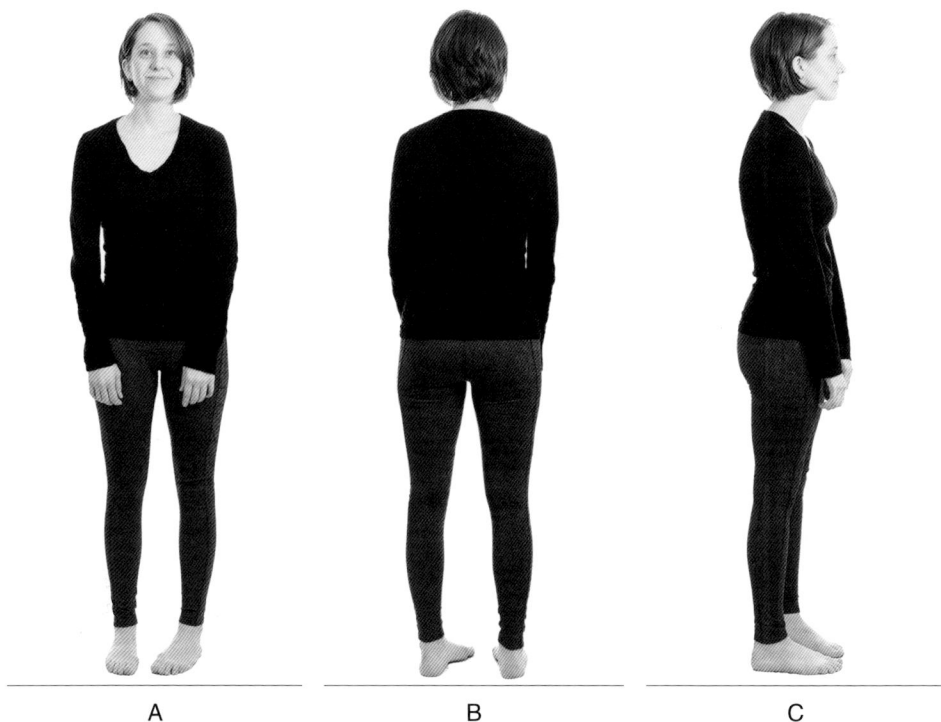

| A | B | C |

　　在正视图和后视图中，我们能看出这位患者的下半身左侧向前旋转而右侧向后旋转，另外，她的左腿向内旋转。在侧视图中，旋转也是很明显的，我们能看出患者的左腿在右腿前方。

　　在正视图中，反向旋转不太容易被发现。在这个示例中，患者骨盆向右旋转，而上胸部和右臂则向左旋转。

　　注意，如果她的腰部也向左旋转，你就看不到她右臂和躯干之间的空隙了。

■ 练习6.2

观察下面3张照片，按照前面介绍的方法，标出3种视图（图A为正视图，图B为侧视图，图C为后视图）中患者身体各部位的中心，并比较正视图和后视图，判断每个部位是否发生了偏移或旋转。

注意，在这个示例中，如果患者身体的某一部位在侧视图中表现出了明显的移位，而且其移位程度和你在正视图中观察到的相仿，那么就说明这个部位整体向前或向后发生了偏移或旋转。

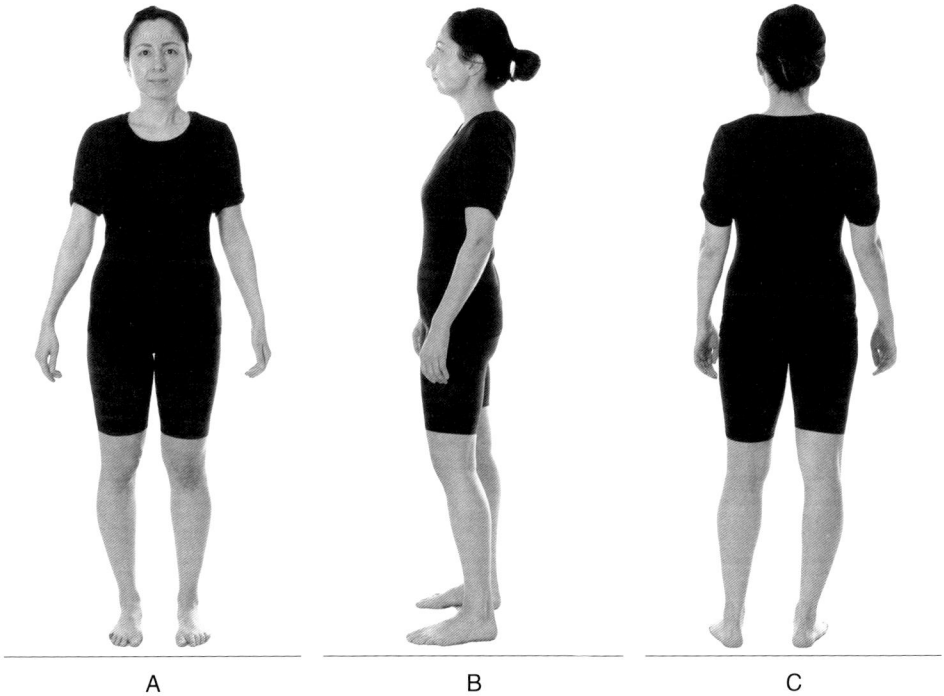

A   B   C

这位患者的双腿都向内旋转，其中右腿与左腿相比伸展程度更高。

我们能看出她的反向旋转：

• 她的左腿从左至右向前旋转；

• 她的骨盆从右至左旋转，这种旋转模式一直延伸到肩部。

旋转的标记方法 2

我们通常用弯箭头来标记旋转，以区分旋转与偏移。下面 3 幅图展示了不同视图（图 A 为正视图，图 B 为侧视图，图 C 为后视图）中旋转的标记示例。

弯箭头的方向表示身体某一部位相对于铅垂线是向前还是向后旋转的。

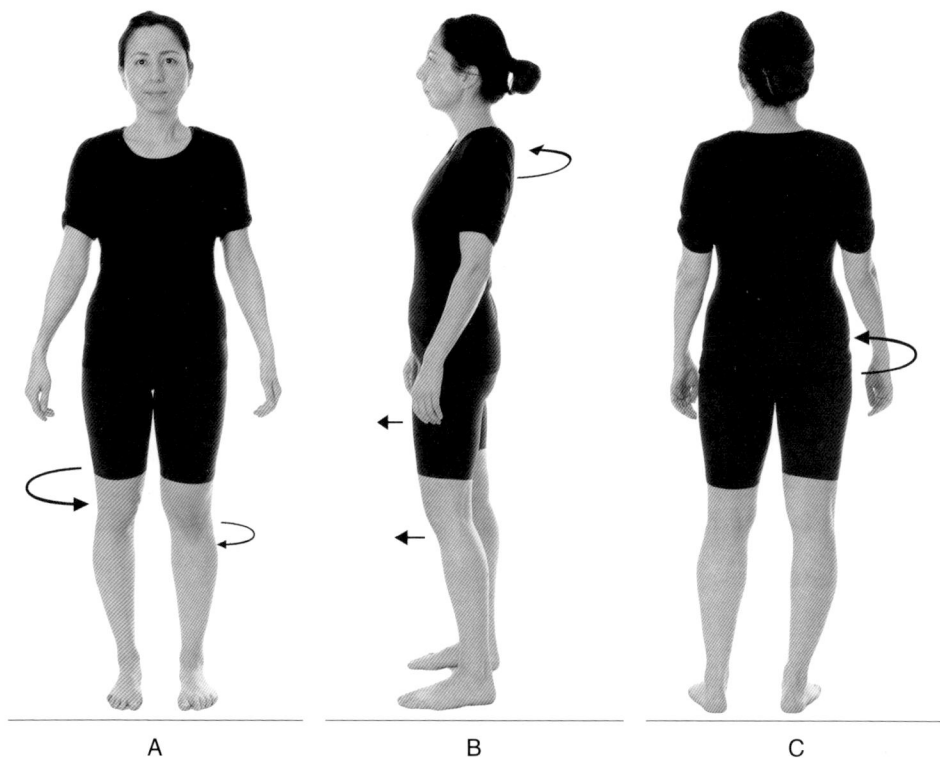

A　　　　　　　　　B　　　　　　　　　C

■ 练习6.3

请在下面两组图（图 A 和图 B）的 4 种视图中标出两位患者身体的偏移和旋转情况。

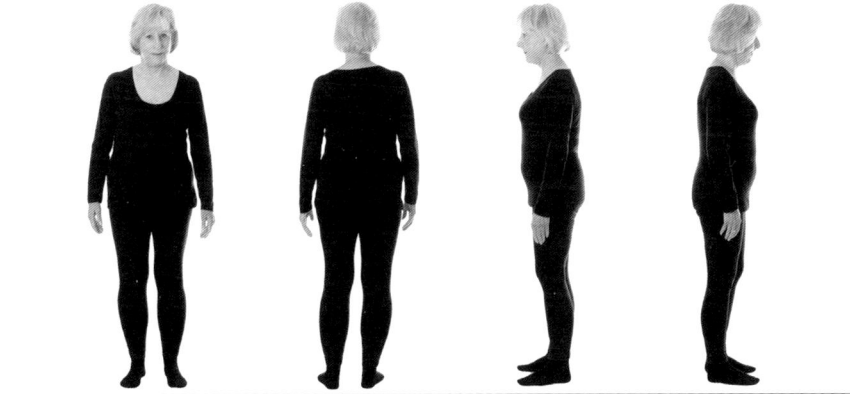

A

B

有趣的是，在图 B 中，当你观察正视图中患者的身体排列模式时，你会发现她的骨盆在向右偏移的同时也出现了从右至左的旋转。在其他 3 种视图中，这种旋转却没有那么明显。这说明偏移的程度大于旋转的程度。

为了练习和研究，请你收集几套自己的照片，每套照片中包括全部 4 种视图。你会发现，与观察患者和朋友的照片一样，观察自己的照片也很有趣。

以下 4 张照片展示了患者的 4 种不同站姿，图 A 展示的是正面自然站姿，图 B 展示的是正面随意站姿，图 C 展示的是背面站姿，图 D 展示的是侧面随意站姿。观察这些照片，不要借助临摹纸或用其他方式做标记，用肉眼观察并判断哪种视图最先吸引了你的注意。思考一下是哪个身体部位最先吸引你的，然后再想一想这个身体部位和其他身体部位有什么关系。你有没有发现更多的偏移和旋转？

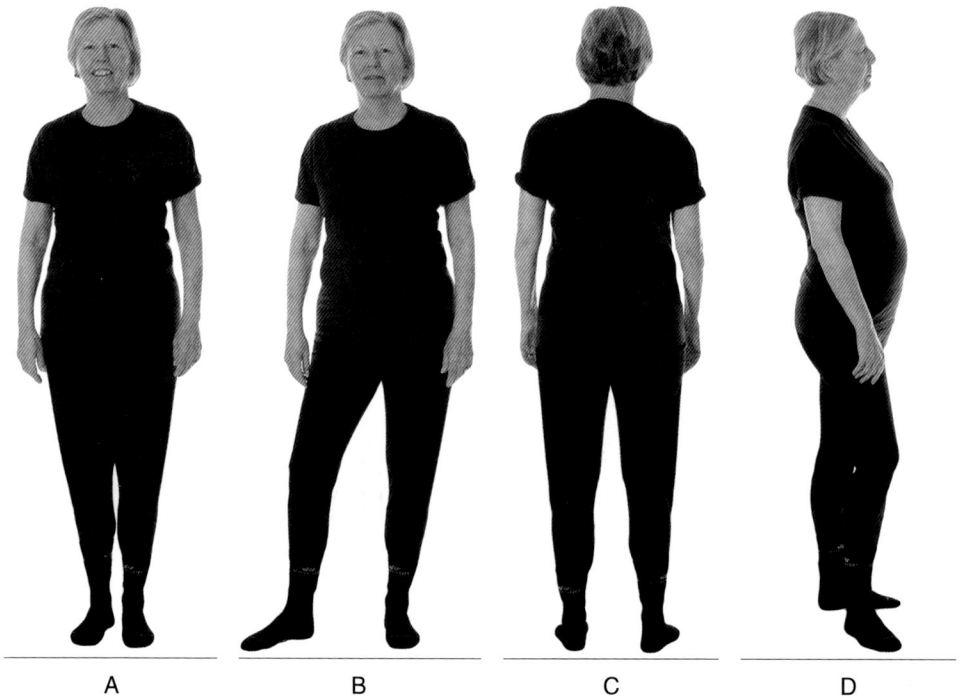

A　　　　　　B　　　　　　C　　　　　　D

观察一个人在随意状态下的站姿时，我们经常能看出，随意站姿对体态具有一定的调节作用。

例如，我们能看出，与图 A 和图 C 相比，图 B 中患者肩部和骨盆的倾斜度变小了。采用随意站姿时，患者可能感到不那么紧张且更加舒服。然而，有时随意站姿的调节作用可能过强，以致引发身体的补偿机制，使身体更加不对称。

描述双腿的位置和旋转

在站姿下，双腿有 4 种基本的排列模式（图 A 展示了作为参考的标准解剖学姿势）：

（1）内收 / 外展模式（如图 B 所示）；

（2）屈曲 / 伸展模式（如图 C 所示）；

（3）内旋 / 外旋模式（如图 D 所示）；

（4）组合排列模式（如图 E 所示）。

A

B

C

D

右脚轻微外旋，
右小腿内旋，
右大腿内旋，
左脚外旋，
左小腿外旋，
左大腿轻微外旋。

E

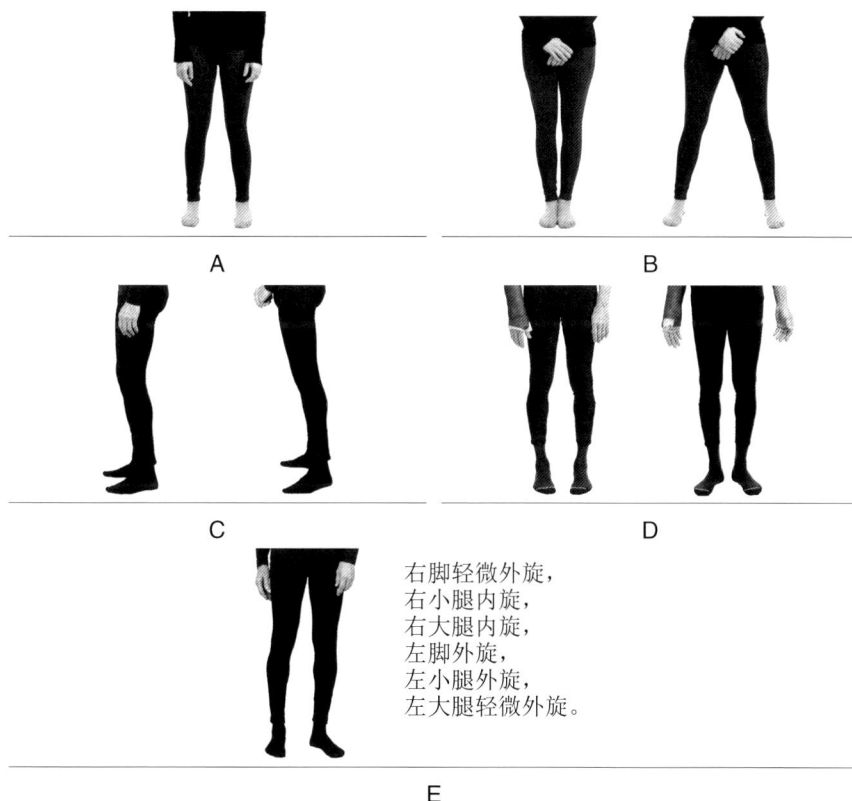

通常情况下，摔倒或者受到外力伤害可能导致某个身体部位被推离其正常位置，这个部位的位置发生了改变（或者说失去了平衡），因此身体就要找到一种反向平衡的方法来补偿它的错位。

不同的站姿

　　人们可能会由于习惯而形成某种站姿，也可能因为生理需求或者别人告诉他们怎样的姿势好而形成特定的站姿。下面 4 幅图中，图 A 展示的是保持膝关节灵活且适度弯曲的站姿，图 B 展示的是相对中立的站姿，图 C 展示的是膝关节过度伸展的站姿，图 D 是图 C 的细节图。

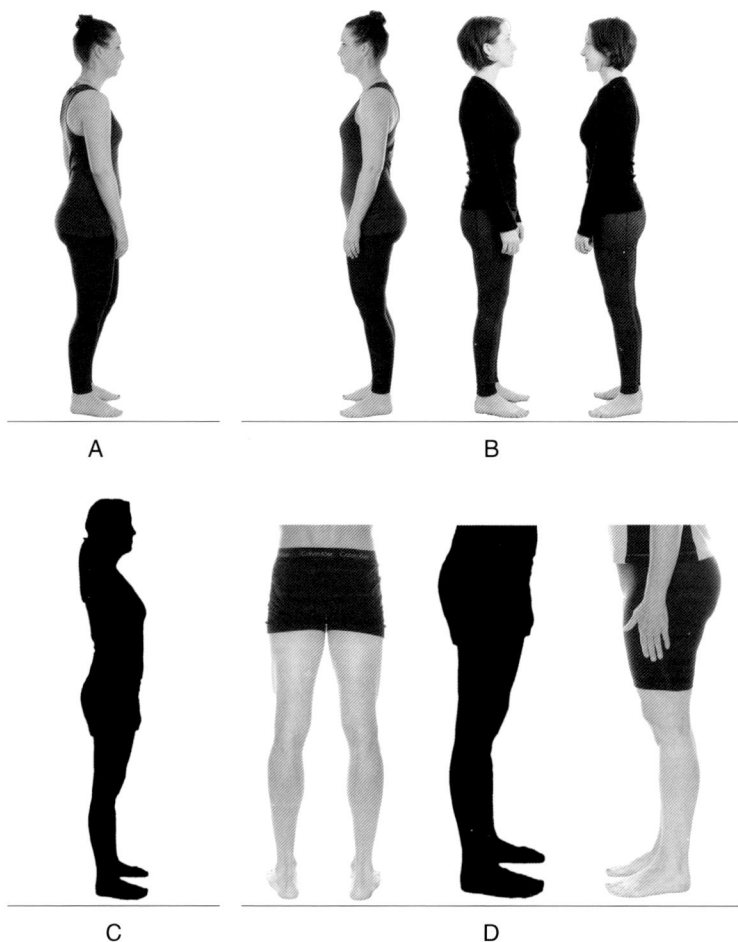

A　　　　　　　　　　　　B

C　　　　　　　　　　　　D

　　尽管上面 4 幅图中患者的腿部都存在向后偏移的情况，但我们也能看出它们在向内旋转、向外旋转以及膝关节伸展程度上的差别。

■ 练习6.4

第一步，观察下面两组图。

A

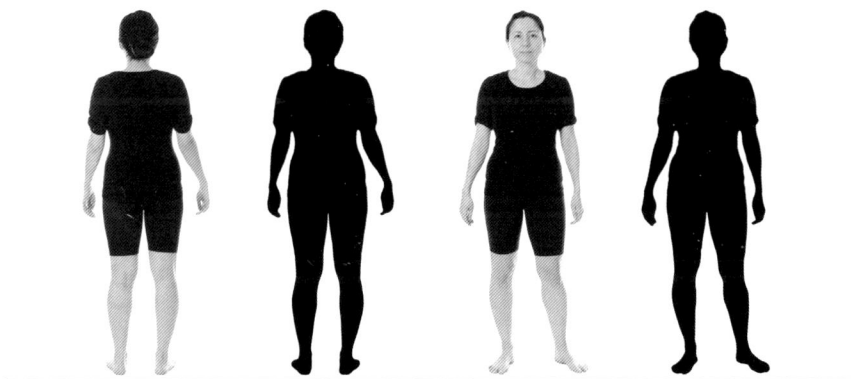

B

（1）观察双腿的位置，包括：

• 倾斜度（高／低）；

• 图 A 中的内收／外展（向内靠近或向外偏离中线）；

• 图 A 和图 B 中关节向内或向外的旋转；

• 双腿之间空隙的形状和大小；

• 上述情况的组合。

（2）观察一个部位与其相邻部位之间的位置关系（如大腿与小腿、上臂与前臂），包括：

- 内收／外展（向内靠近或向外偏离中线）；
- 前后位置（包括屈曲和伸展）；
- 关节向内或向外的旋转；
- 倾斜度（高／低）；
- 上述情况的组合。

第二步，做标记。

（1）在图 A 上做标记，用直箭头标示偏移情况，用直线标示倾斜度，用弯箭头标示旋转情况。

（2）在图 B 上做标记。从观察患者的身体轮廓开始，看看哪个身体部位吸引了你的注意力。同样，用直箭头标示偏移情况，用直线标示倾斜度，用弯箭头标示旋转情况。

■ 练习6.5

在下面两组图（图 A 和图 B）中标出这两位患者身体各部位的旋转情况。

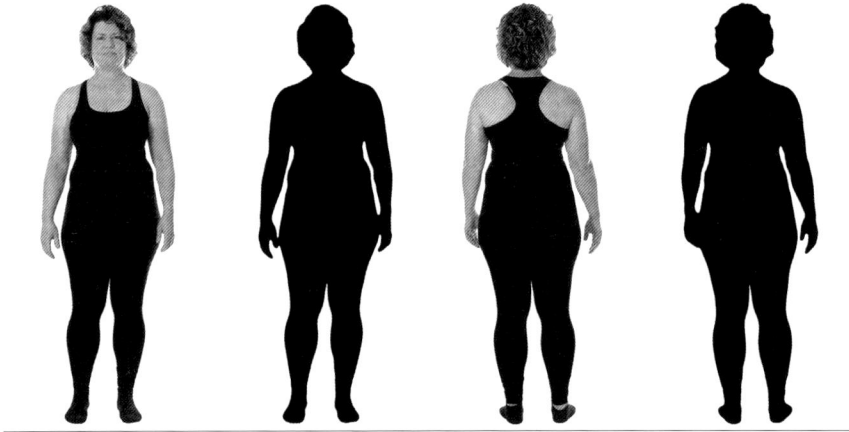

A

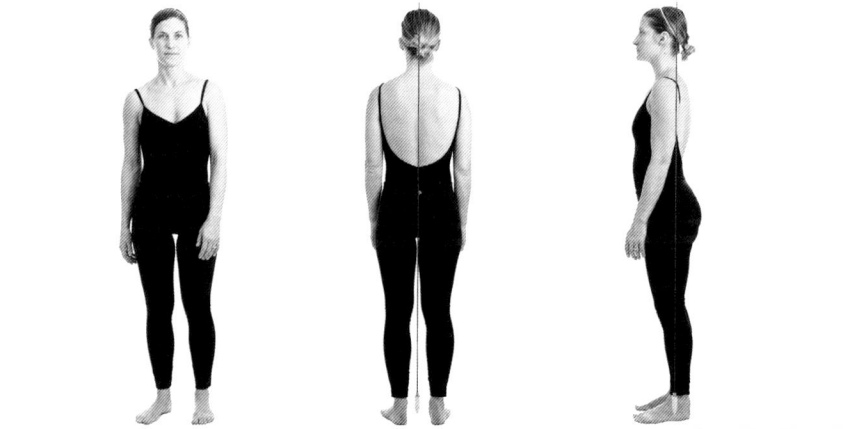

B

■ 练习6.6

在做标记之前，你可以先根据照片画出身体的大致轮廓，再画出身体各部位的轮廓，接着标出各部位的中心，然后用线连接各部位的中心，最后，在前面几个步骤的基础上画出旋转标记。图 A 展示了在正视图中画出旋转标记的过程。

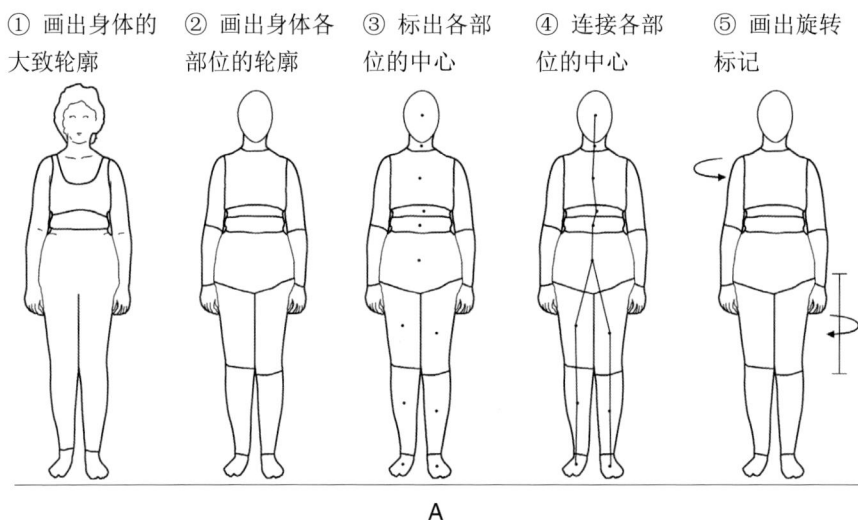

① 画出身体的 大致轮廓　② 画出身体各 部位的轮廓　③ 标出各部 位的中心　④ 连接各部 位的中心　⑤ 画出旋转 标记

A

现在，请从后视图（图 B）中观察同一个人的身体排列模式。你在后视图中看到的模式与在正视图中看到的相同吗？如果不同，那么你能否判断差异是不是由旋转导致的？

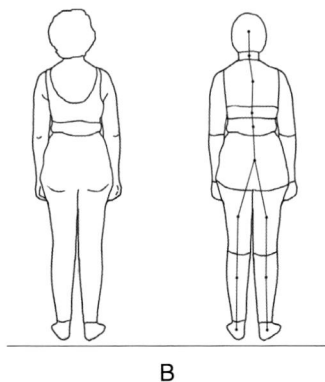

B

注意，在正视图和后视图中，我们都可以看出这位女性患者的左侧胸部向前旋转。她的上胸部稍稍向右偏移并且旋转，这在后视图中表现得更加明显。

请观察上页中患者的侧视图（图 C）。

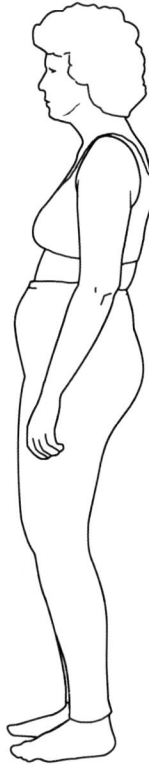

C

从正视图和后视图中，你能看出偏移和旋转。从侧视图中，你也许能看出她的身体从腰部到胸部向后偏移，右侧小腿向前轻微旋转。

现在，我们来预习一下另一个能提供信息的观察角度——维度。

为了了解患者身体各部位的长度和自然比例，我们要观察她的足部到膝盖、膝盖到髋部、髋部到腰部这些身体部位，并将她下半身的长度与从腰部到肩部的长度进行比较。长度缩短（或者受到挤压）的那个部位会改变相关部位的维度，这对体态模式的形成可能有很大的影响。

维度指任一身体部位所占的内部体积，相关内容会在第 9 章讲到。

手臂的排列模式

　　评估手臂排列模式的一个简单方法是观察躯干和双臂的轮廓，比较躯干和双臂之间的空隙。

　　躯干和双臂之间的空隙可以为你提供有关躯干排列情况的更多信息。有时，一侧手臂会显得比另一侧手臂更加贴近躯干。这可能是由于躯干发生了偏移或旋转。

　　观察下面的剪影图中患者双臂与躯干之间的空隙。我们可以看出，两侧空隙的形状明显不同。那么，是什么导致了这种不同呢？

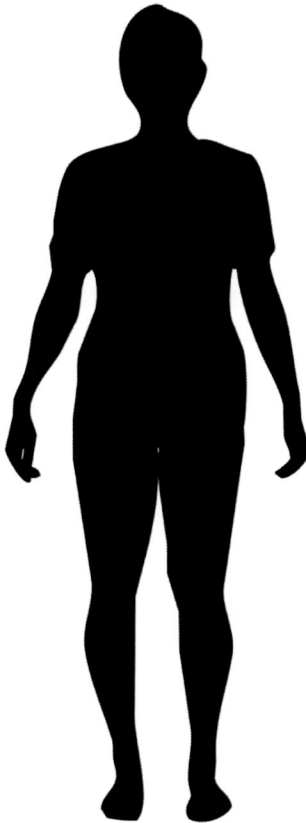

■ 练习6.7

　　观察下面3张照片，重点关注每个人的躯干和双臂之间空隙的形状和大小。注意，你可以从中获得关于胸部和骨盆位置的信息。

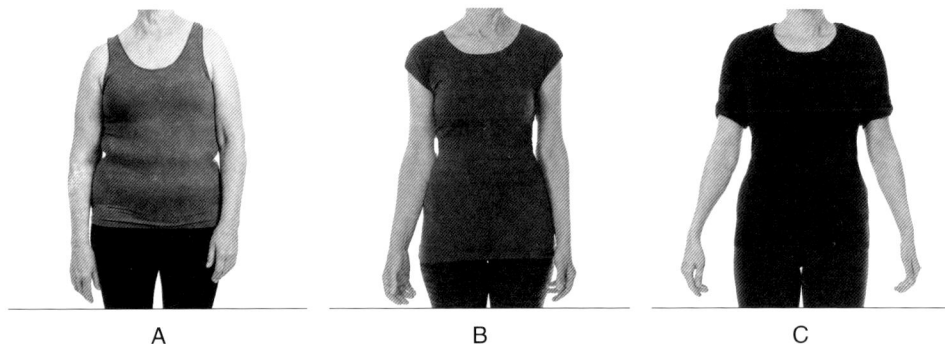

A　　　　　　　　　B　　　　　　　　　C

　　通过观察可知：图A中患者的骨盆相对于胸部向右偏移，下胸部向骨盆左侧倾斜，上胸部向右偏移且上胸部左侧向上倾斜；图B中患者的胸部和骨盆向右偏移；图C中患者的骨盆向右偏移，胸部偏向骨盆左侧。

手臂的3种基本排列模式

（1）外展 / 内收模式（如图 A 所示）。

（2）偏前 / 偏后模式（如图 B 所示）。

（3）外旋 / 内旋模式（如图 C 所示）。

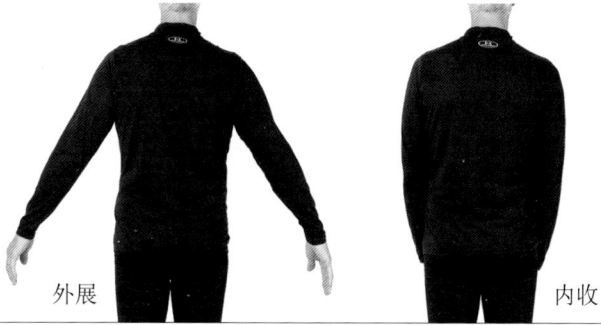

外展　　　　　　　　　　内收

A

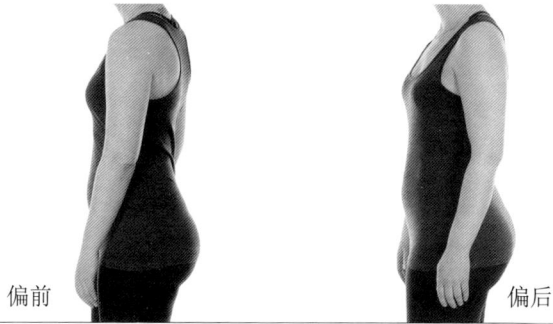

偏前　　　　　　　　　　偏后

B

外旋　　　　　　　　　　内旋

C

组合排列模式的标记方法

通过观察患者的身体轮廓图，我们可以在对应的人体图上做出标记。下面两组图中患者的组合排列模式标记图展示了以下信息。

（1）图 A 中患者右肩向内旋转，左肩向外旋转，右臂和右侧手掌向内旋转，左臂向外旋转。

（2）图 B 中患者胸部和肩部右侧偏低、左侧偏高，右臂向外旋转，左臂向内旋转。

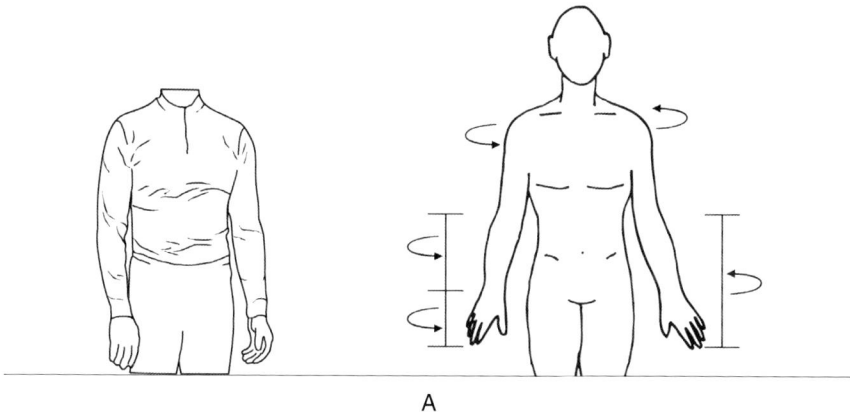

A

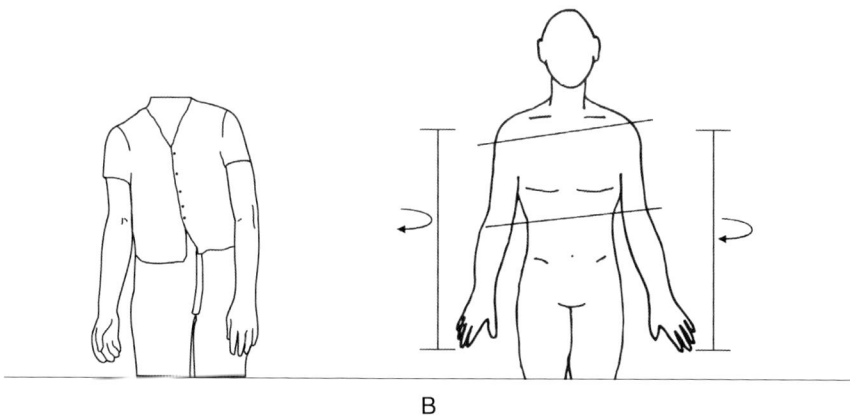

B

四肢的排列模式

观察并描述下面 4 组照片（图 A ~ 图 D）中患者的双臂和双腿的排列模式。

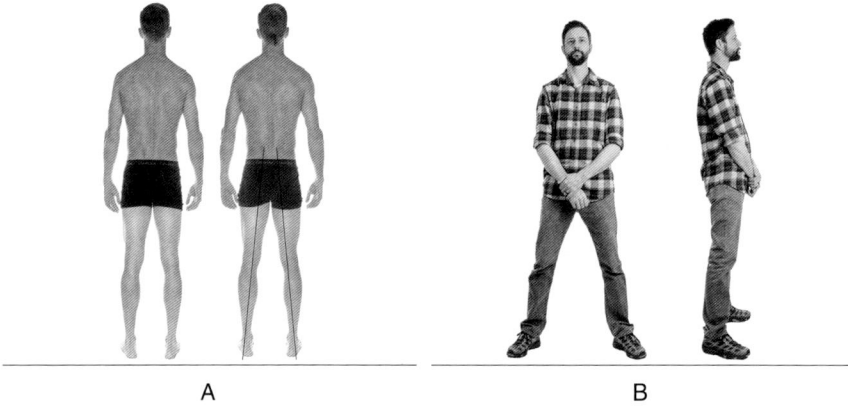

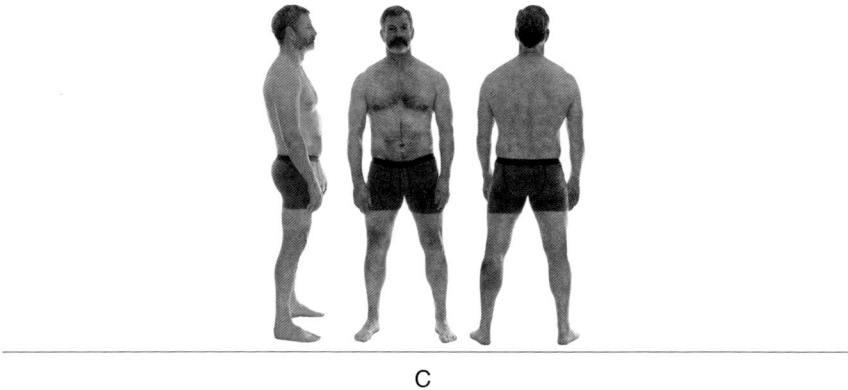

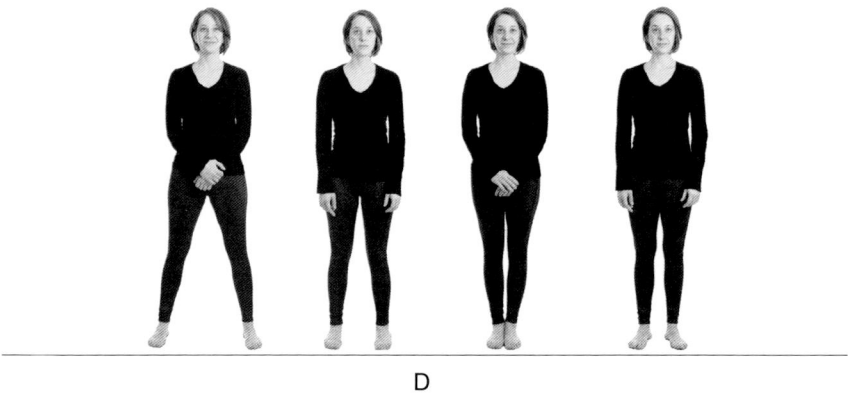

A

B

C

D

■ 练习6.8

第一步，观察下页各图（图 A 为左视图，图 B 为右视图，图 C 为后视图，图 D 为正视图）。

从正视图开始，观察下页这位女性患者一条手臂相对于躯干或者另一条手臂的位置关系。

（1）观察正视图中躯干与手臂之间空隙的大小和形状。

（2）观察正视图中的水平倾斜度——高低位置。

（3）观察正视图中冠状面上的外展／内收（向外远离或向内靠近中线）。

（4）与后视图进行比较。

（5）观察侧视图中矢状面上身体各部位的前后位置关系（包括屈曲和伸展）。

（6）观察关节向内或向外的旋转（可能包括前臂的旋前和旋后）。

（7）观察上述情况的组合。

为了更具体地分析患者的体态模式，请观察一条手臂的一个部分与其他部分的相对关系（如上臂与前臂或手掌的相对关系）。这些相对关系可能出现很多组合，请思考下面几个问题。

（1）肩关节是向内还是向外旋转的？

（2）肘关节和肩关节的旋转方向一致吗？

（3）关节是屈曲的还是处在中立位？

（4）手臂各部分的排列模式与肩膀的高低有关吗？

第二步，做标记。

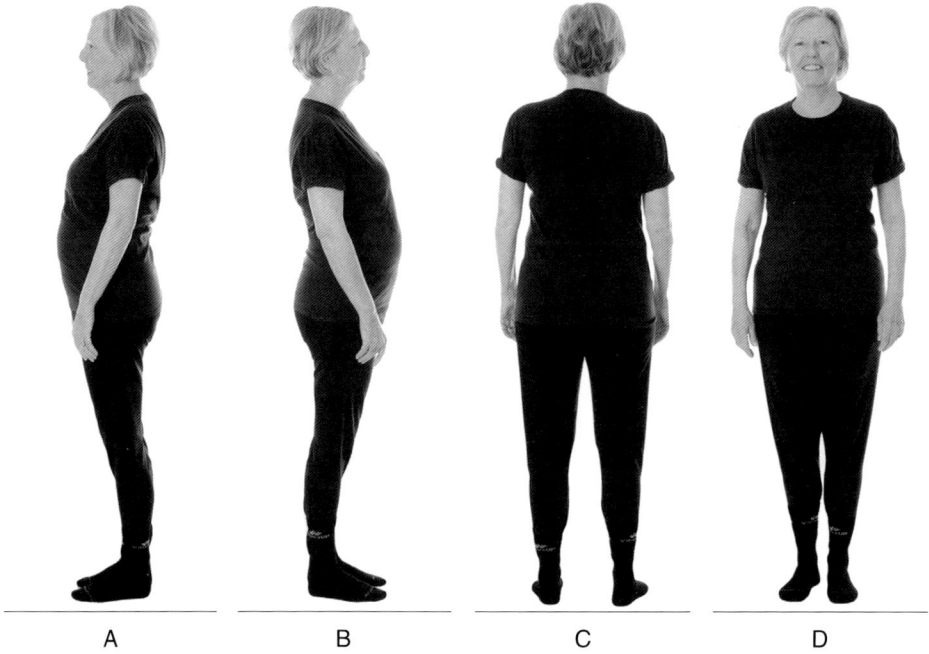

A   B   C   D

　　再次观察上面 4 幅图。针对其中的任一视图，在评估了患者其他视图中的身体排列模式后，你能更容易地看出她手臂的排列模式吗？

第 7 章

身体轨迹的组合

我用"身体轨迹"这个词来指代前面说的偏移、倾斜、旋转等需要特别关注的身体排列情况。这些情况都能为我们提供有关体态模式的重要信息。那么，在一次体态评估中，只存在一种身体轨迹吗？有时我们观察到了身体某个部位有明显的倾斜，却忽视了另一个部位的偏移，在这种情况下，我们需要改变追踪身体轨迹的思路，重新定义和总结患者的身体排列模式。

一位患者可能同时存在多种身体轨迹，比如他的骨盆在前后方向上有偏移，上胸部的倾斜非常明显，胸腔前侧受挤压而后侧过度伸展，整个胸腔向左偏移，而且右腿还有明显的旋转。

这些观察结果可能都是准确的，我们要做的是将这些信息整合起来，而非单独改善每处异常排列。通常，我们需要退一步，试着去观察处于同一条身体轨迹中的另一个身体部位。我们需要比较不同身体部位的偏移、倾斜和旋转情况。有时它们的差异很明显，比如我们观察到了两种明显的身体轨迹，在这种情况下，我们需要确定治疗的先后顺序，选择一种作为主要身体轨迹，另一种则作为次要身体轨迹。

在评估过程中，你可能会发现主要身体轨迹变化非常大，并使次要身体轨迹变得更明显。这并不意味着你必须在同一个疗程中兼顾两种身体轨迹。患者可能需要几天时间来适应因矫正主要身体轨迹而发生的身体变化，之后才能接受更多的改变。

标记方法

我们来回顾一下标记身体排列情况的方法。

标记方法		
整体参照		
参照点	✕	以参照点为基准，从足部开始向上标记，或从头部开始向下标记
点	●	几何中心（形心）
线	●————●	用线将几何中心连起来
偏移		
左右偏移	⇄	当你观察患者时，其实患者处于你的镜像位置。记住，你要标出的是患者的左右，而不是你自己的
上下偏移	↑↓	
前后偏移	⇄	
承重中心	↑	
倾斜		
从低到高	⟨	在正视图、后视图和侧视图中标出倾斜度
从高到低		
旋转——3 种平面上的组合		
某一身体部位的右侧向前旋转	 ↷	身体左侧多个部位同时向前旋转 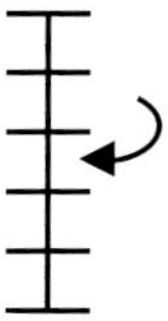
某一身体部位的右侧向后旋转		

观察、选择视觉评估信息并按重要性排序

为了帮助你学习，前几章都设置了针对特定细节做标记的练习，不过你应该已经意识到，在一幅图上做出所有的标记非常耗时，而且信息量非常大。

按重要性将信息排序

你需要在不同视图中观察患者的身体，然后选择一种能给你提供最多信息的视图。通常来说，在这种视图中，你能发现患者身体排列模式中最明显或最极端的特点。

观察下面 4 种视图（图 A 为正视图，图 B 为后视图，图 C 为左视图，图 D 为右视图），按照以下步骤思考并得出结论。

（1）找出最吸引你注意力的视图。

（2）在选定的视图中，哪个身体部位让你最为关注？

（3）这个部位和它上方部位的相对关系如何？

（4）这个部位和它下方部位的相对关系如何？

（5）这个部位和铅垂线的关系如何？

（6）猜测一下这位患者可能会有的症状和不适感。

（7）和患者交流，把你的结论和患者的感受加以比较。

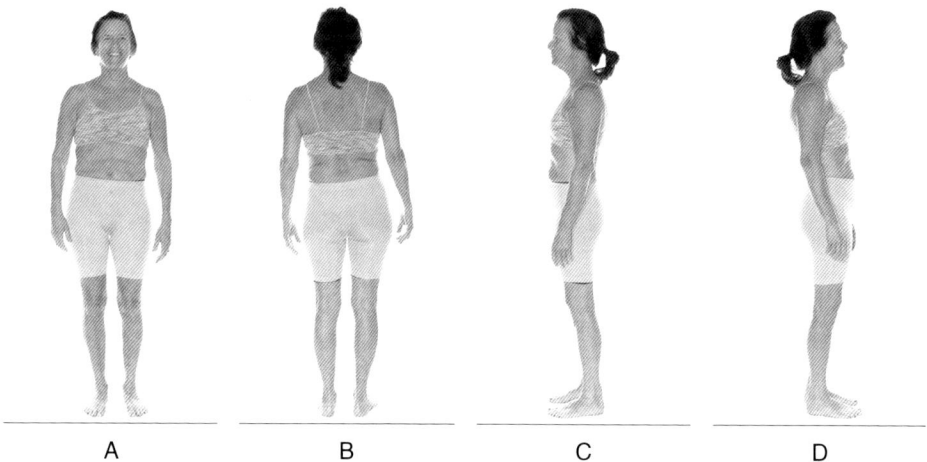

A　　　　B　　　　C　　　　D

127

选择主要身体轨迹

判断哪种视图提供的信息最多

在选择主要身体轨迹时，你需要先判断哪种视图提供的信息最多，或者说在哪种视图中某一身体部位与其他部位的相对位置关系更为明显，然后用正确的符号来标记身体轨迹。判断哪种视图提供的信息最多时，你需要考虑以下情况。

（1）侧视图中身体各部位在前后方向上的偏移。

（2）侧视图、正视图或后视图中身体各部位的高低（上下）位置关系——倾斜度。

（3）正视图中身体各部位在左右方向上的偏移。

（4）旋转以及排列情况的组合。

在主要身体轨迹中比较排列关系

确定了哪种视图提供的信息最多并选定主要身体轨迹后，请在选定的主要身体轨迹中比较下列关系。

（1）旋转和旋转之间的关系。

（2）偏移（位置，左右移位）。如果某一身体部位向右偏移，那身体的补偿性反向偏移在哪里？

（3）倾斜以及对侧的倾斜（例如，右肩偏高而左肩偏低，髋关节右侧偏低而左侧偏高）。

持续观察同一条身体轨迹

从现在开始，你需要持续观察同一条身体轨迹，因为把几条不同身体轨迹组合在一起容易引起混乱。你可以将注意力集中在以下几个方面。

（1）左侧髋关节向前旋转。

（2）肩部倾斜且右肩偏高。

（3）胸腔位于铅垂线后方，且在骨盆中心的后方。

抓住主要问题

同时考虑多条身体轨迹，并试图将它们融合在一个疗程中，这不仅极具挑战性，而且会让你和患者都感到非常混乱。的确，你和患者都会有这样的冲动，即想要一次性纠正体态模式中的所有问题，抑制这样的冲动也非常难。这可能就是为什么我们过去总是教人们为了"获益"而让身体形成一条直线，从而达到标准体态——也就是传统意义上的"良好体态"。

运用上述观察方法你会发现，在同一条身体轨迹中，你选择重点观察的身体部位是否还有与之对应的部位。例如，如果你观察到胸腔从右侧向前旋转，而左侧没有对应的反向旋转，那么，选择另一条身体轨迹可能会让你获得更多的信息。

在另一种视图中，你可能会看出，在与右肩向内旋转所对应的作用关系中，右侧髋关节的向内旋转最为强烈，这可能会引导你看出左侧身体对整个身体排列模式的影响。也许患者的左侧身体过于紧张并向右挤压，导致右侧身体向内旋转。患者可能会告诉你："哦，我确实从房顶摔下来过，左侧身体着地……"这一切都说得通了。

■ 练习7.1

请按照以下步骤，在下面4种视图中练习做标记。

（1）正视图（图A）、后视图（图B）和侧视图（图C和图D）中的高低（上下）位置关系——倾斜度。

（2）侧视图中前后方向上的位置偏移。

（3）正视图中左右方向上的位置偏移。

（4）旋转以及排列情况的组合。

（5）选择一条身体轨迹。

（6）做标记（标记方法参考本章开头的表格）。

（7）观察你所做的标记，判断哪种视图提供的信息最多。

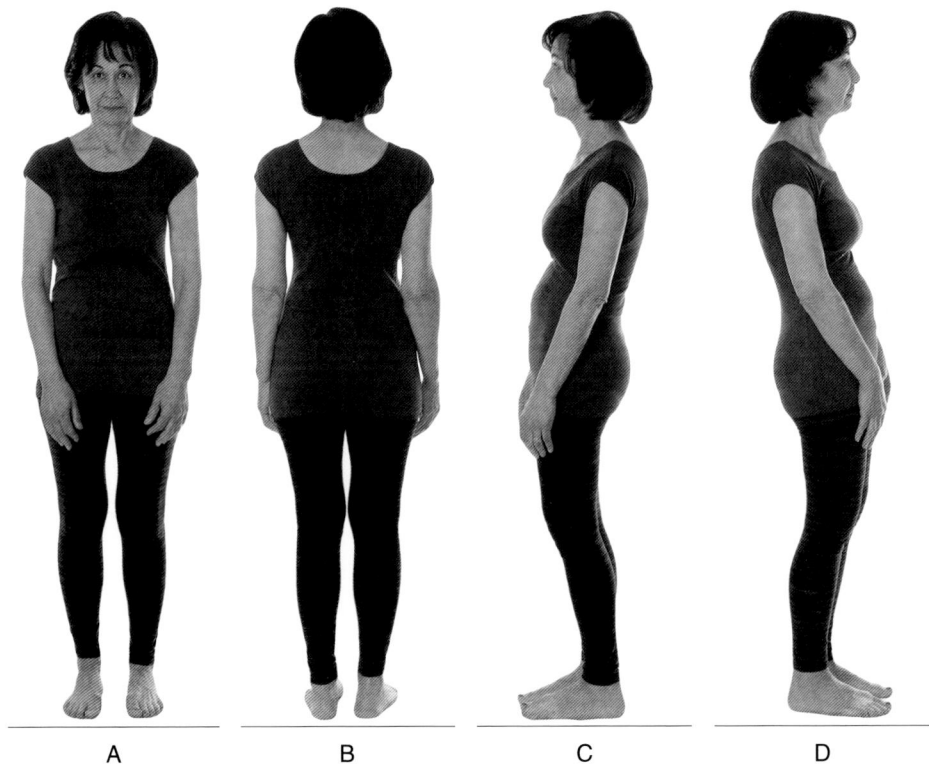

A　　　　B　　　　C　　　　D

标记上肢的排列模式

观察图 A 中的 4 种视图，注意，在右视图中，尽管图中这位女性的上胸部和下胸部的中心位于铅垂线后方，但她的手臂在肩关节和肘关节处向内旋转，这使她的前臂偏向前方。

与右侧前臂的旋转相比，我们可以看出她左侧前臂（直到手部）向内旋转的幅度更大。

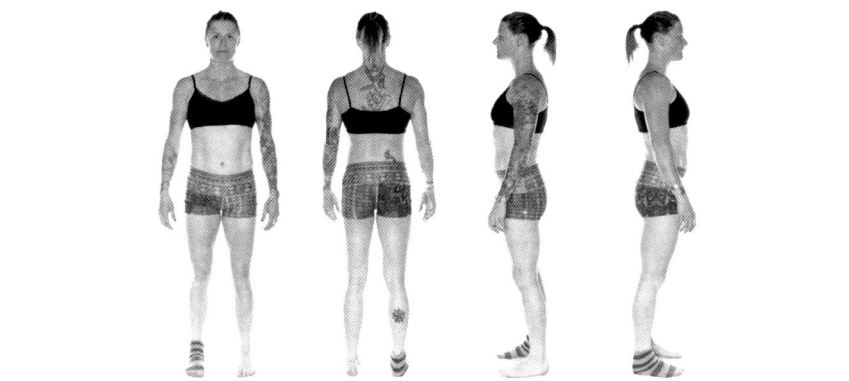

A

在正视图和后视图中，我们可以以不同的身体轨迹进行评估。以旋转的轨迹为例在图上做标记。部分旋转的标记如图 B 所示。

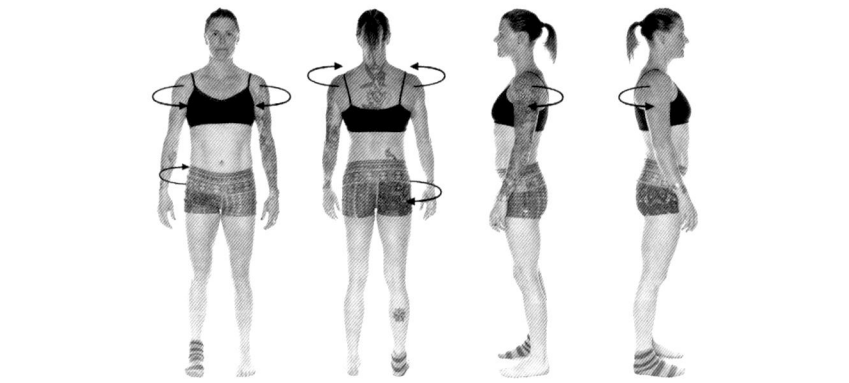

B

131

标记的组合

我们也可以用下图中的标记方法简单地标出身体的排列情况。以手臂为例，通过这种标记方法，我们可以看出图中这位患者手臂与铅垂线之间的关系，以及双臂之间的身体部位的排列情况。

我们可以看出，图中这位患者上臂靠近肩膀的部分以及前臂都向前偏移并且向内旋转，因为它们需要去平衡胸部的向后偏移。

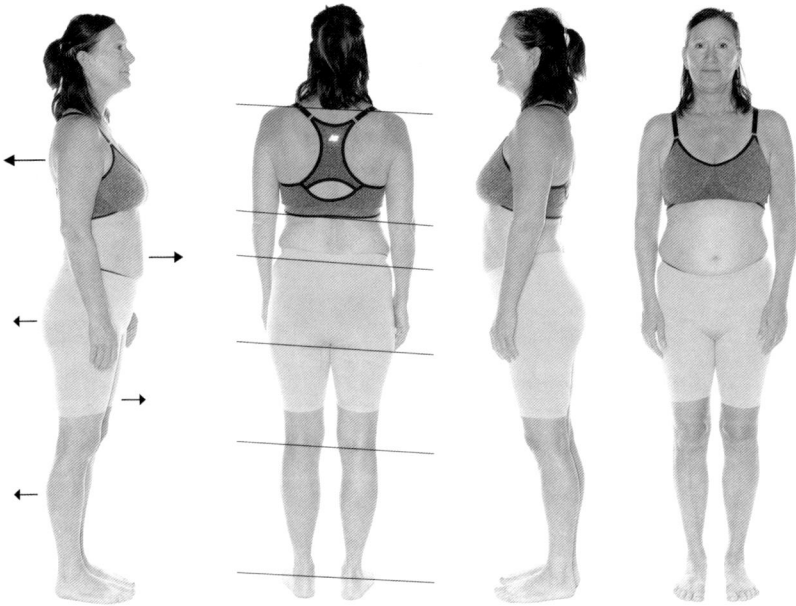

■ 练习7.2

总体来看，右图中这位女性患者的体态看起来还不错。

（1）你首先要决定是从足部开始向上评估，还是从头部开始向下评估。

（2）以从足部开始为例。用一张纸盖住图中患者足部以上所有的身体部位。

（3）现在把纸缓缓向上移动，直到你能看到她的小腿。她的小腿是垂直于地面的还是向后倾斜（膝关节过度伸展）的，又或者是向前倾斜的？

• 在这个例子中，患者的小腿是向前倾斜的。

• 仍然用纸盖住患者膝盖以上的部位，请想象一下，如果她身体各部位的排列从足部到头部是完全竖直的，应该是什么样子。

• 将牙线作为铅垂线，先将牙线一端放在患者踝关节中间，然后沿着其小腿向上拉直。

• 如果她的身体从大腿到头部都和她的踝关节和小腿在同一条直线上，那么你能看出她的整个身体相对于铅垂线向前倾斜约10°吗？

（4）然而，当你把纸继续向上移动时，你会发现她的骨盆和胸腔靠后（在她小腿中线的后方）。这是为了平衡她腿部的前倾。

（5）她通过让上半身向后倾斜使得整个身体保持平衡，这也许是从事兽医工作对她的身体要求。

身体总是在寻找平衡的方法以使其中心更加稳定。当身体某个部位向前倾斜时，另一个部位经常会向后倾斜来补偿，从而使身体保持平衡。这个规律适用于整个身体。

■ 练习7.3

　　请在下面 3 位患者的照片上重复上一页的练习。用一张纸盖住患者的身体，从足部或者头部开始评估。

　　先来评估图 A 中的患者。如果从足部开始评估，你会发现，不仅她的小腿向前倾斜（就像上一页的患者一样），而且她的整个身体都是向前倾斜的。

　　我们可以看出，这位患者的身体没有哪个部位明显地向后倾斜以平衡整个身体，她是如何做到的？

　　在她为这张照片摆姿势的时候，我了解到，她通过增加腿部和背部肌肉的张力来平衡身体向前倾斜带来的重力影响，从而呈现和维持这个姿势。

　　然后来评估图 B 中的患者。这个示例较好地呈现了身体各部位逐步根据相邻（上方或下方）部位来调节排列模式的情形。

A

位置

- 脚踝到膝盖：靠后
- 膝盖到大腿：靠前
- 骨盆：靠后
- 腹部：靠前
- 胸腔：回到后侧
- 颈部：靠前
- 头部：在颈部中央

或者，你也可以观察倾斜度。

B

倾斜度

- 膝关节：前侧低，后侧高

- 骨盆 / 髋关节：稍稍向下、向后倾斜

- 腹部：向前倾斜

- 胸部：向后倾斜

- 颈部：稍稍向前倾斜

现在再来评估图 C 中的患者。用纸盖住患者的身体，从踝关节开始，按照以下顺序移动纸张，每次只露出一个身体部位。

- 膝关节

- 髋关节

- 腰部

- 下部肋骨

- 上部肋骨

- 颈部

- 头部

C

观察患者的腿部到腰部，你会逐渐了解她的身体比例。观察她的胸部（下胸部靠前，上胸部靠后）时，你可能会发现她的身体从胸部到头部的比例有点儿失调。

各部分的偏移和挤压会使身体负担增加，并且会使头部和颈部无法得到足够的支撑。

■ 练习7.4

下面来观察倾斜、偏移和位置的组合。

请在后视图（图A）中用纸盖住患者的身体，从足部开始向上观察，你将观察到她身体的以下情况。

（1）小腿向外倾斜。

（2）髋关节向外倾斜的角度没有那么大，为了纠正腿部的排列，身体可能在髋关节处做了更多的协调。

（3）但到了腰部，你能看出骨盆右侧偏低、左侧偏高。

（4）向上到了运动内衣的位置，倾斜度减小了一些。

（5）再向上到了肋骨上部、肩部和颈部，倾斜度又增大了。

这些情况和这位患者的职业是相符的，她是美发师，惯用右手，一天中的大部分时间都要向右弯腰。

A

与后视图相比，从侧视图（图 B）来看，倾斜度可以显示身体各部位之间不同的协调模式。

请在侧视图中用直线标记出身体各部位的倾斜度。

（1）她的下肋部／内衣边线前侧高、后侧低。

（2）她的骨盆后侧高、前侧低。

（3）她的小腿后侧高、前侧低。

（4）她的身体在髋关节处相对水平，到膝关节处出现了倾斜。

注意，请重点观察那些延长后会相交的倾斜度直线。两条倾斜度直线如果延长后最终相交，代表着交叉一侧的身体部位由于受到挤压而张力增大。与受挤压部位相对应，另一侧（即两条倾斜度直线张开角度趋增的那一侧）的身体部位则受到潜在的牵拉，即该身体部位被迫伸展以维持其自然功能。请观察标有①、②、③、④的身体部位，它们看起来是否一侧受到挤压而另一侧被牵拉？

B

阶段性测试

　　下面的照片是第一章的学习前测 1 中的照片。再次观察这张照片，并用偏移、倾斜和旋转的标记符号将你的评估结果标在照片上。

　　你的评估结果和之前的一样吗？你是否收集到了不同的信息，并且观察到了更多的相对关系？

第 8 章

阿斯顿理论和概念：第一部分

概述

从 1963 年到 1974 年，我一直在向学生介绍一种更基础、更为人熟知的体态模式。经过多年的实践，我开始把自己的观察结果和这种体态模式联系起来，有些极少见的情况令我非常好奇。

（1）采用站姿时，不必刻意调整就能拥有理想体态。

（2）身体左右两侧排列情况一致。

（3）身体左右两侧形状对称、维度相同——互为镜像。

（4）体重平均地由双脚承担，且双脚的承重模式相同，因此鞋底的磨损情况也相同。

（5）双脚的摆放情况和形状使得双脚可以支撑起整个身体。

（6）在运动过程中能够以动态的方式使用身体。

在教授运动教育课程时，我特别观察了人们如何保持所谓"理想的"或"良好的"体态。很快我就发现，在上课时，我的 20 名学生并没有表现出 20 种独特的体态模式，而是一味追求一种所谓的"良好体态"。我为这种个性的缺失感到震惊。

当研究各种体态模式和它们的起源时，我开始意识到"良好体态"不仅使我们的身体活动受限，还影响了健身和康复训练的课程设计，以及家具、鞋子和其他用品的设计。

下面举例说明我的问题和发现。

问题1： 身体的左右两侧是否应该互为镜像？如果身体左右不对称，是否属于异常？

发现： 人体各器官在数量、重量、大小、形状、位置和功能上都具有不对称性，并且当我们还在子宫中时就通过这些器官来满足生长发育的需求，这些事实都必定导致身体在前后、左右、上下方向上的不对称。

问题2： 在"良好体态"下，我们是否应该保持身体不动，使身体左右两侧受力均衡？

发现： 为什么我们不干脆接受身体左右不对称的事实呢？也许这种不对称是为了使身体处于动态，从而可以使身体各个组织对重力作用保持时刻应答的活力状态。也许我们一直在限制身体的活动，因此，我们需要学会为了获得更多的益处而保持动态。

问题3： 身体的"良好体态"是否意味着骨骼各关节（踝关节、膝关节、髋关节、肩关节）和耳朵的中心要在一条直线上，位于外踝正上方且与地面垂直？

发现： 奇妙的是，在这种"良好体态"模式中，我们画出垂直于地面的铅垂线并使它穿过所有的关节中心，那么人体的重心是落在脚部的后半部分的。前脚掌如果不发挥承重的作用，那它存在的意义是什么呢？如果这种体态模式是正确的，那么我们还应该有一个"后脚掌"，使人体的重量更平均地分布在铅垂线的两侧。

问题4： 我们主要是通过观察和评估体表标志来确定身体的"良好体态"和功能的吗？

发现： 我逐渐注意到，在某些情况下，即使人体所有关节的中心都在铅垂线上，也无法呈现出"良好体态"。我开始思考身体各部位的形状和维度的影响。

也许综合考虑体表标志、身体各部位的内在体积（即该部位的形状以及与相邻部位的位置关系）能够给我们提供更多信息。

问题 5： 如果身体各部位（至少大部分关节）都处于理想排列模式，那么可以认为这个人的身体功能也处于最佳状态吗？

发现： 在身体功能方面，我们不仅要关注身体各部位的位置，也要关注它们的形状和维度来获得我们所需要的信息。综合所有这些因素才能获得最多的信息。

这些发现与我之前所学的知识相悖，对我来说是极大的挑战。我意识到，我需要探索一种可靠的理论，或者说，我要寻找一种身体结构模型，它能够激发出全面、均衡、动态的身体功能。同时我也要寻找一种身体功能模型，它能够强化和改善身体结构。

我经常看到学生和患者为了保持"良好体态"而不断努力，这让我觉得我必须坚持探索下去。我很高兴自己一直没有动摇，通过设立明确的目标和持续不断的努力，我创立了一种新的范式。

阿斯顿范式

阿斯顿范式包括了身体的排列和维度的不对称性以及铅垂线的使用等理论，它为我们改善体态提供了不同的思路。考虑到重力及地面反作用力，这种范式还会影响我们站立、静坐和工作的方式。

阿斯顿范式的创立源于我自己的观察结果，也得益于患者给我的反馈，他们说感到自己的身体比之前更加平衡了。当身体各部位都没有为保持所谓的"良好体态"而被其他部位牵拉、挤压和限制时，这种平衡就出现了。

很多理疗师都发现，在治疗患者时，阿斯顿范式的理论是最有帮助的。我将在本章以及后面的第 9 ~ 10 章介绍 7 种基本的阿斯顿原理以供你学习和探索。

原理 1：阿斯顿使用铅垂线的方式

如果你手持一根系有重物的绳子，那么绳子会因为重力的作用而被拉成一条直线，这根绳所在的直线就是铅垂线。铅垂线与地面垂直。我们常说的"良好体态"指身体与地面成 90°（也就是身体的倾斜角度为 0°，如图 A 所示）。铅垂线穿过外踝中心与地面相接的位置是外踝的承重中心，如果将外踝的承重中心视为中心点，首先确定从中心点到脚跟后缘的距离，然后从中心点向脚尖延伸相同的距离，那么我们可以发现，身体大部分重量都落在足部的后半部分，当其他关节中心都在这一中心点上方时更是如此。这一计算结果导致身体需要频繁地稳定自身来保持重心落在这一中心点的前方。早年，我曾指导许多学生保持这种平衡。

在平衡的站姿中，足部是承重最大的身体部位。为了让身体重量均匀地落在整只脚上，即用整只脚承重，我们就需要将身体以踝关节为轴微微前倾 2°～3°（如图 B 所示）。

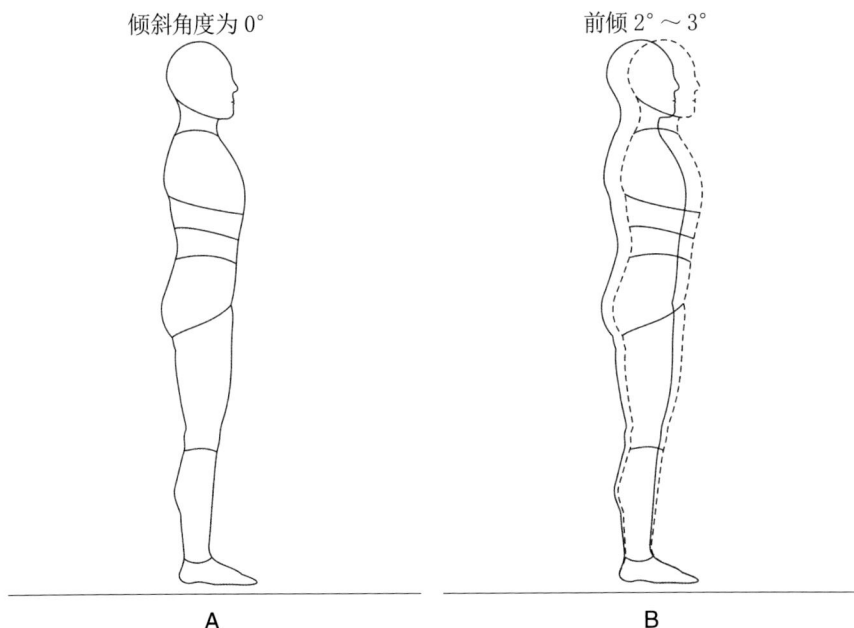

倾斜角度为 0°　　　　　　　前倾 2°～3°

A　　　　　　　　　　　B

前倾的好处

1. 为保持站姿平衡，我建议人们将身体从脚踝处开始向前倾斜，前倾角度以 2° ～ 3° 为最佳。此举是为了使身体各部位都最大限度地均匀受重，并使整个足部来承重。

这种姿势也有助于我们更加直接地通过足弓的弹性和整个身体来利用重力和地面反作用力。这就和之前以脚跟为承重中心的姿势有了很大的不同，后者由于前脚掌分担体重较少而加剧了身体的紧张和挤压程度。

2. 我们提倡让身体保持动态平衡：活动范围尽可能小，但要持续活动。因为身体处于动态平衡，所以多条铅垂线形成一个范围，这样承重部位就不再是一个点（如图 A 所示），而是一片区域（如图 B 所示）。

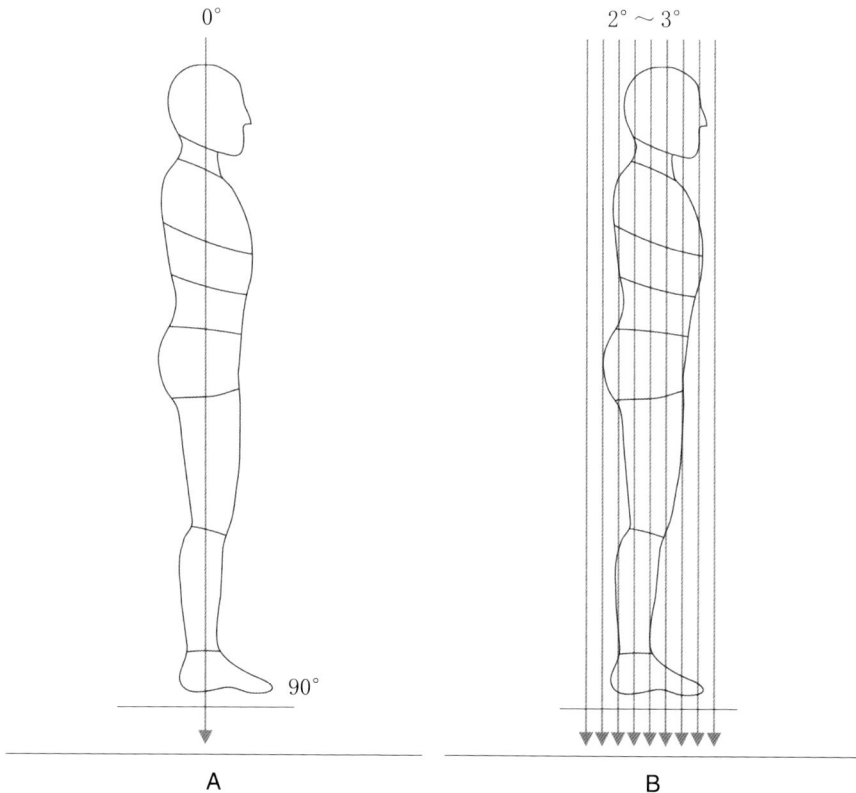

A   B

保持动态平衡增加了身体对整个足部（包括长度、深度、宽度等方面）的利用率，由此为身体提供了最大的支撑基础（BOS）。

3.如果仔细观察，我们就会发现，每一次呼吸都会使身体进入新一轮的动态平衡中。呼吸等细微动作可以促进血液循环、营养交换以及提高关节润滑度，而这些是健康的身体所必需的。

这种动态平衡促使身体足部以上的部位时常调整其所处的位置：当我们采用站姿时，足部以上的身体部位根据双脚的细微动作进行动态调整；当我们采用坐姿时，身体则根据骨盆和双脚的细微动作进行动态调整。上半身的动作也会对下半身产生轻微影响，这有望减轻身体在一天中积累的僵硬感和紧张感。

没有天勾[1]！

也许你在解剖课上见过挂在架子上的人体骨骼模型（下面的图 A 和图 B 分别是其正视图和侧视图）。如图 B 所示，尽管在这具旋转了 90° 的骨骼模型中，各关节中心看似排成一条直线，但如果考虑到站立在地面上的情况，这具骨骼模型的承重中心会落在脚掌的后半部分。（请观察图 C 中的铅垂线，足部承重中心到脚跟和脚掌中心的距离是相等的。）

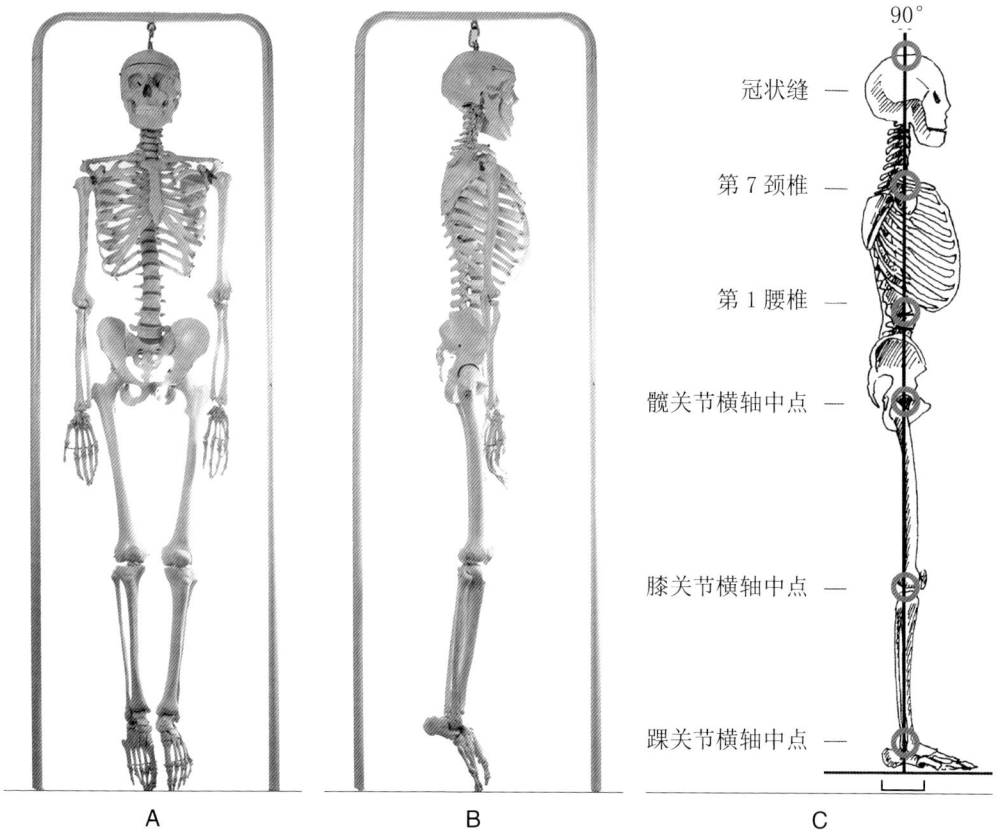

A

B

90°

冠状缝 —

第 7 颈椎 —

第 1 腰椎 —

髋关节横轴中点 —

膝关节横轴中点 —

踝关节横轴中点 —

C

---

① 天勾是篮球运动中一种独特的投篮动作。运动员身体摆正或侧倾，一只手护球，另一只手托球，在起跳的同时，将手臂高举过头顶，摆动手掌，指尖发力将球送入篮筐。——译者注

我从 7 岁起学习芭蕾舞。我一直认为，我在舞蹈课上学习的是如何挺直身体以呈现出"良好体态"，老师们也经常用"天勾"来告诉我们应该如何让身体呈现出"良好体态"。

多年后的一天，当我给学员授课时，我对他们说："'天勾'这种动作完全违背了人体在地球上的实际情况。"

我们不是由绳索或钩子提着，从而使双腿可以自由摇晃而不用承重或接触地面的。我们通过双脚与地球相连，因此双脚要承重，而头部可以自由活动。

突然，我明白了为什么我一直对人们行走时开始迈步的方式感到困惑。人们从垂直于地面的站姿开始，向前伸腿、迈步——这是使骨盆向后偏移、单脚向前移动而使身体向前的过程。而我教学员先前倾身体，然后利用身体重心的移动顺势迈腿。

起步可以很简单。你可以向某个方向倾斜身体，也可以深呼吸、点头或移动手臂——任何微小的动作都能让你的重心移动。

原理 2：阿斯顿中立原则

之前，我总是在刚上课时让学员展示一下他们眼中的"良好体态"是什么样的。学员往往试图使各关节的中心和两耳的中点在一条直线上，也就是说，使踝关节、膝关节、髋关节、肩关节和两耳的中点在一条直线上，并与地面垂直。

我惊讶于身体为完成这项任务所付出的努力，也怀疑我们是否需要付出这么多努力来完成它。

动态中立

我给"中立"的定义是："当身体各部位处于最适合发挥功能的状态时，身体各部位在任意时刻的排列和维度的组合。"中立并不是一个精准的点，而是一个范围，它是身体处于连续动态之中的三维平衡状态。这种中立是稳定的，可以使身体各部位在前后、左右和上下 3 个方向上都保持平衡。3 个方向上的动态平衡共同起作用，从而对身体内部结构、呼吸、想法以及因受伤或受限制等对身体造成的影响加以调节。如下图所示，处于动态中立的人体可以向任何方向以 5°以内的角度倾斜。

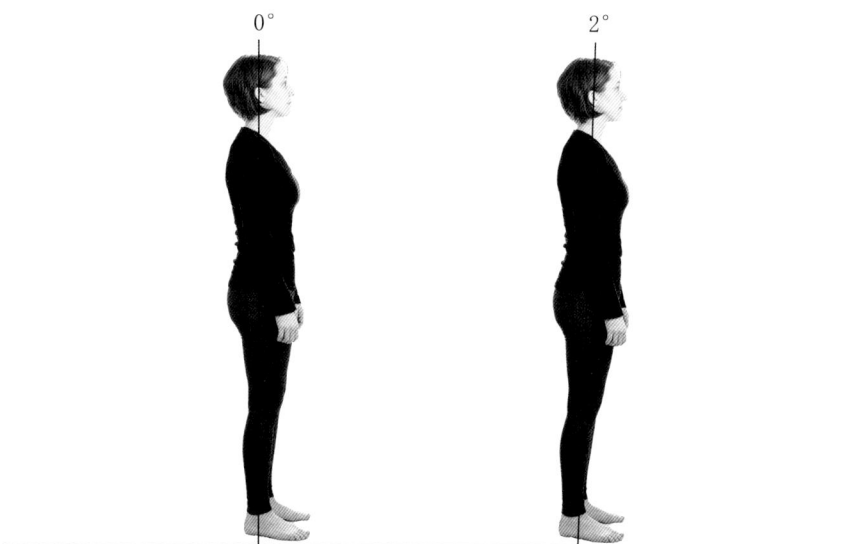

中立体态

中立体态指身体尽其所能地整合所有影响因素（比如遗传因素、伤病、体育运动、信仰、性格、情感等），以此找到最不吃力的平衡方式而形成的体态。这种中立体态能够将身体各部位本身的疲劳或对其他部位的限制程度降到最低。

因此，每个人的中立体态都不一样。同一个人在不同时刻也有不同的中立体态，因为即使是一个简单的想法（比如听到坏消息）也能改变身体的中立体态。

中立体态在不同的体态模式中都能找到。无论是由于骨性关节炎而身体极度屈曲的患者，还是被迫使用轮椅的患者，抑或是严重的脊柱侧弯患者，他们都有自己能达到的中立体态。

我们必须考虑到最大的限制因素。例如，一位患者需要连续6周使用拐杖，这意味着患者有两根拐杖和一只脚（另一只脚被打上石膏，抬离地面）共3个接触点作为支撑基础。为探究这位患者可能达到的最佳中立体态（不考虑打上石膏的脚），我们需要解开包含这3个接触点的方程式。此外还有其他情况，比如脑卒中的人可能左侧或右侧身体无法自如活动，也有些人可能深陷亲人离世的悲痛之中。无论一个人正在经历什么，我们总能找到一个与其当前状态相适应的中立体态。

支撑基础

下面有关如何调整身体结构的建议都源于我自己的观察结果和人们的反馈，我收到的反馈是他们能感到自己的身体比之前更加平衡了。这种平衡是通过加强他们的支撑基础而达到的，这样身体各部位都不会为保持所谓的"良好体态"而受到其他部位的牵拉、挤压和限制。

观察下页的一组照片（图B），并记录观察结果。

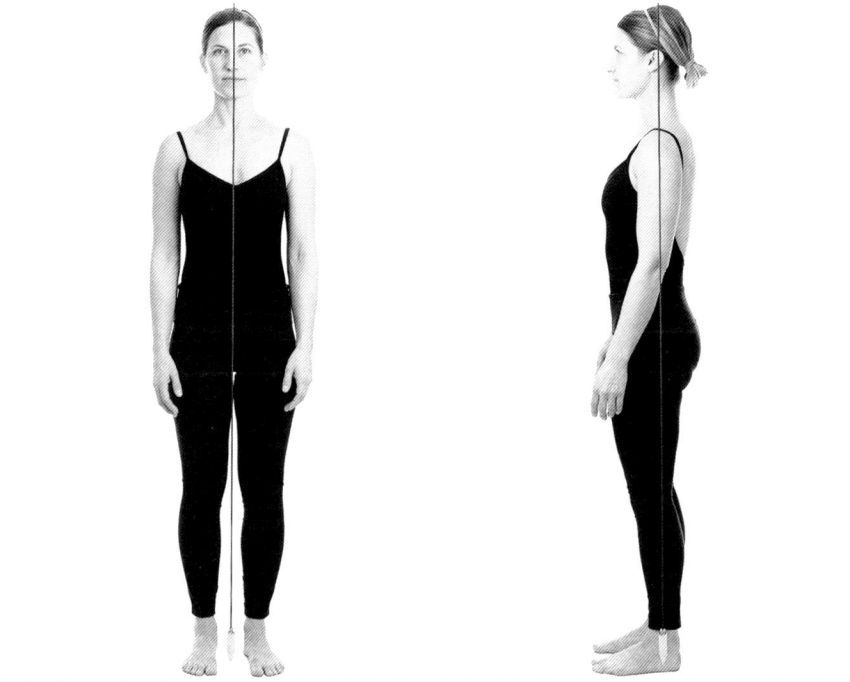

B

从正视图中可以得到以下观察结果。

（1）腿部在髋关节处略微向外旋转。双脚的旋转角度为 2° ~ 15°。

（2）膝关节朝前但略微向外旋转，与髋关节和双脚向外旋转的角度相符。

（3）双脚的间距使脚跟（跟骨）恰好位于坐骨结节和髋关节的下方。前脚掌位于肩关节和股骨大转子的下方。

（4）肩关节略微向外旋转，以协调身体的前倾和髋关节的向外旋转。

（5）身体重心可以以踝关节屈曲的最高点为轴心，在任意方向上有 2° ~ 5° 的移动范围。

从侧视图中可以得到以下观察结果。

（1）相对于铅垂线，身体的中线向前倾斜 2° ~ 5°。

（2）肩关节在髋关节的正上方。

（3）身体前倾 2° ~ 5° 有助于维持颈椎和腰椎的生理性前凸。

（4）头部位于脊柱上端，稍向前及向下倾斜 2°以上，和身体的倾斜程度相匹配。

这些观察结果可以用于指导人们观察身体的静态平衡。因为身体一直处于动态，而且每个人的身体都是独一无二的，所以这些指导意见仅供参考。

并非每个人都拥有理想的站姿。事实上，有些人站立时需要使双腿内旋来平衡股骨的前倾。这种站姿可能是长期需要，也可能是身体为了整体平衡而暂时采用的——这种暂时性的姿势在外界的帮助下可以得到调整。

足部、髋关节和腿部的位置是相互协调的，双脚通常向外旋转 5°～15°。请注意，这个角度是由个人当前的身体状态所决定的，如果一个人有严重的伤病，需要改变体态模式以适应自身的需要，那么这个人的某只脚或双脚可能需要向外旋转 0°～20°。

原理：图 B 所示的这种开放的站姿为身体各部分的宽度和高度提供了骨骼支撑。足部略微向外旋转可以使跟骨的位置和坐骨结节相匹配，从而为身体中心线提供骨骼支撑。前脚掌的位置和旋转角度支撑着髋关节、肩关节和手臂。请注意，足部的高度会受到双脚的整体位置、旋前和旋后的影响。旋前会导致身高降低，而大幅度的旋后会使下肢张力增加而导致身高增加。

益处：这种开放的站姿使得体重和张力在骨骼和软组织中更加均匀地分布。每个关节受力更均衡，这样才能使关节理想的活动范围最大化。

身体两侧有时可能会呈现出非常不对称的状态，因此双脚也要处在不对称的位置以更好地支撑身体，使人感觉更舒服。图 C 展示了双脚的排列模式。

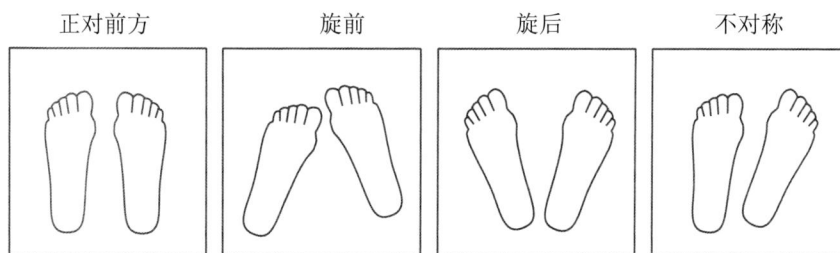

正对前方	旋前	旋后	不对称

C

在观察双脚的排列模式时，你能想象出与之对应的腿部排列模式吗？

如果是由足部受伤而导致了图 C 中的排列模式，那么腿部应该如何调整为与之相匹配的模式？

踝关节和双脚的活动范围是由下肢关节和软组织的排列模式决定的。每条腿理应支撑同侧的身体。如果脚的位置比与之同侧的髋关节的位置更靠外，这一侧的髋关节内侧在垂直方向上获得的支撑就会相应减少。同样，如果双脚靠得太近，髋关节外侧在垂直方向上获得的支撑就减少了。

如图 D 所示，一个人可以采用双脚间距较宽、较窄或位置不平衡的站姿，但如果一个人在一天中的大部分时间都采用某一种站姿，就可能出现问题。

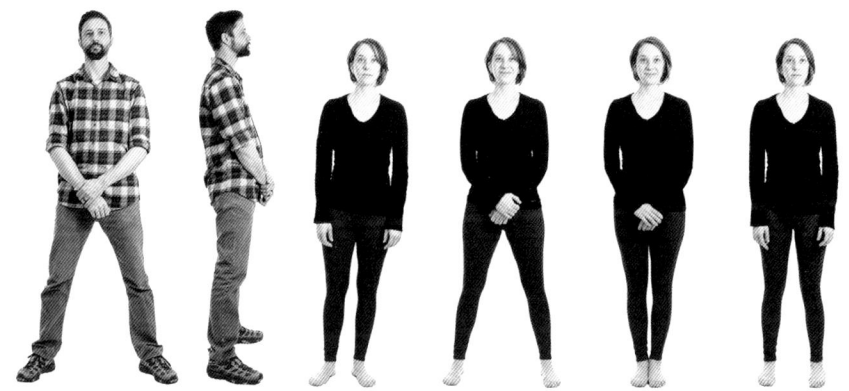

D

我们发现，为了支撑起每一侧身体的整个宽度，双脚在站立时需要处于一种更理想的位置。

如图 E 所示，双脚更理想的位置是：前脚掌（跖球部）要略微向外张开，脚跟要略微向内靠近中线，支撑身体尽可能保持中立。两侧前脚掌距离稍宽，支撑身体两侧。

E

原理3：中立范围

身体是动态的

　　传统观点认为，身体各部位都围绕着一条中轴线排列，因此身体有一条特定的中线。

　　在阿斯顿范式中，即使在静态平衡下，身体也会为了平衡重力和地面反作用力而在上下、左右、前后方向上轻微摆动。我把这种身体在静态平衡下的摆动范围称为中立范围（RON）。

　　因为身体是持续不断运动的，所以"中线"是一个范围，这个范围由6条骨性标志线划定。身体在下面3幅图（图A为正视图，图B为后视图，图C为侧视图）所示的这6条骨性标志线（包括身体正面2条、身体背面2条、身体侧面2条）划定的范围内摆动。

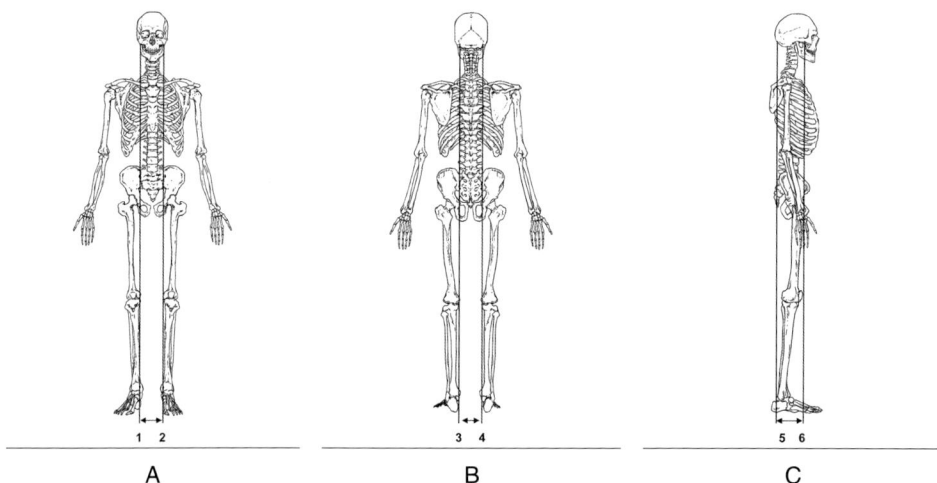

A　　　　　　　　　　B　　　　　　　　　　C

　　正视图（左右对称，对应第1条和第2条骨性标志线）：从颞下颌关节开始，经肋软骨和髂骨支，到足弓中部。

　　后视图（左右对称，对应第3条和第4条骨性标志线）：从枕髁开始，经脊柱侧缘和骶髂关节到跟骨。

侧视图（对应第5条和第6条骨性标志线）

- 后方：从枕髁开始，经脊柱后缘和骶髂关节、膝关节后侧到跟骨。
- 前方：从颞下颌关节开始，经胸骨切迹和耻骨联合，到足横弓的前缘。

阿斯顿中立体态指身体即使在静态平衡中也不是静止的，而是动态的。活动范围（ROM）在所有平面上都是2°～5°。这里描述的是实现最佳平衡状态的一种可能。活动角度的微小变化会改变屈曲／伸展以及内旋／外旋的幅度，还会影响所有身体部位的前后位置。

中立范围示例

中立范围取决于一个人将身体重心分别移到两只脚并使身体达到平衡状态时的倾斜范围。来看下面的4个示例。

先来看第一个示例（图D）。

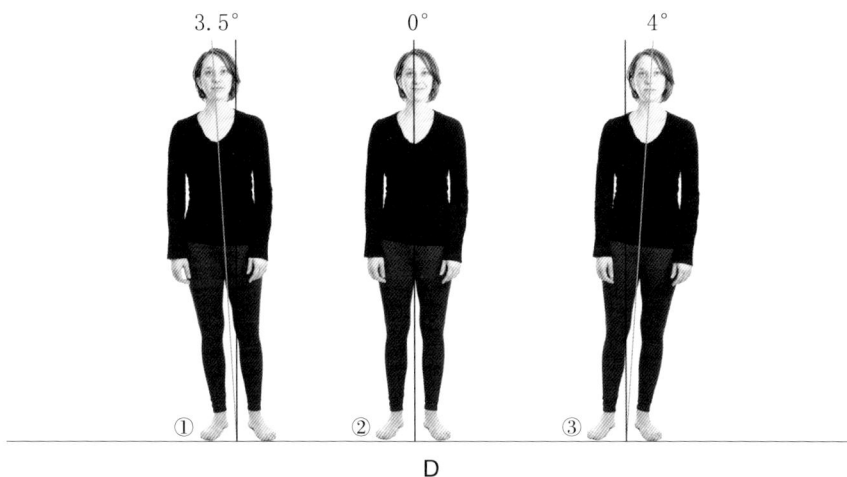

D

图D中这位女性患者在将重心移到左脚并达到身体平衡时，比将重心移到右脚时身体的移动幅度更大一些。

从图①可以看出，她的重心位于右脚上方，身体倾斜角度为3.5°。

尽管我们可以从图②看出她的身体是略微向左倾斜的，但她认为自己的重心在双脚正中间，事实并非如此。

从图③可以看出，她的重心位于左脚上方，身体倾斜角度为4°。

注意，5°～15°的中立范围可以与男性和女性骨盆结构的差异以及特定的不对称的身体排列模式相协调。此外，为了和身体各部位的活动范围相适应，双腿的旋转方式也可能不同。

再来看第二个示例（图E）。从背面看，我们能看出这位患者向左倾斜达到平衡时身体的倾斜角度比向右倾斜时大。

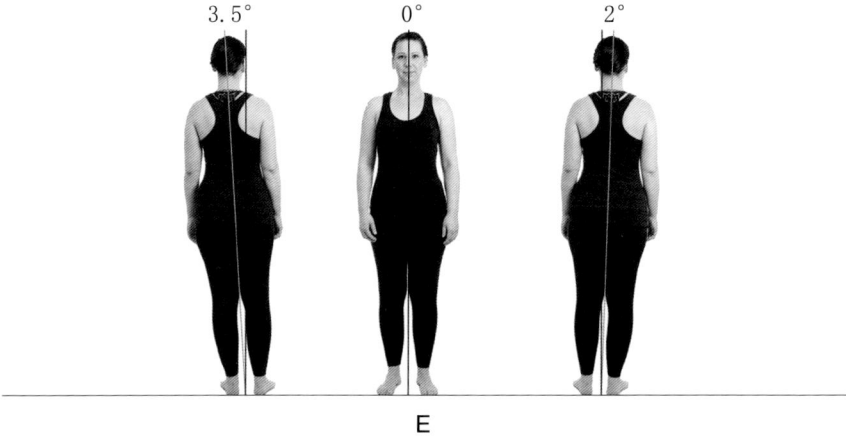

E

现在来看第三个示例（图F）。从图中我们可以看出，这位患者向左倾斜达到平衡时身体的倾斜角度比向右倾斜时大。

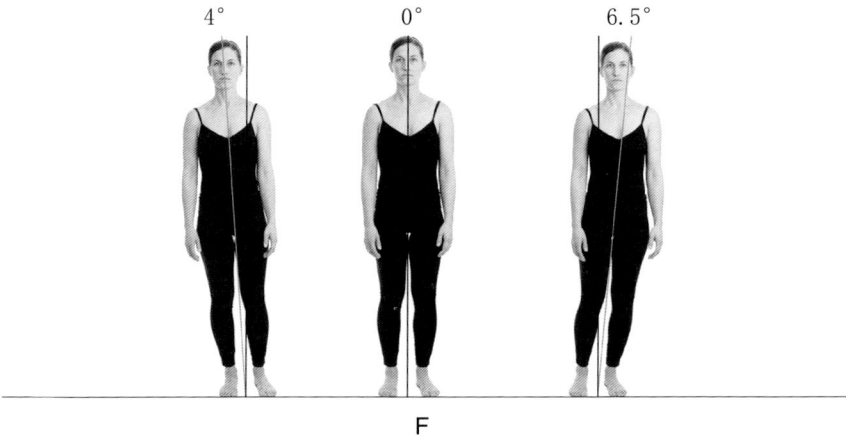

F

从侧面来看，中立范围是指以踝关节为轴心，身体向前、后、左、右 4 个方向倾斜 0° ~ 5°。

在最后这个示例（图 G）中，这位患者表示，向前倾斜 2.5° 时她感到身体最为平衡，这时候她用整个脚掌承重。

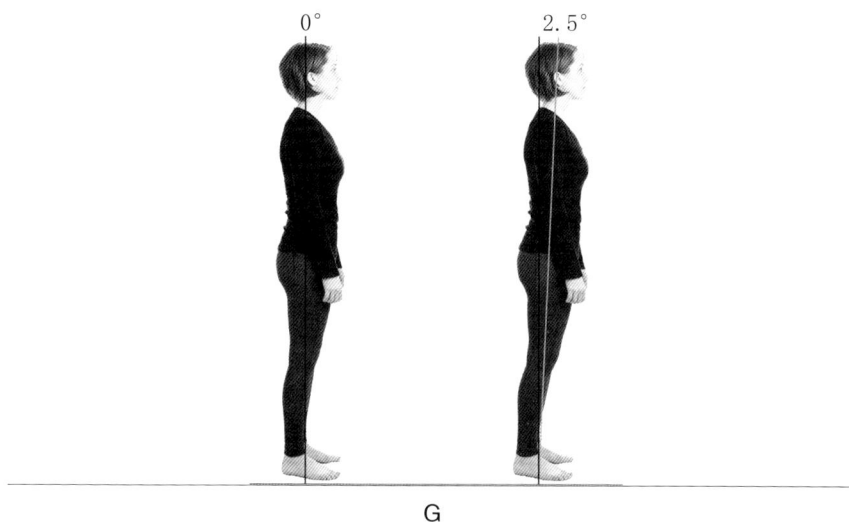

G

目前为止，我们都在学习身体各部位的排列。在下一章中，我们将学习如何观察身体的形状和维度。

第 **9** 章
阿斯顿理论和概念：
第二部分

原理 4：维度的整体性

我在大学接受的体态和人体力学方面的训练重点关注如何排列身体各关节（以标准的铅垂线为参照），从而保持传统意义上的"良好体态"。

我还记得我在罗尔夫博士的训练课上听她讲解有关解剖学、生理学、化学和物理学方面专业知识的日子——我当然希望我在这些方面能够了解得更多。当她让我们研究特定肌群的时候，我意识到，我是从空间、位置和形状（维度）角度来观察人体的。

例如，如果一位患者的部分子宫或者肠道被切除了，那么消失的这部分体积和重量也会影响身体的排列。如果人们通过手术使胸部或臀部肌肉增加，增加的这部分肌肉的体积和重量也会对身体的平衡产生明显影响。随着学习的深入，我愈发清晰地认识到：排列影响维度，维度也影响排列。

我还记得我在一节课上的顿悟经历。当时我正在为学习结构整合法的实习医师讲解体态评估课程，我看到一位实习医师用力把他的患者调整到"良好体态"，确保其所有关节都按照铅垂线排列整齐。尽管那位患者看起来特别不舒服，但他努力保持着"良好体态"，因为"那对他有帮助"。

我发现那位患者的胸部前侧向下弯曲。我询问那位实习医师，能否让我带那位患者做几次呼吸练习。患者通过深呼吸将新鲜空气吸入肺部，几分钟后，他看起来放松多了。随着呼吸训练的进行，他的胸部前侧在深度、宽度和长度上都有所扩展。

之后，我要求患者找到一种能让他的胸部保持动态呼吸的站姿。我和我的学员都能看出，患者依然站得很直，但胸部前侧的深度增加了（即更符合解剖学结构），肩胛骨的状态也更加自然了。

在那之后，我在所有的课程上都会强调对维度的关注。

维度

维度指某一指定身体部分的内部体积，我们可以通过维度来观察身体。观察任一身体部位以及整个身体都要注意这3种维度：长度（图A）、深度（图B）和宽度（图C），它们是构成内部体积的不可或缺的要素，可为我们提供有关身体各部位在空间结构和最佳功能状态等方面的信息。

相比于观察身体的标志，这种观察身体维度的视角能为我们提供很多不同的信息。这种视角要求我们从一侧边缘（皮肤）到另一侧边缘（皮肤）来观察指定的身体部位。

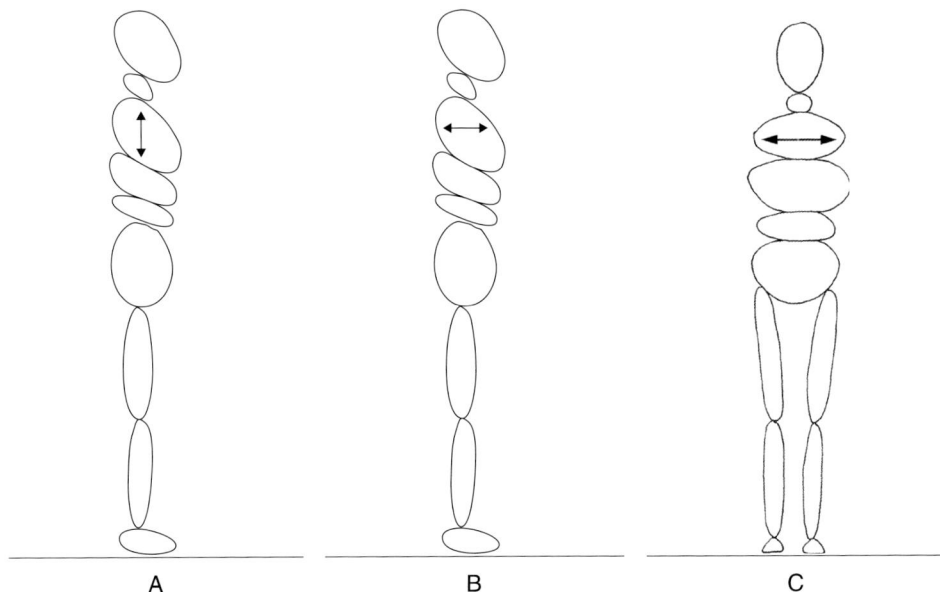

A   B   C

（1）长度：垂直方向上从足底到头顶的距离，或者某一身体部位的长度。

（2）深度：水平方向上从身体的前表面到后表面的距离。

（3）宽度：水平方向上从身体的右表面到左表面的距离。

在观察身体各部位的维度时，我们用"某个部位相比于另一个部位更长／短、更宽／窄、更深／浅"来描述它们的相对关系。

我们能够理解，某个关节、器官或某块肌肉要想达到最佳功能状态，就应当占据其理应占据的空间。如果某个关节、器官或某块肌肉在长度、宽度或深度上有所减小，身体可能就无法获得足够的空间以达到理想的工作状态。

如果身体各部位被迫做调整，身体各组织可能会由于受力变化和过度劳损而被破坏，还会导致肌肉骨骼系统和内脏器官工作效率降低。因此，我们应该认识到形状和维度的重要性，而观察形状和维度也是体态评估的重要方面。

排列与维度

每个身体部位都被分配了一定的内部体积。当某一身体部位的维度（长度、宽度和深度）发生变化时，其他部位在某种程度上也会受到影响。

总而言之，如果一个身体部位在某方向上发生移位，那么它的长度、宽度和深度在该方向上都会增大。举例来说，当一个身体部位向后偏移时，该部位在身体后侧的长度、宽度和深度都会有所增加。

下面来看几个示例。

如图 A 所示，患者的上胸部向后偏移时：

（1）后侧深度增大，前侧深度减小；

（2）后侧长度增大，前侧长度减小。

如图 B 所示，患者的下胸部向前偏移时：

（1）前侧深度增大，后侧深度减小；

（2）前侧长度增大，后侧长度减小；

（3）前侧宽度增大，后侧宽度减小。

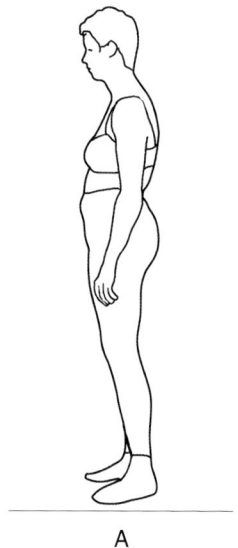

A

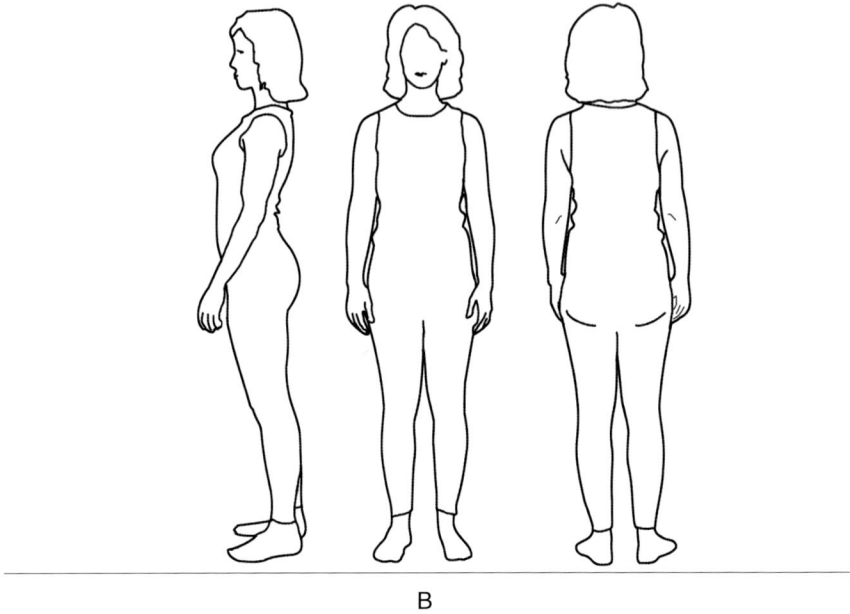

B

在图 C 中，患者的上胸部比下胸部更加靠后，颈部比上胸部更加靠前。观察各部位的维度与前后方向上的偏移情况，思考偏移是如何影响维度的。

通过观察可以发现，由于患者的上胸部比下胸部更加靠后，颈部比上胸部更加靠前，导致身体各部位的维度发生了以下变化：

（1）颈部前侧深度增大；

（2）上胸部后侧深度增大；

（3）骨盆后侧深度减小；

（4）大腿前侧深度增大；

（5）小腿后侧深度增大。

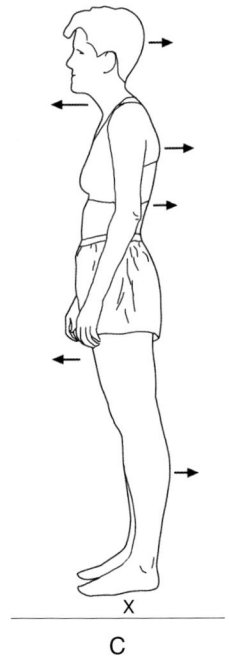

C

身体的屈曲和伸展模式

虽然身体保持平衡和反向平衡的方式可能有很多，但基本模式只有两种：屈曲和伸展。每种基本模式都包含12个动作细节。当你能够区别全部12个动作细节时，你就能快速评估患者的体态模式了。

为了清楚地观察到两种基本模式可能的（而且有时是很细微的）组合，我们首先要学习每种模式的典型形式。

屈曲模式

脊柱在胸椎和骶骨处有生理弯曲。当体态与这两处生理曲度相符，或者使这两处生理曲度变大时，身体就会表现为典型的屈曲模式（如下图所示）。

动作细节：

（1）双脚靠近（正对前方或向内收拢）；

（2）身体重心主要放在足部的后侧（脚跟）；

（3）膝关节屈曲；

（4）四肢向内旋转；

（5）骨盆后倾；

（6）脊柱屈曲；

（7）处于呼气阶段；

（8）头部和颈部屈曲；

（9）眼睛向下看；

（10）肩胛骨向外展开或将要展开；

（11）身体看起来像是受到重力作用而向前倾斜；

（12）身体的整体长度减少。

伸展模式

　　脊柱在颈椎和腰椎处也有生理弯曲。当身体姿态与这两处生理曲度相符，或者使这两处生理曲度变大时，身体就会表现为典型的伸展模式（如下图所示）。

动作细节：

（1）双脚外展；

（2）身体重心主要放在前脚掌；

（3）膝关节介于伸直和过度伸展之间；

（4）四肢向外旋转；

（5）骨盆略微前倾；

（6）脊柱伸展；

（7）处于吸气阶段；

（8）头部和颈部挺直；

（9）眼睛向上看；

（10）肩胛骨收紧；

（11）身体向上挺，抵抗重力作用；

（12）身体前侧的整体长度增大。

　　针对身体整体屈曲和整体伸展模式做观察练习，直到你变得熟练。之后注意观察身体的屈曲和伸展模式发生的变化，这些变化大多与过去的经历和应对模式有关。

身体整体上屈曲和伸展的组合

某些身体部位如果表现为屈曲模式并向后偏移，那么其后侧的长度、深度和宽度都会增大。同样地，伸展模式（即相反情况）会使相应的身体部位向前偏移，其前侧的长度、深度和宽度都会增大。

这两种截然不同的模式的组合会使某一部位产生压力，使该部位时刻处于紧张状态。

下面来看两个示例。

图 A 中患者的身体主要表现为屈曲模式，但其头部和颈部向前且向上伸展。

图 B 中患者的身体主要表现为伸展模式，但其头部和颈部表现为屈曲模式。

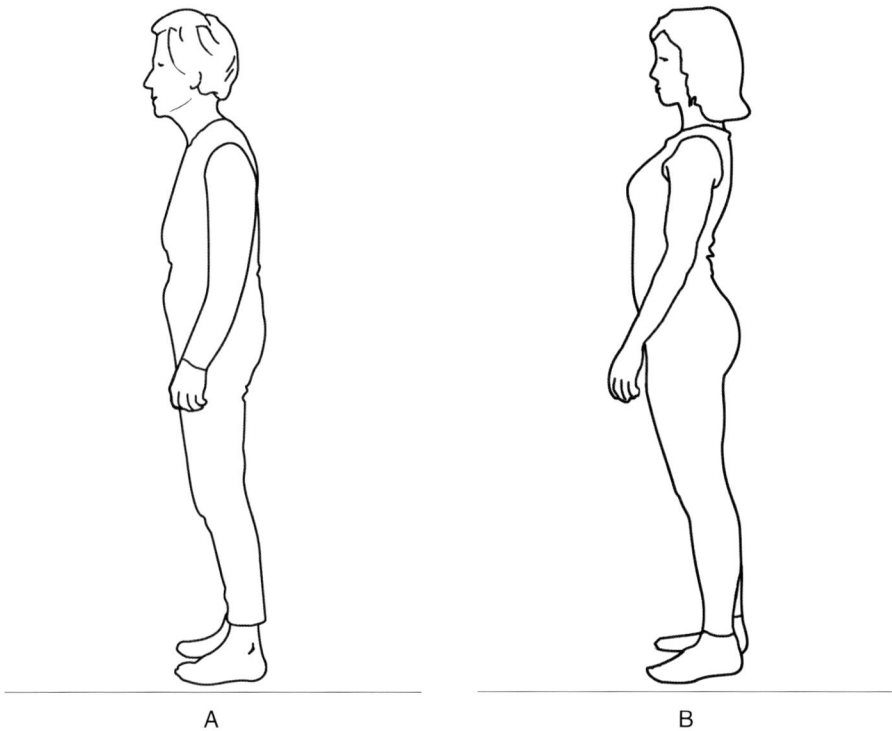

A   B

身体各部位屈曲和伸展的组合

　　观察下面 3 位患者的身体轮廓图。你会如何描述每个人的体态模式？你能看出他们身体各个部位是屈曲、伸展还是中立的吗？

　　你认为图 A 中患者的身体主要表现为伸展模式吗？

　　你认为图 B 中患者胸部前侧屈曲而腰部后侧伸展、受到挤压吗？

　　你认为图 C 中的患者躯干下半部分更多地表现为伸展模式，而上胸部表现为屈曲模式吗？

　　观察维度并将其融入治疗计划会影响治疗顺序。

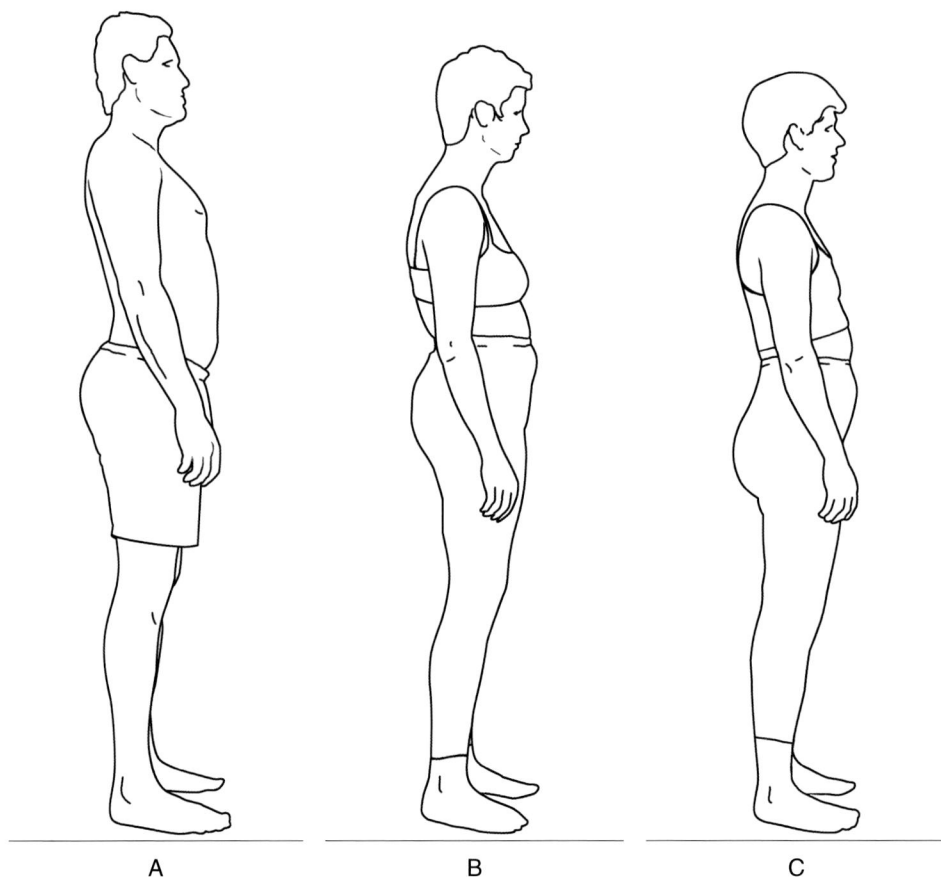

A　　　　　　　　　　B　　　　　　　　　　C

■ 练习9.1

当一个身体部位出现偏移时，这个身体部位在偏移方向上的长度、深度和宽度都会增大。请在下面4幅图（图A～图D）中，标出4位患者身体各部位的偏移情况及其在偏移方向上的维度增大情况。下面的标记符号可用于标记身体某一部位的维度，即长度、宽度和深度的改变。

标记符号：偏移 →　维度增大 ↔　维度减小 ⟩⟨

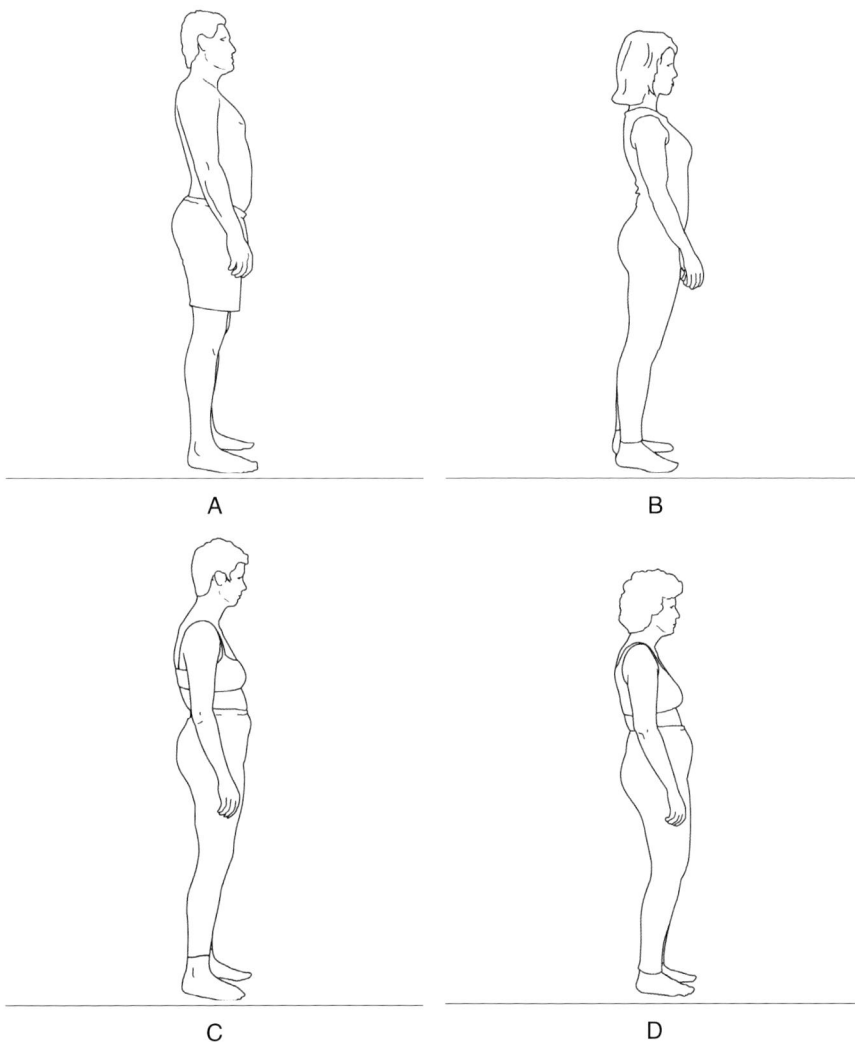

A

B

C

D

不同视图中身体的维度

在不同的视图中，身体各部位的自然形态和维度显然是不同的。下面以胸部为例来分析。

图 A 中患者的胸部表现为中立模式。这种中立模式加上他的中立体态，使他整个人看起来很自然，并且他的胸部从各个角度看都有合适的比例。

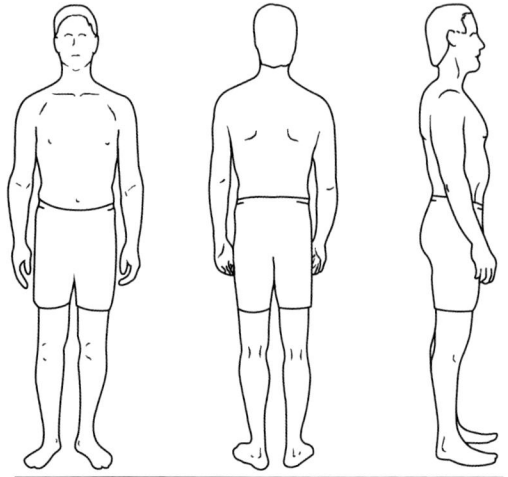

A

图 B 中的患者胸部表现为屈曲模式。

在一瞥之下我们会发现，患者上胸部的维度在不同视图中是不同的。

（1）正视图：较窄。

（2）后视图：较宽。

（3）侧视图：上胸部后侧更深。

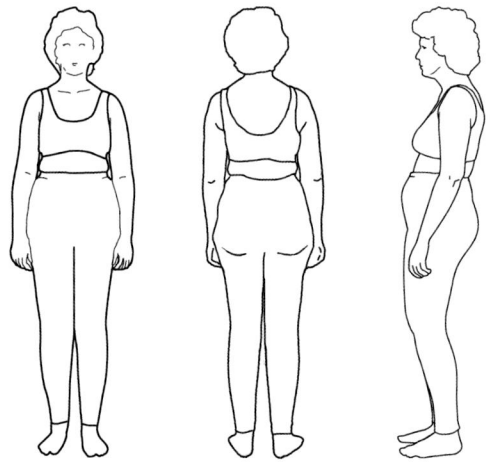

B

图C中患者的胸部表现为伸展模式。

（1）正视图：胸部向前展开，其维度比中立模式下的更长、更宽、更深。

（2）后视图：患者通过收紧肩胛骨来补偿胸部后侧维度的减小。

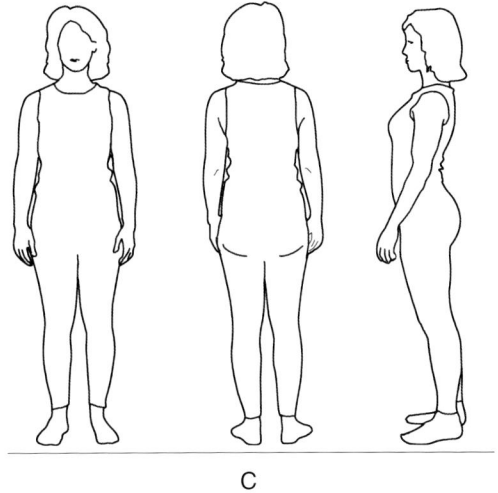

C

我们有时可能会发现，胸腔的正视图和后视图看起来并不匹配，这可能会让我们感到惊讶。例如，一个人从背面看可能显得身形庞大，但从正面看，他的胸部前侧却显得相对较小。

身体各部位的内在体积和功能取决于它在长度、宽度和深度方向上可利用的空间大小。例如，观察图D中这位歌剧演员刚刚唱完咏叹调的姿势。他的姿势可能是与音乐的情感相称的。从侧面看，我们能看出他的小腿位于脚心后方，而大腿位于脚心前方。他的骨盆向前偏移，而上胸部则向后偏移。从维度来看，他的胸部前侧体积明显减小，这可能会影响他的呼吸和发声能力。

D

维度的标记方法

不同视图中纬度的标记方法如下图所示。

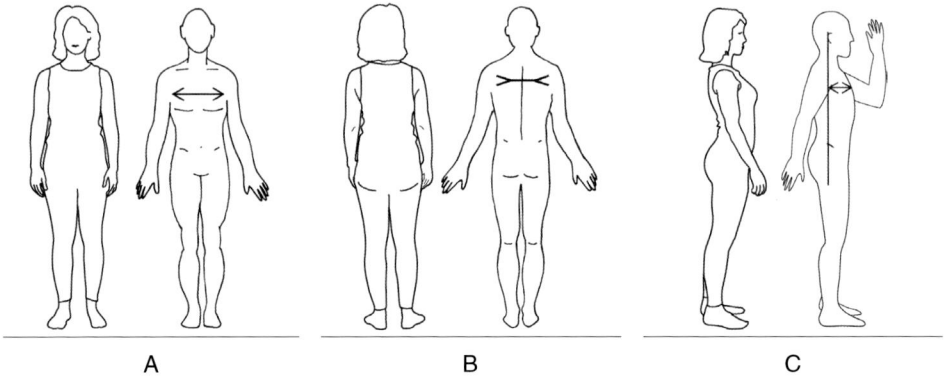

A　　　　　　　　　　B　　　　　　　　　　C

上图中的标记揭示了以下信息。

（1）正视图（图A）中的标记表明胸部前侧比后侧宽。

（2）后视图（图B）中的标记表明胸部后侧比前侧窄。

（3）侧视图（图C）中的标记表明患者已经学会调整自己的身体，使胸部前侧深度增大、后侧深度减小。

观察身体各部位的维度差异

我们可以借助标记符号来观察身体各部位的维度。下面来看一个示例。请观察下图。

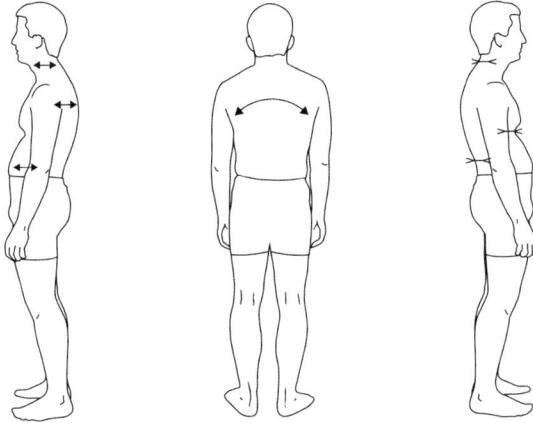

通过观察上图，我们可以看出这位患者：

- 颈部前侧深度增大，后侧深度显著减小；
- 胸部后侧深度增大，前侧深度显著减小；
- 腹部前侧深度增大；
- 下背部深度减小。

你能看出这些深度的增加和该身体部位的位置或移位是怎样匹配的吗？某一身体部位的向后移位增加，则相反侧的体积就会减小——如上图中的颈部后侧或胸部前侧？

维度的变化趋势

（1）某一身体部位向前或向后偏移的时候，它的深度趋于增大。

（2）如果它同时向上移动，那么它的长度和深度都会增大。

（3）如果它同时向下移动，那么它就会受到挤压（即长度减小）。

通过标记观察过渡区域的挤压

先来看一个示例（图A，该图展示了在人体轮廓图上做标记的3个步骤）。

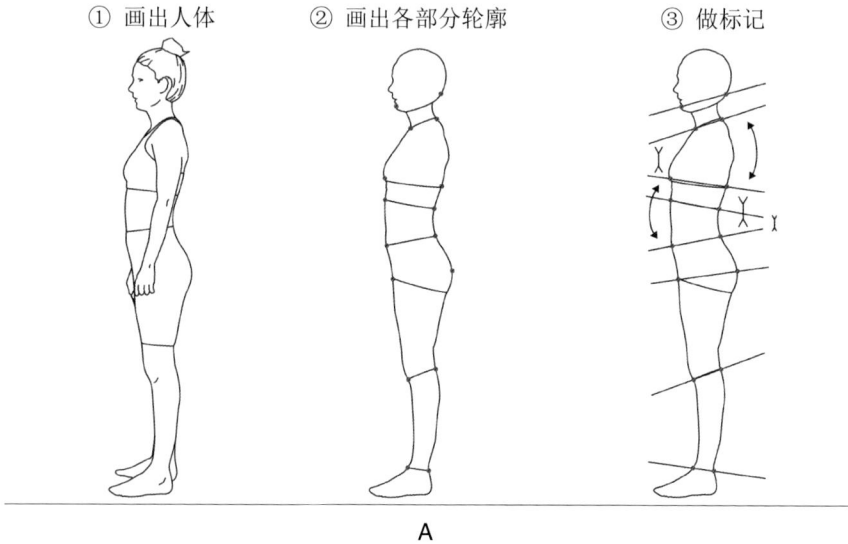

① 画出人体　② 画出各部分轮廓　③ 做标记

A

你能区别图中的屈曲模式和伸展模式吗？

如果两个身体部位倾斜方向不同，那么它们之间的区域称为过渡区域。这些区域由于身体各部位的移位而被挤压、剪切或扭转，这些移位可能是由身体之前的损伤、使用方法或习惯而造成的。

记住，线条延长后交叉点同侧的身体部位就是受挤压的身体部位，这一身体部位的长度因此减小。从上图我们可以看出，身体后侧第10胸椎和第1腰椎之间的身体部位受到挤压，以及前侧剑突和胸骨切迹之间的身体部位受到挤压。

如果观察受挤压部位的另一侧，我们就会发现那一侧往往是过度伸展的。

下面再来看一个示例（图 B，该图也展示了在人体轮廓图上做标记的 3 个步骤）。

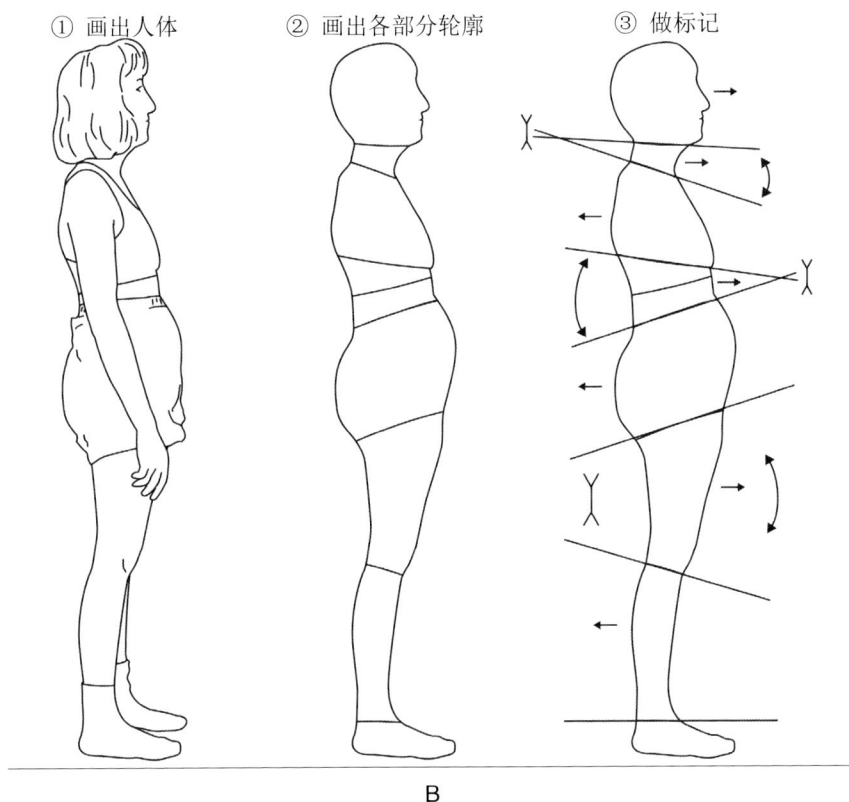

① 画出人体　② 画出各部分轮廓　③ 做标记

B

通过观察身体各部位在前后方向上的偏移情况和各关节倾斜度的组合标记，我们可以迅速得出有关受挤压的主要的身体部位的信息。每一组相交线都展示了相应身体部位受挤压的可能性，以及该部位受到长时间或深度挤压以至过度伸展的风险。

排列和剖面

　　剖面是我们用于描述身体在任一平面上被切断后呈现出的表面的术语。

　　一个身体部位的二维截面，就是一个剖面的例子。身体各部位的剖面就像眼睛的虹膜或相机的光圈一样，可以增大、减小或改变形状，这取决于这一身体部位与其相邻部位的关系。

　　在3种平面上都可以观察并分析任一身体部位的剖面。现在，我们先在水平面上（就像核磁共振成像扫描一样）观察一个身体部位的剖面。

　　当我们的身体处于中立位时，身体各部位的剖面都处于最佳功能状态，这便于身体各部位直接承重。

　　重力和地面反作用力贯穿于身体各部位的剖面，剖面的形状会因此受到影响。挤压通常会增大剖面的直径，压力减小或牵拉则会减小剖面的直径。

　　现在，让我们更细致地观察两个身体部位之间的偏移是如何影响某个特定剖面的维度和功能的。

　　观察右图中患者右大腿的横剖面。我们可以假设患者采用的是中立站姿。想象一下，如果这个人的身体排列模式是屈曲模式，重心落在右脚，那么剖面是怎样的。

　　这最可能增加右大腿前侧的维度。在生物力学的作用下，此处肌肉、骨骼及全部软组织的位置和维度会发生变化。

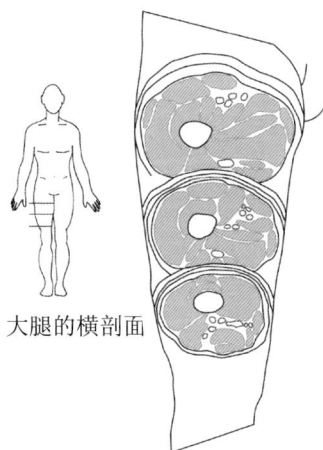

大腿的横剖面

　　现在，想象一个人处于站立姿势，骨盆和大腿上部向前偏移，对应的膝关节向内旋转，踝关节和双脚则向外旋转。这种体态模式会怎样影响关节的剖面？这种旋转会如何改变大腿的剖面？

从俯视角度观察位置和维度

在某个身体部位发生偏移时，该部位剖面的维度会随偏移的方向和程度增大或减小。

20 世纪 70 年代，我曾带学生去商场观察"人体"。我总是让他们做这样一项练习：一名学生站在一楼，其余学生先站在二楼观察并评估他的身体各部位在前后和左右方向上的偏移，之后再下楼从正面、背面、侧面再次观察，以此来验证之前的判断是否准确。

下面来看从俯视角度观察身体的两个示例。图 A 和图 B 分别展示了从俯视角度观察患者 A 和患者 B 身体各部位的情形，阴影部分表示身体各部位共同的直接承重区域。

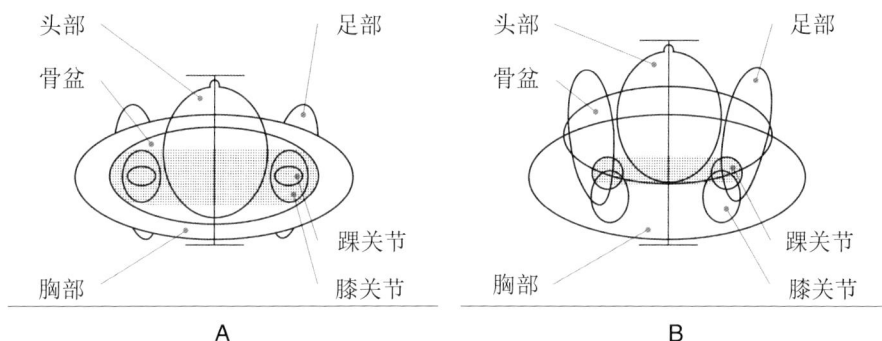

A   B

从图中可以看出，患者 A 采用了相对中立的站姿，而患者 B 身体多处前后偏移；患者 A 从头部到足部所有的身体部位都呈现出更佳的承重情况；患者 B 身体的直接承重区域较小（阴影部分面积较小），仅由头部后侧、胸部前侧、骨盆后侧与双脚构成直接承重区域，这导致所有身体部位都没有得到足够的直接支撑。

患者 B 身体各部位的位置如下。

（1）膝关节在踝关节后方（注意这里极小的阴影区域）。

（2）骨盆前倾。

（3）胸部向后倾斜的幅度很大。（我认为这位患者行走时的步态是不协调的：

先将重心放在一只脚上，接着抬起这只脚，将重心转移到另一只脚上，再抬起那只脚……通过这种协同交替的循环，两侧身体相互作用。）

（4）头部向前偏移。

俯视时，要注意身体的直接承重区域——身体各部位在此相交。身体各部位在前后或左右方向上的偏移会使直接承重区域的面积（或者说 BOS）减小，剖面的形态也会因此而改变。

■ 练习9.2

　　观察下图中患者的偏移情况和维度变化情况,思考一下身体各部位之间剪切、挤压和扭转可能造成的影响。

　　做这项练习前，请回顾一下前两页的示例。

　根据下面的提示来完成练习。

（1）哪种体态轨迹首先吸引了你的注意力？维度、偏移还是旋转？

（2）找出你所选择的体态轨迹中其他的组成元素。

（3）思考一下如何画出该患者的身体轮廓图和各部位的中心。

（4）在脑海中连点成线。以牙线为铅垂线，检查你的思考结果是否正确。

（5）你的结论是什么？

（6）想象一下，如果从俯视的角度观察，患者的身体排列模式是怎样的。

（7）现在，想象你正从患者的头顶向下俯视，根据你的观察结果，从双脚开始依次向上画出患者的身体各部位，标出身体各部位在前后或左右方向上的偏移。

（8）用阴影表示身体各部位垂直排列时的重叠区域。

（9）你的总体评估结果是什么？

■ 练习9.3

图 A 展示了患者治疗前的站姿，图 B 展示了患者治疗后的站姿。现在，将治疗前和治疗后的站姿进行比较。通过对比可以发现，治疗后患者的站姿更接近中立站姿。

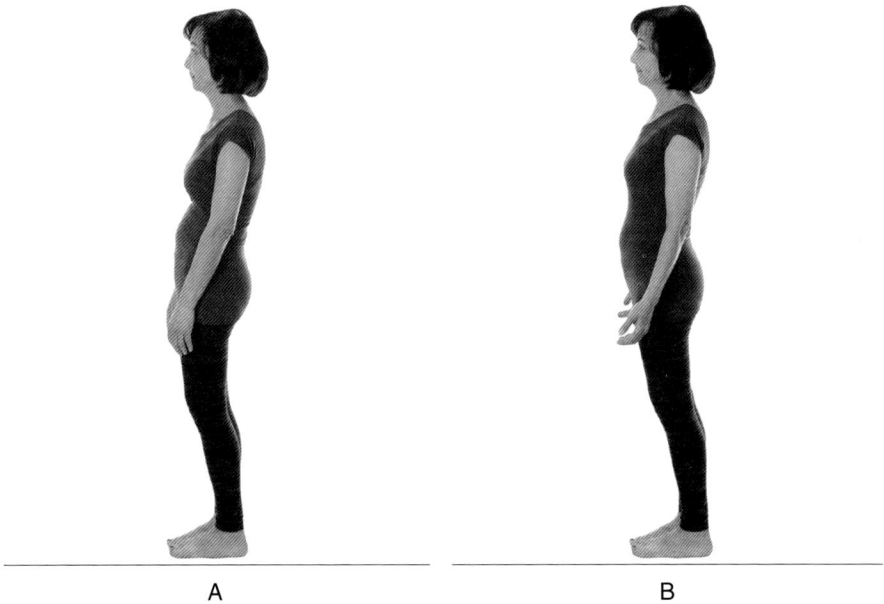

A   B

从图 A 到图 B，身体排列模式的改善是如何影响这位患者身体各部位的承重情况的？

乘车旅行时，我们会在车辆经过减速带时感到颠簸。如果坐姿良好、身体排列合适（如图 B 所示），那么我们身体的"减震器"会处于良好的工作状态，从而帮助我们应对颠簸。如果身体排列不佳（如图 A 所示），那么这样的颠簸就可能导致我们的身体出现明显的挥鞭伤。

请思考这样一个问题：假设有两个人的身体排列模式分别如图 A 和图 B 所示，那么，当这两个人乘车经过减速带时，颠簸对身体排列不佳的那个人会造成怎样的影响？

足部的3个维度

我认为足部的 3 个维度非常重要，因为它从这 3 个维度支撑着整个身体。

（1）深度：如果足长比最佳长度短（由于做手术、受伤、鞋不合脚或足部使用方法不当等造成），这会影响足部为身体提供的从前到后的深度上的支撑。

（2）宽度：如果双脚间距过宽或过窄，或者某只脚内翻或外翻，那么双脚的间距就达不到最佳宽度，这会减少足部为身体提供的宽度上的支撑。

（3）高度：扁平足、高弓足以及足部旋前或旋后会对身体的长度或高度产生影响。

人们可以根据自身情况来学习双脚的最佳使用方法，但人们往往不知道该如何自我纠正。

人们经常忽略自己的双脚，直到它们出现问题（比如拇囊炎、拉伤、扭伤、平足、嵌甲、断趾等）。我认为身体的整体构造使双脚以合适的比例恰到好处地支撑着整个身体，但双脚的重要性常常被低估。为什么人们总是无法给予双脚足够的关注？

足部的常见排列模式

下面来了解一下足部的常见排列模式。图 A、图 B 和图 C 展示了侧视图中足部的常见排列模式。

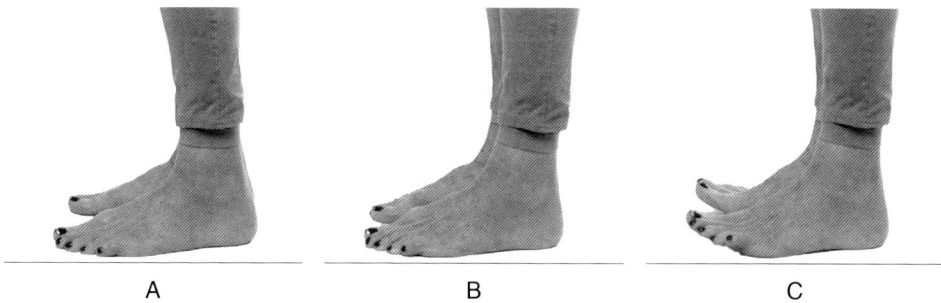

A　　　　　　　　　B　　　　　　　　　C

图 A 展示了相对中立的排列模式，可以看出，图中的人站姿舒适，体重均匀分布于整个脚掌（这个人腿部和足部受过很多伤，有过多处骨折，所以他的最佳中立姿势就是这样）。

图 B 展示了足部收缩变短的排列模式，可以看出，图中的人足部收缩，整体长度减小。引起这种情况的原因可能是鞋太小，也可能是脚趾受过伤，且愈合后没有恢复到中立状态。思考一下：这种排列模式对身体其他部位会有什么影响？

图 C 展示了脚趾抬高的排列模式，可以看出，图中的人脚趾抬高，足部的整体长度减小（前脚掌更是如此）。前高后低，现在很多鞋都设计成这样。这种设计的合理之处在于，当我们行走和跑步时，跖趾关节会弯曲。然而，这种让跖趾关节时刻保持弯曲的设计不利于我们从整体上调节足部的运动，让足部既无法很好地收缩，又无法得到伸展放松。

图 D、图 E 和图 F 展示了正视图中足部的常见排列模式。

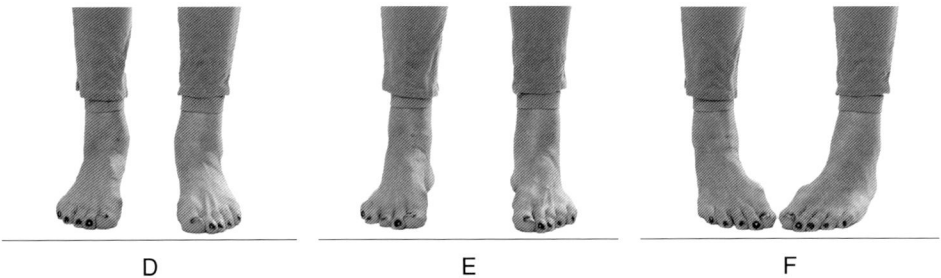

D　　　　　　　　　　E　　　　　　　　　　F

图 D 展示了相对中立的排列模式，这种排列模式可以使足部对身体结构有良好的支撑作用。但若存在骨骼畸形、有瘢痕组织以及关节炎等情况，在活动幅度大的时候，足部会比在站立时受到更多限制。

图 E 展示了右足弓旋后的排列模式，可以看出，图中的人右脚旋后，使得身体重心上提并偏向左脚。这种模式也减小了足部在身体向前移动时的支撑作用，因为足弓旋后使得双脚的间距被侧向拉开了。

图 F 展示了双脚内旋并内翻的排列模式，可以看出足部有明显的旋前并伴有内翻。这种模式会阻碍身体向前运动。通常来说，双脚这样排列的人在向前移动时，需要加上左右方向上的动作。

小结

（1）理想情况下，足部作为整体直接承重，足部可以支撑其上方的每一个身体部位。

（2）站立时，整个足部作为支撑基础起作用。右脚支撑右侧身体，左脚支撑左侧身体；前脚掌支撑身体前侧一些较宽、较深的身体结构，比如胸部和头部；脚跟支撑后侧身体。

（3）站姿平衡是动态的，它为身体重心在左右、前后、上下方向上的移动做准备。

原理5：不对称性

传统的体态模型总是教我们如何进行自我纠正，以使身体的左右两侧更加对称。但在日常生活中，我从未见过左右完全对称的身体。在意识到这个问题后，我开始探询这到底是为什么。不对称是不是身体活动的必要状态？

身体的不对称主要有以下3种。

1. 天生的不对称

这是天生的结构模式。例如，不同的人的器官在大小、重量、位置和功能方面都有很大差异，一个人也可能在出生时就天生存在手指缺失、肺叶缺失、多一块脊椎等情况。这些先天条件都是无法改变的。

2. 后天限制引起的不对称

这是出生后，由于受伤或病理学引起并终身存在的结构模式。例如，锁骨在骨折后无法恢复到最初的形态，或者右侧胫骨粉碎性骨折导致骨头缩短了2英寸（约5.08厘米）。虽然通过物理疗法、药物治疗和训练课程，患者的身体不适可以得到缓解，身体状况也可以得到改善，但那2英寸骨头不可能再长回来。因此，这是一种真实限制。不过，我们可以在患者的鞋子里加入一截垫子，或加厚鞋底，这样就可以帮助患者保持平衡并改善这种严重不对称的结构模式。

3. 补偿机制引起的不对称

这是由非自然原因、损伤或疾病引起的结构模式，是身体对上述两种结构模式进行适应性调节的结果。

这种不对称可能是身体做出的补偿调节，也可能是情绪问题的外在表现，还可能是由身体的习惯性姿势导致的。它的优势在于，它最容易被改变。

我经常看到有些人与身体左右两侧的极度不对称"做斗争"，但在接受物理疗法、运动教育和人体工程学方面的干预后，他们身体的不对称程度通常会显著减轻，他们因此感到身体状况改善了很多，并对生活充满希望。

不对称性原理在运动方面格外重要。和身体一样，我们可以在自然界各种事物（比如地层、贝壳的形状、树木的年轮）中发现不对称性。同样地，许多不对称性和非线性的设计也存在于动态过程中。在密度、节律和方向等交互作用的地方，我们能看到各种现象，比如波浪、降雪以及非线性奔流的河水。身体也是如此，它是由许许多多不同密度的流体和固体组成的连续体。

多种不同的节律也存在于人体的各种系统，比如呼吸系统、消化系统和循环系统。这些事实，再加上身体结构的不对称性，都使我们相信身体的运动方式也应当是非线性的。因此，我提出了这样的观点：由于伤病、过往经历以及内脏位置情况等原因，身体变得不对称。

强行克服所有的影响因素来迫使身体左右对称，会使身体陷入不必要的紧张中，对身体的运动和功能造成负面影响。

我认为人们不需要为身体的轻度不对称而感到紧张，因为我们可以学习用不同方式使用左右两侧身体，从而协调一些不对称的结构模式。良好的观察能力能够帮我们判断某种类型的不对称对于特定行为、日常生活活动（ADL）、运动、工作等是必要的还是不必要的。

我们想让自己的房子和家具都稳定牢固，而不要求它们像我们的身体一样柔韧灵活。然而，在保持牢固几年后，我们会发现房门不能再像以前一样严丝合缝地关上了，就像偏离了中心一样。这是房子在自我调整吗？还是受到了地球引力的影响？无论是哪种原因，不对称性都显现了出来。

如右图所示，这具挂在架子上30年的骨架也是不对称的。

请注意观察这具骨架的右侧髂骨是怎么向前转动并导致右腿内旋的。正因如此，我们才能清楚地看到它的胫骨和腓骨之间的空隙。这是重力起作用了。

你可能有过这样的经历。一位患者感受到强烈的背部疼痛，他接受过多次理疗，理疗师常常用双肘按压其疼痛部位。当仔细评估了他的身体模式时，你发现他的骨盆大

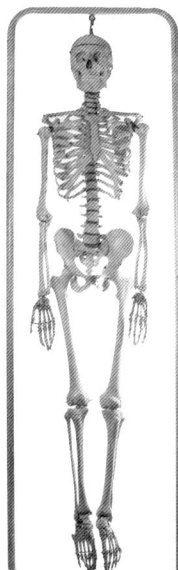

幅度地向前偏移，而背部明显向后偏移。这两种偏移在他的腰部相遇，并互相施加剪切力和挤压力。

你可能决定在解决患者的背部问题之前先矫正他的体态模式。当理疗师仅仅针对患处采取一些治疗手段时，患者通常能够感觉到患处变得放松和不那么疼了。然而，过一阵子，身体其他部分的排列模式就会消除这种积极影响，他会重新产生不适症状。

也许，对患者整个身体排列模式进行评估能够为你提供足够多的信息，以帮助你判断使患者身体受限和感到不适的主要原因和次要原因分别是什么。这可以为你确定治疗方案提供指导，从而让患者获得最佳的治疗效果。

了解如何观察整个身体的排列模式而非单独的症状或部位，可以为我们提供很多信息。通过这些信息，我们可以知道次要部位对主要部位造成了什么影响。

身体天生具有不对称性，而为了应对伤病、习惯、压力等而做出的补偿可能会加剧这种不对称性。

从事物理治疗和运动教育方面的工作让我非常有成就感，因为我常常能够帮助人们改善或纠正他们的不良体态模式，为他们带来新的希望。

观察技能在为患者进行治疗的过程中的任何阶段都有用——你需要观察一个人治疗开始时的体态，以及每个疗程后身体的改变（通常是身体变得更加中立和有活力）。你可能会听到他们说："我从没想过还能重新拥有这么棒的感觉。"

不断提高自己的观察技能，逐渐学会从整体上观察患者的身体排列模式，你就会有更多的选择来帮助患者获得最适合当下身体状况的体态。比起一味地让患者通过参加普拉提和瑜伽课程来学习正确的体态，由观察得到的信息更有助于解决问题。

总是存在一个合适的活动范围（即使这个范围要尽可能小）可以使身体更加自在，同时使身体的症状在活动中得到缓解。

来看下面这位女性患者的故事。在 2 岁时，这位患者通过手术成功摘除了脊柱（第 5 ~ 10 胸椎）上的一个肿瘤。虽然她的身体由于这段经历而受到特定的限制，但在我们的诊所接受了一个疗程的治疗后，你可以看出她的身体发生了多大的变化。下面两组图展示了患者治疗前和治疗后的对比，图 A 无标记符号，图 B 有标记符号。

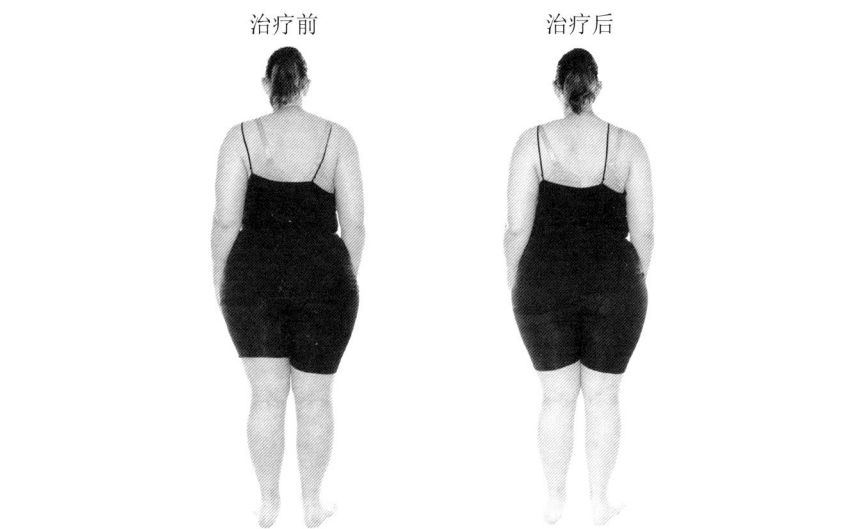

治疗前　　　　　治疗后

A

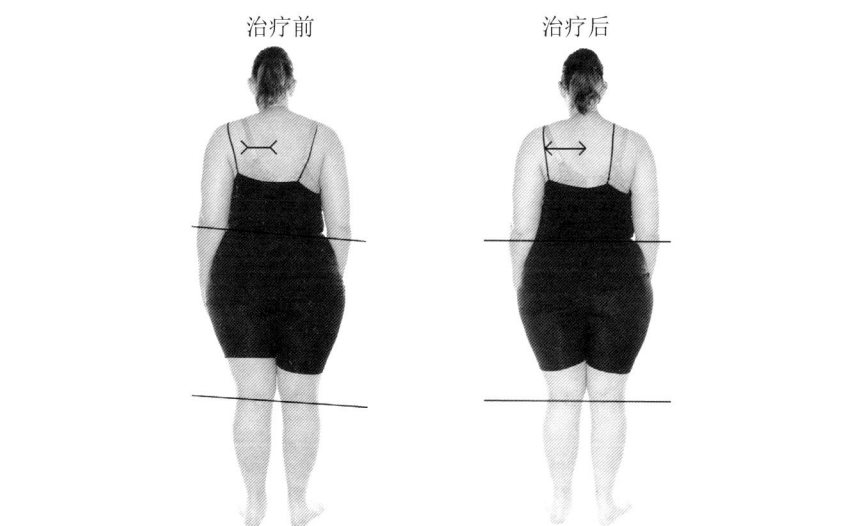

治疗前　　　　　治疗后

B

第10章

阿斯顿理论和概念：第三部分

原理 6：重力和地面反作用力

重力（G）和地面反作用力（GRF）对身体排列模式的影响

　　为了了解身体各部位之间的相互作用，我们必须了解各种力可能造成的影响。当我们能够辨认各种身体排列模式时，我们就能理解各种力对骨骼和软组织的作用是积极的还是消极的。理解各种力的作用，可以为我们提供有关患者的身体排列模式以及如何改善这种模式的信息，从而缓解力所造成的消极影响，减轻症状。

　　力作用于人体时，会对人体组织造成压力。由于力的影响，相应的身体部位的长度、深度、宽度以及形状和位置常常会发生变化，这种现象常被称为变形。力的影响是积极的还是消极的取决于人体应对力的方式。

重力

　　重力是持续作用于所有有质量的物体并将其向地心牵引的力。由于地球的质量远远大于人体的质量，因此我们持续不断地感受到重力的牵拉，牵拉的方向指向地心。正是重力的作用使我们可以感受到自己的重量，也常常因此而感到吃力。

　　我们可以通过下面的练习来感受重力的作用。这项练习包括 3 个步骤。

（1）采用站姿或坐姿，垂直举起一只手臂。微微屈曲举起的这只手臂的肘关节，之后像转动灯泡一样转动手和前臂。感受完成这个动作是否吃力。

（2）向外伸出另一只手臂，使其与地面平行并保持伸直，感受这只手臂相较于垂直举起的手臂受到的什么力增强了。然后，像第1步中那样转动手和前臂，感受是否吃力。

（3）两只手臂同时做转动手和前臂的动作。

第2步中的动作可能让你感觉更吃力一些，因为水平伸出的手臂与竖直伸出的手臂相比，受力面积更大。

随着年龄的增长，很多人感觉身体受到重力的牵拉作用增强了。有时，我们感觉需要付出更多努力来对抗重力的牵拉作用。对某些从事特定工作或受到特殊限制的人来说，重力的影响格外大。

在不同情境中，重力会对身体产生不同的影响，图A展示了站立时的情况，图B展示了使用助行架时的情况，图C展示了从椅子上站起时的情况。

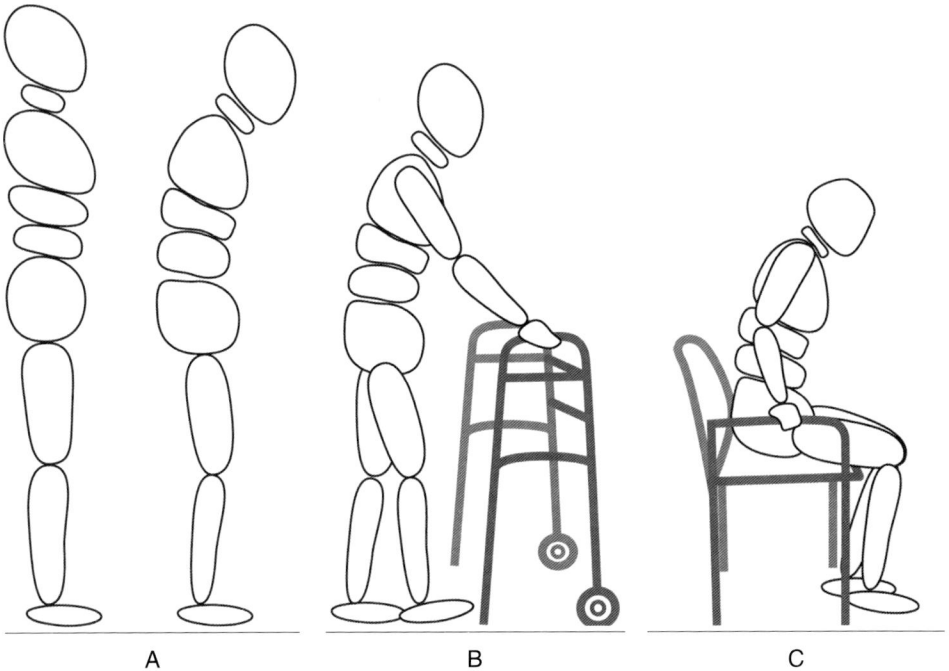

A　　　　　　　　B　　　　　　　　C

现在来看一个示例。先来观察图 D。

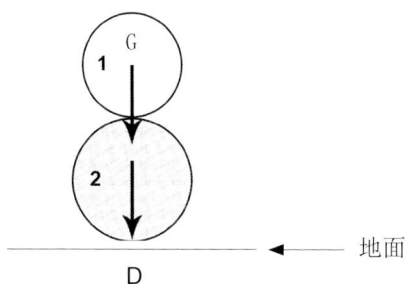

D

观察结果如下。

（1）1号球和2号球排成一列，都受到指向地心的重力的作用。由于1号球在2号球上面，受力方向向下，因此1号球会给2号球施加压力。

（2）如果1号球比2号球重，或者2号球比较柔软、容易变形，那么1号球会向2号球施加压力并使2号球变形，即导致2号球高度减小、宽度和深度增大。

在上页的练习中我们体验了这样的感觉：当手臂向上举起与重力的作用方向平行时，我们感受到的重力作用较小；当手臂水平伸直与重力的作用方向垂直时，我们感受到的重力作用较大。这是因为水平伸出的手臂受重力作用的面积更大。

观察图 E，思考上述结论。

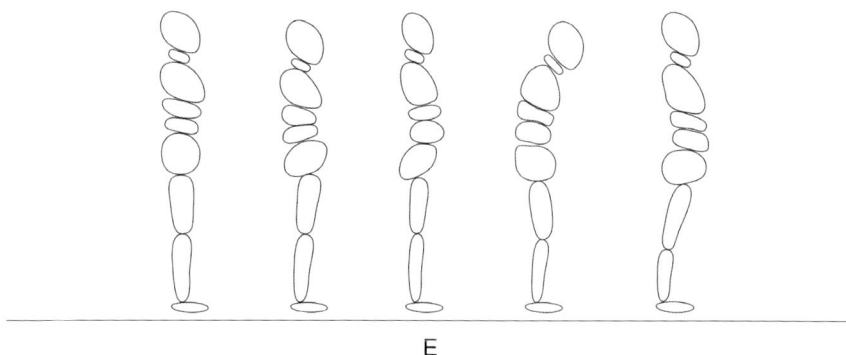

E

某些身体部位的偏移会增加其受到重力作用的面积。从这个角度来说，一个人的胸部向前或向后偏移会使腰部负担更重或者感觉更吃力。

地面反作用力

　　直到 20 世纪 80 年代末，我提到抵抗重力作用时，常称之为"推离"。我的经验是，当我将自己从地面推离时，我更容易做出各种动作。我认为那些能让自己从地面上高高跳起或把自己推离地面的人（比如舞者、体操队员、足球运动员、举重运动员等）都知道其中奥妙。当时，我用"推离"这种说法已经 16 年了，直到我遇到达琳·赫特林（Darlene Hertling）。

　　达琳·赫特林是一名私人教练，时任美国华盛顿大学物理疗法系系主任。当时她在西雅图跟着我上训练课，一次课后，她对我说："你知道吗？你特别喜欢用的'推离'有专业的叫法。""真的吗？""是的，它叫'地面反作用力'。"我激动得立即去查阅了资料。

　　我将地面反作用力称为"向上的重力"。我发现很多人不了解这种对我们来说好处极多的力——在抵抗重力时，我们可以利用它来增加身体的力量、耐力和平衡感。下面我将陈述几点想法，来证明重力和地面反作用力相互作用的重要性。

　　牛顿第三定律（作用力与反作用力定律）告诉我们，任何力都有反作用力。重力的反作用力就是地面反作用力——地面对与其接触的物体所产生的竖直向上的支撑力。从方向上来说，地面反作用力与重力方向相反，即指向天空。地面反作用力作用于我们的力度大小和我们施加给地球的重量成正比。这和一栋庞大建筑物向下压着地球而反过来地球也推着它是一个道理。

　　我们与这两种力的相互作用决定了我们身体各部位的活动是协调一致的还是非常吃力的。按照牛顿第三定律，重力和地面反作用力大小相等、方向相反。在物理治疗领域，重力和地面反作用力的相互作用经常被理解为身体与重力之间的对抗。例如，我们经常抬头挺胸以抵抗重力的作用，但这会让我们感觉很吃力且行动受限。

　　在我看来，如果将时间的变化也考虑在内，我们就能将这两种力都理解为是处于动态变化中的力。我们应该学习如何交替利用这两种力。重力和地面反作用力的相互作用对身体的挤压和牵拉产生积极影响，使关节和组织得到润滑，也使营养物质得以交换。我们也可以在做特定动作时充分利用地面反作用力，来减小身体内部受到的压迫，使身体的内部容积达到最大。

学习了地面反作用力的相关知识后，我们就知道如何减轻重力对身体的不良影响。我们通过站立向地面施加压力来利用地面反作用力。如果我们站在坚硬的水泥地面上，由于具有一定的硬度，地面几乎不会变形。当向地面用力施加压力时，我们会发现自己向上抬起或跳起。

现在来看一个示例。观察下图，你有什么发现？

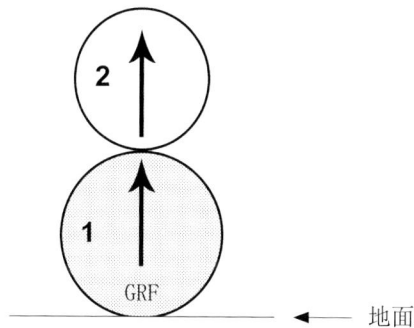

从图中可以看出，地面给1号物体一个推力，而1号物体也向上推2号物体。

如果1号物体向上的推力大于2号物体自身的重力，那么2号物体可能上升（牵拉作用）。

如果这两个物体都是易变形的，那么2号物体可能会变形，即长度增大、宽度减小。

再来看一个示例。结合重力和地面反作用力的关系，观察下页的4幅图。

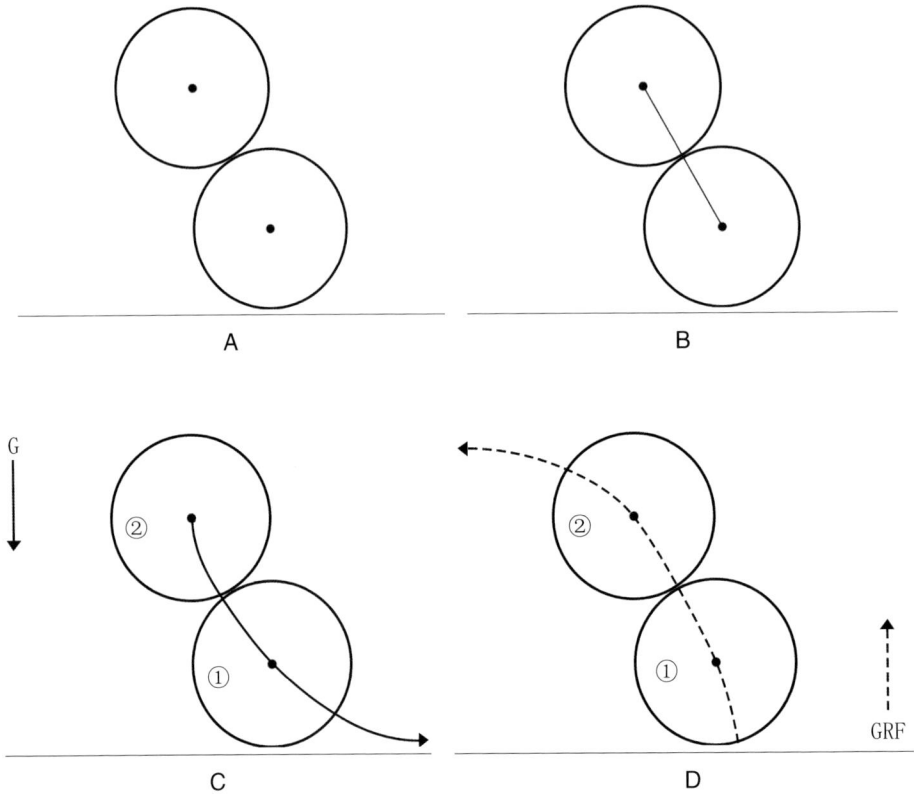

上面4幅图展示了在图上画出重力和地面反作用力作用方向的过程：标出两个物体（在后文中，这些物体会"变成"身体的各部位）的形心（图A），将形心连起来（图B），画出重力的作用方向（图C），画出地面反作用力的作用方向（图D）。

从重力来看，②号物体会把①号物体推向右下方，而从地面反作用力角度看，①号物体会把②号物体推向左上方。

我们可以得出这样的结论：在这个示例中，①号物体和②号物体的相对位置没有变化，但重力和地面反作用力的作用方向是相反的。

重力和地面反作用力的共同作用

通过观察物体的相对位置，我们可以得知，一部分物体看起来是对齐的，而另一部分物体更像是处于彼此的对角线上。从重力角度看，物体排列得越整齐，平衡性自然越好。在将这些结论应用于人体之前，请先思考一下：在不同的排列模式中，物体之间的相互作用都有哪些？

请将下面3幅图（图A～图C）想象成三维图。观察这些图，注意重力和地面反作用力的方向和作用。观察并思考：一个部分（1表示第一部分，2表示第二部分，以此类推）相对于其相邻部分的位置（偏移）是怎样决定受力角度的？

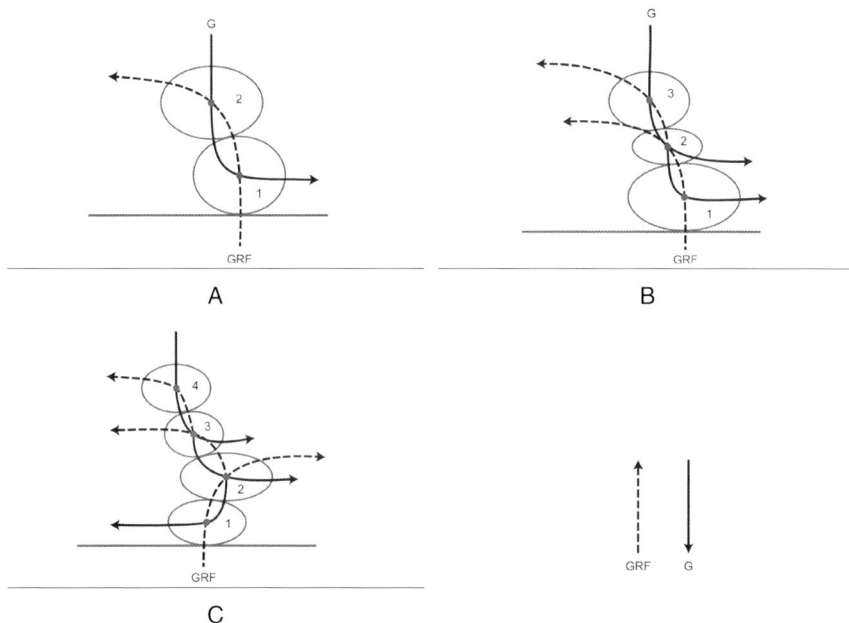

在图C中，无论是重力还是地面反作用力，第一部分和第三部分对第二部分产生的作用力的方向是相反的。这表明，无论从重力还是从地面反作用力来看，第二部分都是受压迫的。如果这个部分是一个人的腰部，那么这个人就会感觉到腰部有很大的压力，因为重力和地面反作用力的作用都在这里增强了。

请回想一下你看过或者玩过的所有挥拍类运动，台球或者高尔夫也可以。在进行这些运动时，你要使用某种工具击球，或者说，利用球拍或球棍附加的力量和体积，按照脑海中设定的目标击球。你肯定想要控制球的速度和方向，以取得理想的成绩。

以台球为例。在打台球时，优秀的玩家可以有意识地、精准地击中一个球，使它弹跳起来或者击中另一个球，最终球会落到他们期望的地方——台球袋里。他们注重用力的方向和速度，目的是获得令人满意的结果。

由于玩家有意识的行为，台球在受到重力和地面反作用力后，可以得到一个好的结果——进入球袋。但对人体来说，重力和地面反作用力在相反方向上的挤压或牵拉不一定会有好的结果，可能会对身体造成不良影响。

现在来观察一组侧视图（图D）。

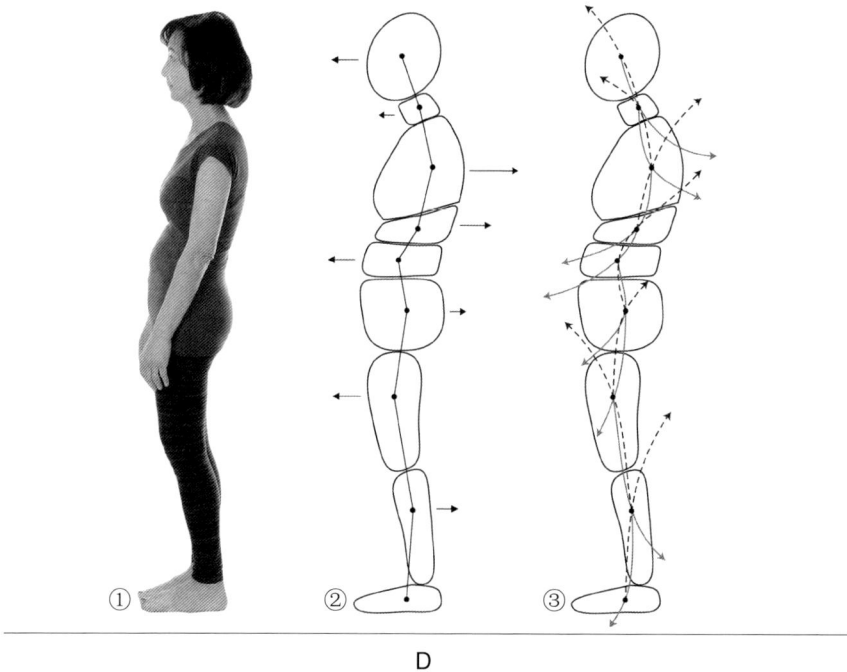

D

图②展示了身体在水平方向上的受力情况，观察时要注意身体各部位在前后方向上的偏移。图③展示了身体在垂直方向上的受力情况，观察时要注意重力和地面反作用力从两个方向作用于身体各部位时，它们相互作用的效果是如何增强的。

各种力的共同作用

如果身体所有部位的排列都很完美，那么重力将会垂直穿过身体各部位的重心，并且每个部位的重量都会垂直施加于其下方的相邻部位。然而，事实并非如此。值得注意的是，当某一身体部位出现偏移时，这一部位就不再垂直受力，而要抵抗附加的作用力——压力、张力、剪切力和扭转力。这些作用力施加于我们的神经系统和肌肉骨骼系统时，可能会产生很多不良后果。

如果把身体各部位都想象成球体，你就能看出每个偏移的部位会对相邻的部位造成什么样的影响。

压力

如果作用于相邻身体部位的力在同一条直线上且方向相对，那么这两个部位就会产生挤压。压力会导致身体紧张，使相应的身体部位变短、变宽，如图A所示。

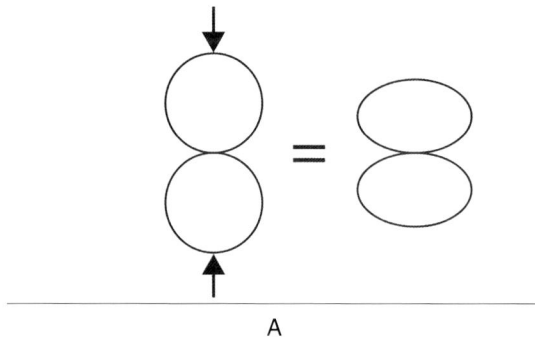

A

随着年龄的增长，人们常常会变矮。这与身体张力减小有关，也与身体下方的部分受到上方部分的压迫有关。

张力

如果作用于相邻身体部位的力在同一条直线上但方向相反，那么这两个部位就会产生反向张力（即从相反的方向被牵拉）。长期受到牵拉也会导致身体紧张，使相应的身体部位变长、变窄，如下页图B所示。

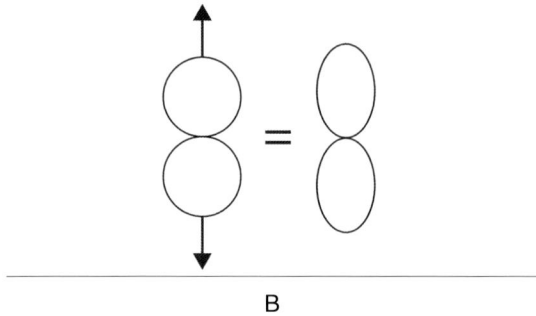

B

剪切力

如果作用于相邻身体部位的力相互对抗且不在同一条直线上，则会产生剪切作用，导致相应的身体部位在受力方向上出现偏移。例如，骨盆受伤后移导致胸腔前移，就会产生剪切作用，使骨盆和胸腔中间的部位发生变形，如图 C 所示。

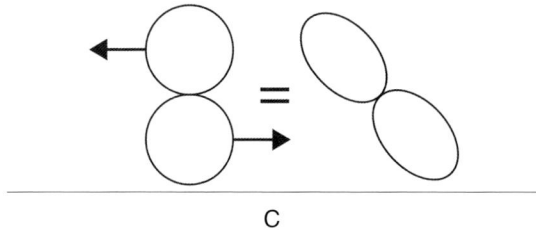

C

扭转力

如果身体受到的力是围绕着一条轴线的，那么相应的身体部位就会发生扭转。例如，图 D 展示了胸腹部和骨盆的扭转，上面的箭头表示胸腹部从右至左向前扭转，下面的箭头表示骨盆从左至右向前扭转。

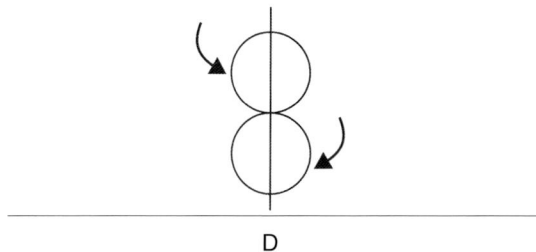

D

身体结构往往受到压力、张力、剪切力和扭转力的共同作用。我们的骨骼、韧带、肌腱、肌肉、关节囊和结缔组织都会受到上述作用力的影响，表现为硬度、弹性、可塑性和强度的改变。所有身体部位的形状变化都取决于作用力的大小以及受力组织的类型。

■ 练习10.1

请从正视图（图A）和后视图（图B）中观察下面这位患者的体态模式，并回答下列问题。

（1）什么吸引了你的注意力？

（2）你是否观察到以下几个方面的变化？ a.因剪切作用产生的偏移；b.挤压；c.扭转；d.维度。

（3）你观察到的什么让你注意到了这些变化？

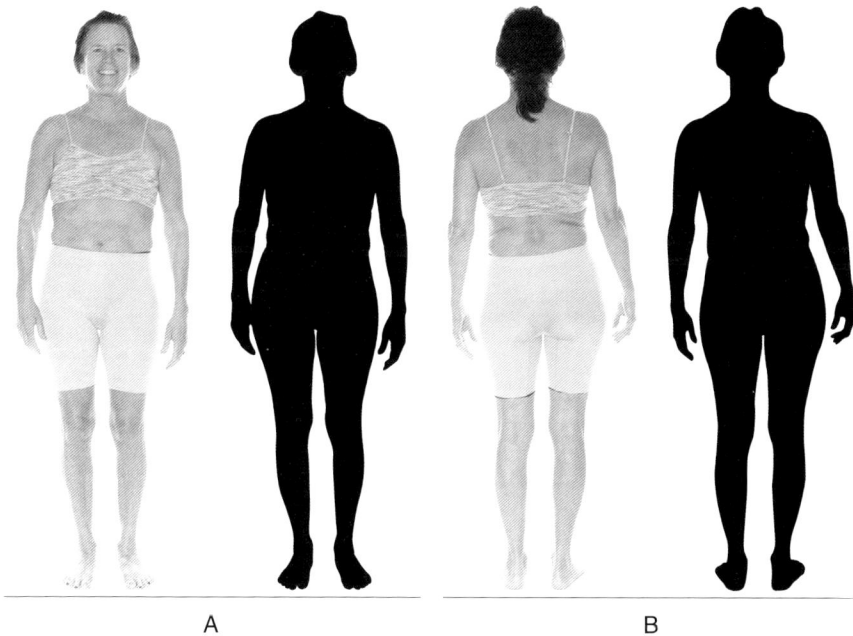

A   B

重力的影响

　　之前的练习已经为你明确了出发点，即要将身体视为形状、大小、重量不同的各个部分的组合。因为重力和地面反作用力的相互作用，每个身体部位的重量都会影响其他部位。

■　练习10.2

　　（1）观察下面一组图，标出身体各部位的中心。

　　（2）将身体各部位的中心连起来，表示出身体各部位之间的关系，即各部位之间相对的排列情况。请思考重力和地面反作用力的方向。

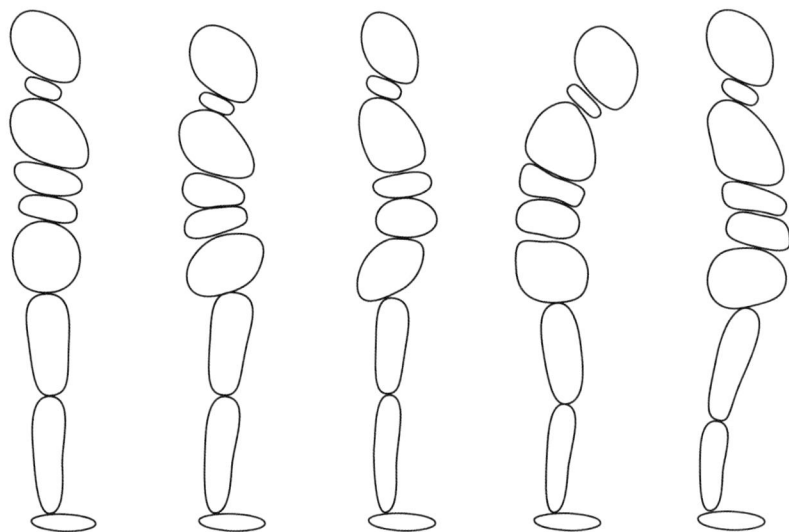

　　做完标记后，你就会发现哪些身体部位是承受压力的——从重力和地面反作用力的角度来看，这些身体部位受到方向相反的力的作用。

重力和地面反作用力的交替循环

　　阿斯顿中立原则指出，人体应始终保持动态平衡，不应为了保持所谓的"良好体态"而静止。我们可以交替利用向下的重力和向上的地面反作用力来实现这种持续的动态平衡。一个人要抵抗重力作用上提身体时，通常会进入紧绷状态。如果一个人要维持身体上提的姿势，为了抵抗重力，他也会处于紧绷状态。

下面来看一个示例。图 A 为体表标志参考图，它可以为我们在侧视图中观察身体各部位的倾斜度提供参考。

由于我们的身体结构天生就略微前倾（与肋骨的角度相适应），因此我们的整个身体会微微向前倾斜一定的角度，如图 B 所示。

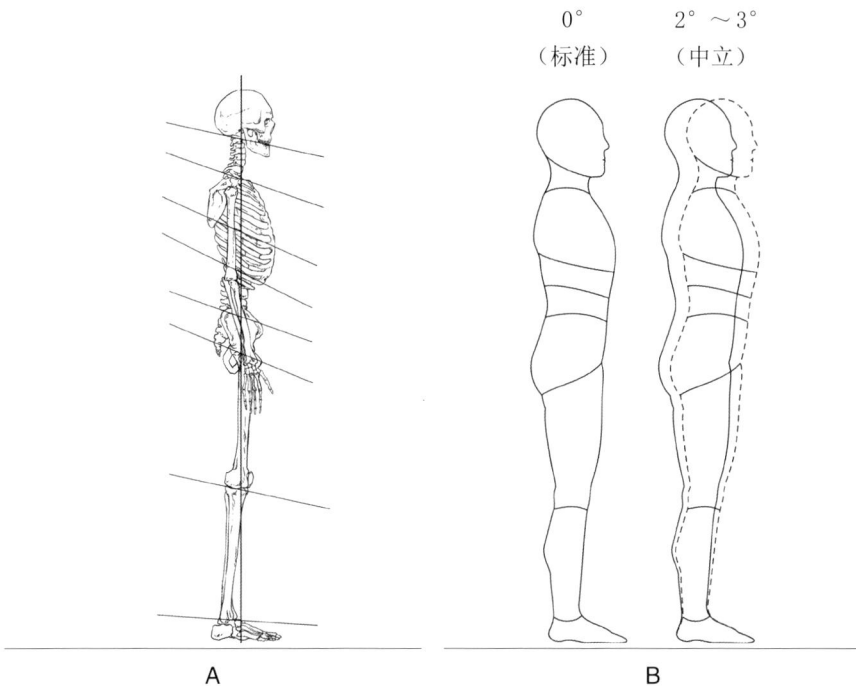

A

B

在这个示例中，标准铅垂线代表倾斜角度为 0°，虚线表示身体从踝关节起前倾 2° ～ 3°。我们推荐动态中立的站姿，即身体在平衡中有 0° ～ 5° 的倾斜角度。

如果你要上下跳跃，那么你很可能需要将身体前倾 6° ～ 10°。如果你在随意走动，身体前倾的角度很可能是 10° 左右。

■ 练习10.3

请不要画图或做标记，仅通过观察下面两组侧视图中这位患者的站姿（图 A 展示的是中立站姿，图 B 展示的是负重训练后的站姿），来判断在这两种身体排列模式中，重力和地面反作用力是如何起作用的。

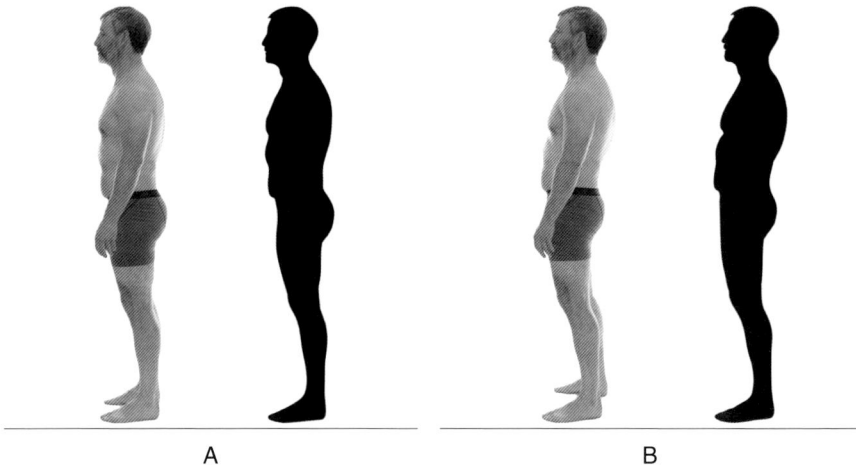

A   B

再来观察下面两组图，图 C 为正视图，图 D 为后视图。这位患者的哪种体态轨迹吸引了你的注意力？当她的右腿向上或向下运动时，重力和地面反作用力可能会沿着什么方向移动？

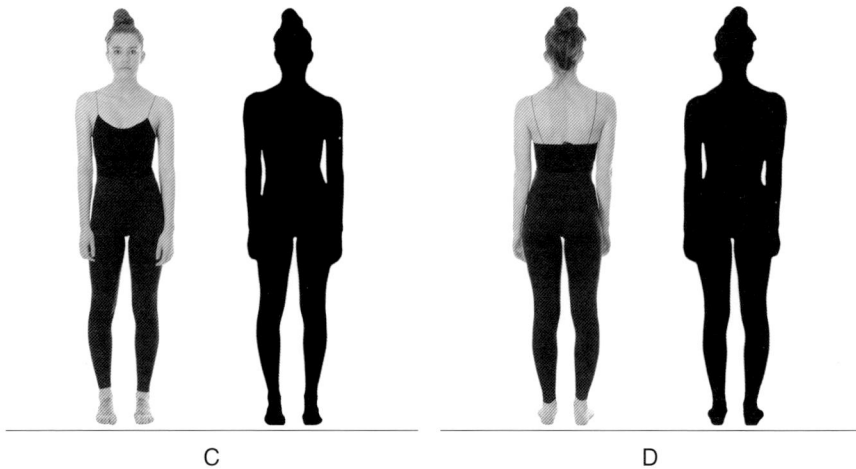

C   D

原理 7：肌张力、关节活动度及僵硬模式与排列和维度的关系

肌张力

肌张力是肌肉组织在静息状态下的一种收缩力，反映了肌肉组织内部的紧张度、灵活度或弹性的相对关系。在给肌张力下定义时，必须考虑筋膜的作用——筋膜的紧张或松弛对肌肉功能的影响。

每个人都有独一无二的肌张力。正常的肌张力可以使一个人的骨骼结构保持稳定，从而使他的身体达到最佳功能状态。

一个人的肌张力由其伤病史、年龄、日常活动能力、健康状态等决定。通常来说，95 岁的人和 18 岁的人肌张力应当是不同的。当然也有例外。研究表明，一些从年轻时就坚持进行负重训练的人，在年老时也保持着很强的肌张力。下面的阿斯顿肌张力评估图展示了肌张力的连续变化。

阿斯顿肌张力评估图

1	2	3	4	5	6	7	8	9	10	11	12
肌张力低下					肌张力正常						肌张力过高

数轴左侧数字较小，表示肌张力低下；越往右数字越大，表示肌张力逐渐增高。

肌张力低下是指肌肉组织松弛，或者说肌张力小于正常肌张力。肌张力低下的肌肉组织较为松散，容易被身体所受的力所影响，因此较不稳定。

肌张力过高是指肌肉组织过度紧张，或者说肌张力大于正常肌张力。肌张力过高的肌肉组织存在过度收缩、组织液供应不足等情况，在做动作时灵活度低，而且难以拉伸或改变形状，因而会使相应的身体部位过度僵硬。

如果关节周围的肌肉组织张力低下，那么这个关节的稳定性就会受影响，关节也容易发生错位。反之，如果关节周围的肌肉组织张力过高，那么这个关节就不灵活，关节的正常功能也会受到影响。肌张力过高导致的持续僵硬和肌张力低下导致的不稳定组合在一起，会导致或加剧相应的身体部位的偏移。

　　我们很难仅仅通过观察来判断肌张力的水平。在评估肌张力水平时，触诊是非常有效的手段，可以用于验证我们的观察结果。

　　通过阅读前文，我们了解到：

　　（1）当某一身体部位在某个方向上出现偏移时，这种偏移可以被另一些身体部位在相反方向上的偏移平衡或抵消。

　　（2）这种平衡或抵消作用可能会增加这一身体部位在偏移方向上的维度，从而使其在相反方向上的维度减小。

　　（3）偏移的平衡受到肌张力的影响。

　　观察右图中这位女性患者的姿势。可以看出，她的身体明显前倾，却几乎没有向后偏移的部分，她是怎么做到的？总的来说，在这种姿势下，她可以通过增大身体后侧的肌张力（肌张力过高）或者使脚趾用力抓地来保持平衡。

　　一个关节常常因周围肌肉组织的张力低下而受到压迫，导致其长度减小。她可以通过加强体育锻炼和接受运动教育（指导患者学习交替利用重力和地面反作用力来改善体态）来增大这个关节的长度。相应地，这会减轻身体对关节的压迫，增加周围肌肉组织的张力。这一结论为后续优先采取何种力量训练方式和物理疗法提供了更好的依据。

　　围绕一个因偏移和肌张力低下而受到压迫的关节开展力量训练，可能会导致其受压迫程度进一步加剧。对松弛的肌肉组织使用过度的物理疗法，可能会使该肌肉组织压力增大，以致其张力进一步减弱。

排列、维度与关节活动度的关系

关节活动度（Range of Motion，简称 ROM）指某个特定关节可以活动的范围。我们可以以身体的现有状态为参考，在持续运动时评估关节活动度。下面的阿斯顿图关节活动度评估图展示了关节活动度的变化范围。

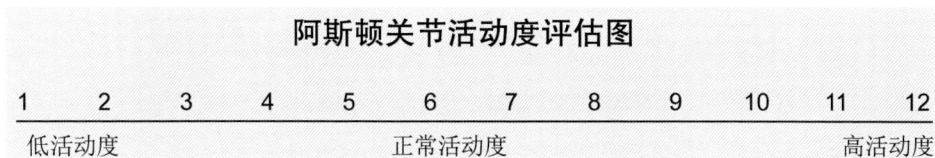

阿斯顿关节活动度评估图

1	2	3	4	5	6	7	8	9	10	11	12
低活动度					正常活动度						高活动度

数轴左侧数字较小，表示关节活动度较低；越往右数字越大，表示关节活动度逐渐增大。

正常活动度指的是在考虑观察对象的年龄、健康状况和其他各项因素的基础上，某个关节表现出的与其正常功能相适应的可能的活动范围。

低活动度指某个关节活动范围受限，应对外力作用时活动能力下降。

高活动度指某个关节活动范围增大，不稳定性增加。当活动度过高时，关节很容易发生错位，因此有受伤的风险。

肌张力与关节活动度的关系（一）

肌张力低下常常伴随着关节的高活动度（肌张力减小会使关节活动范围增大），肌张力过高常常伴随着关节的低活动度（肌张力增大会限制关节的活动范围）。

希望自己强壮、肌肉发达的人，有时会采取极端的训练方式，以求尽快取得成效。如果他们在身体处于代偿状态时（比如身体因肩关节或髋关节受压迫而进行自我调整和补偿）进行训练，会让关节受到很强的剪切力。随着时间的推移，这样做还会导致关节疼痛、关节活动范围受限以及关节面磨损。

当理疗师了解上述知识后，他们就能将患者的肌张力（低下或过高）与关节活动度（高或低）结合起来进行针对性评估，并提出对患者最有帮助的改进方案。

下面来看几个示例。分别观察下页的图 A、图 B 和图 C，你发现了什么？

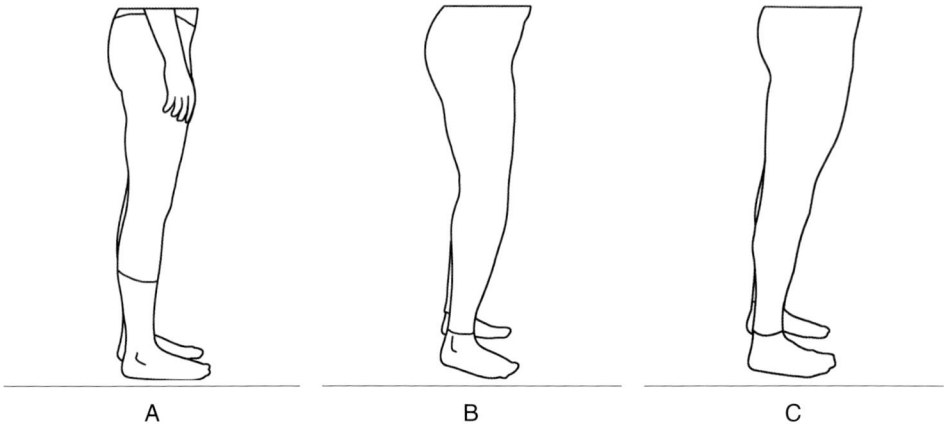

图 A 展示了相对中立的站姿，这样的姿势可以使踝关节、膝关节和髋关节的活动度及其周围肌肉组织的张力都处于适中的水平。

图 B 展示了屈膝站姿，这样的姿势会导致肌张力增大，因此关节的活动度会减小。

图 C 展示了膝关节过伸的站姿，这样的姿势会导致关节的活动度增大以及关节周围肌肉组织的张力不均衡。从胫骨到股骨的向前偏移会导致腿部前侧对后侧的压力增大。

肌张力与关节活动度的关系（二）

来观察以下两个示例中髋关节在应对重力作用时的活动度。

下页的图 D 展示了大腿和髋关节前倾而骨盆后倾的情况。请注意那些偏移方向发生改变的身体部位，这在胸部、髋关节和膝关节格外明显，但也要注意每个单独的身体部位。相邻身体部位在前后方向上的偏移导致了剪切力的产生。

请仔细观察下页的图 E，注意身体各部位的位置、肌张力以及关节活动度是如何强化体态模式的。重力作用使大腿和髋关节向前偏移，迫使股骨上端和铅垂线之间形成了尖锐的夹角，并达到其活动范围的极限。这种姿势会导致髋关节前侧被过度固定。重力在身体后侧作用于胸部，将其向下牵拉。骨盆后侧则由于肌张力低下而进一步将股骨推向前方，这很可能导致髋关节前侧的活动度偏低而后侧的活动度偏高。

原理7：肌张力、关节活动度及僵硬模式与排列和维度的关系

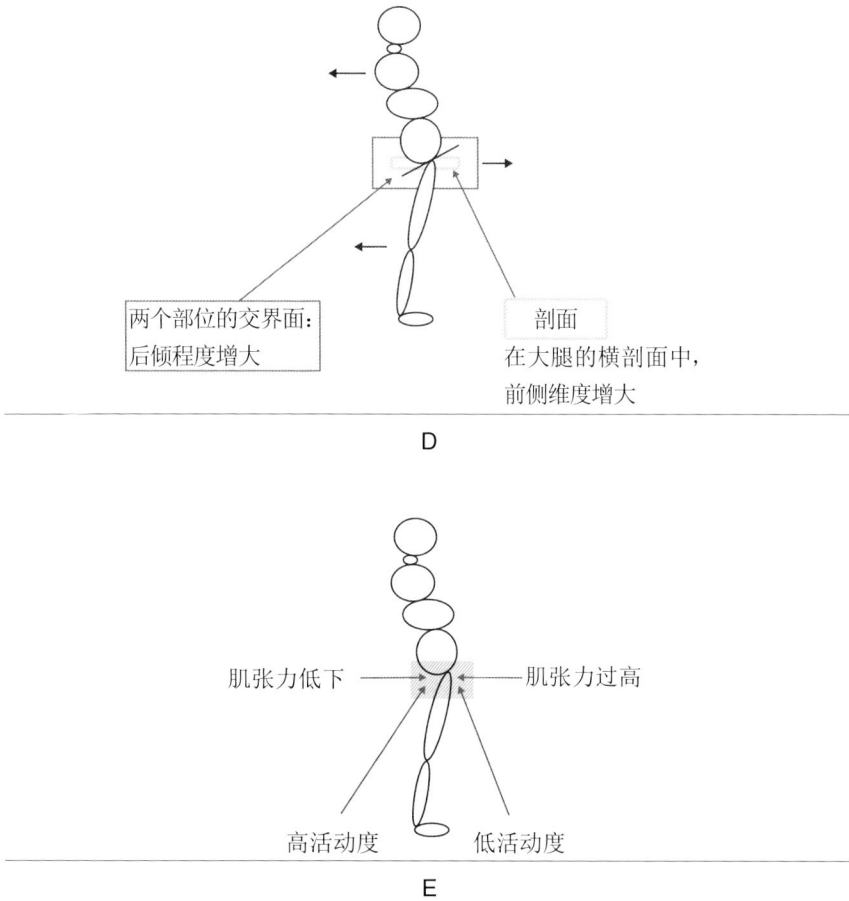

两个部位的交界面：
后倾程度增大

剖面
在大腿的横剖面中，
前侧维度增大

D

肌张力低下　　　　　肌张力过高

高活动度　　低活动度

E

对老年人来说，髋关节后侧活动度高有引发关节半脱位的风险。接受过髋关节置换术的人在进行步法训练时要格外小心。

■ 练习10.4

　　观察下图所示的身体排列模式，思考什么样的肌张力和关节活动度的组合可能导致这种模式的产生。

身体的僵硬模式：功能性僵硬与结构性僵硬

在给患者上训练课的这些年里，一个疑问始终困扰着我：为什么有些人能够很快地让自己的体态模式发生重大改变而有些人不行？有些患者在一次训练课后就改变了很多，而有些患者要在六次训练课后才开始有一点点改变。

有时，简单的冥想练习就能改善一个人的身体僵硬情况，但换作另一个人，这样的练习可能会使原来的不良体态恶化。这到底是为什么？

我开始思考运动是如何对患者身体的僵硬模式产生影响的。学习更加高效地使用自己的身体，有助于减轻之前的不良体态产生的压力——但其作用不止于此。运动能够增加组织液供应、提高柔韧性、增强周围组织之间的联系。如果针对某个肌筋膜粘连的部位开展物理疗法，并将其发生的变化导向其他部位，那么整个身体都能感受到明显的变化，而且这种变化也可以被观察到。

我开始认识到，身体僵硬有些是功能性的，有些是结构性的。下面的阿斯顿僵硬模式评估图展示了两种僵硬模式的划分标准，这一标准可用于评估身体僵硬的程度以及改善的难度。

阿斯顿僵硬模式评估图

1	2	3	4	5	6	7	8	9	10	11	12
功能性僵硬											结构性僵硬

数轴左侧数字较小，表示更倾向于功能性僵硬；越往右数字越大，表示更倾向于结构性僵硬。

功能性僵硬可能是由短期压力引起的，比如赶截止日期、收到坏消息、体力劳动或力量训练强度过大。对有些人来说，这种模式也可能只是由习惯姿势引起的，由于重力作用和自身肌张力不足，这种模式可能会随时间的推移而被强化。数字1~3代表功能性僵硬。当数字大于4时，患者需要通过上训练课、休假或者做自己想做的事情来缓解身体的僵硬状况。当数字大于6时，患者很可能已经无法再对身体的僵硬模式进行自我调整了。

随着身体的紧张程度越来越严重，数字进一步增大（9～12），这时的僵硬模式可能涉及多个层面和多种补偿机制。出现这种情况的患者需要通过一系列的物理疗法、训练课程和持续的练习以缓解他们身体所受到的限制。

在冰面上滑倒可能造成淤青或骨折。如果你的身体模式因此而改变，而你长期置之不理，那么暂时性的功能性僵硬的程度可能会加重，变成结构性僵硬。连续一周帮你的邻居搭建棚屋也会导致你身体的功能性僵硬程度加重，向结构性僵硬发展。由习惯姿势造成的身体结构的偏移也会随着时间流逝倾向于成为结构性僵硬。

我和不同种类的僵硬模式打交道的经历是非常复杂的，这引发了我对从功能性僵硬到结构性僵硬的转化的思考。身体僵硬往往是从功能性僵硬开始的。假设你决定开始健身，制订了健身计划：燃脂，锻炼肌肉，每天进行训练。某天，你在试图举起 10 磅（约 4.5 千克）重的物体时感到一阵剧痛。引发这种情况的原因有很多，可能是受伤了，也可能是在训练后没有及时调整异常的身体排列模式，以致每天的训练都加重了身体的负荷。身体可能是在告诉你，为了应对加大训练量、提升强度和耐力所做出的补偿已经影响了身体的中立模式。

当一个人能够迅速消除身体的功能性僵硬时，他看起来没什么大事。然而，功能性僵硬会不断累积（这个过程并不总是缓慢的），转化成结构性僵硬，定格在组织中。一次车祸、一次严重的摔伤或受到暴力攻击可能会将身体的功能性僵化迅速转化为结构性僵硬。有时，一次极短暂的经历会影响一生。

我发现，物理疗法是消除长期结构性僵硬的最快方法之一。

代偿效应

代偿指身体为了适应平衡性缺失、活动空间狭小或者其他限制而做出的调整，这种调整通常是身体在努力克服某种限制时下意识做出的。代偿效应可能增大或减小某个身体部位的偏移，也可能导致某个身体部位工作强度过高而另一部位不工作或不能发挥足够的支持作用。

原理7：肌张力、关节活动度及僵硬模式与排列和维度的关系

由于身体是可动的，因此身体的平衡永远处于动态中。身体的平衡受到行走习惯、重复进行的活动以及特定限制的影响。例如，如果崴脚或者脚趾受伤导致足部无法负重，身体就会为了保持平衡和行使正常功能而做出调整和补偿。

有时受伤会引起情绪反应（比如失落、恐惧、愤怒），在这种情况下，原有的生理或心理问题会引起身体反应，从而引起代偿效应。

身体或心理方面的经历可能导致身体排列模式发生异常，而身体有很多方式去承受与适应这些异常变化。一种选择是增大肌张力，利用肌张力将身体各部位更牢固地固定在原位并保持平衡。另一种选择是使肌筋膜粘连，从而辅助加固一些错位的身体部分。这两种方式都会导致关节的紧张程度和肌张力的不均衡，进而导致关节承受压力的不均衡。通常，这种不均衡很难从照片中观察到，但可以通过触诊获得相关信息。我们可以通过触诊感受肌筋膜的受限程度、肌张力是过高还是低下，以及关节活动度的大小。

正如我在本书中一直强调的那样，如果一个身体部位发生偏移，身体可能会要求另一个部位提供反向平衡，即向相反方向发生偏移。

举例来讲，当你看到患者骨盆向右偏移时，你可能会看到他的肩膀或上胸部向反方向（左侧）发生横向偏移。这种反向平衡经常发生，目的是使身体围绕重心保持整体平衡。我们已经讨论过通过使某一身体部位反向偏移来达到反向平衡的情况了。另一种实现反向平衡的方式是增大另一个身体部位的肌张力或紧张程度。例如，如果我的骨盆前移，我可以不使胸腔后移，而是通过绷紧腹部肌肉来实现反向平衡，使自己处于更加挺直的排列状态或"良好体态"。

理疗师和运动教练的长期目标应当是帮助学员或患者恢复他们身体各部位的中立平衡。例如，给他们提供物理疗法和运动训练课程，从而帮助他们缓解身体的僵硬或受限状况——这种僵硬或受限正是导致身体出现不必要的不对称和不适感的原因。治疗或训练可以使身体左右两侧更加协调，且不需要耗费额外的力气维持改善后的状态。

对称常常与"平衡"这个词联系在一起。身体的对称指中线两侧的身体部位

排列完全一致，互为镜像。平衡指截然不同或相反的作用力互相制衡的状态。

我把平衡定义为"不对称性差异在每时每刻的协调"。很明显，大多数人的身体都处于平衡中，这意味着身体的代偿效应能带我们维持站姿。然而，不管是在短期内还是长期内，这可能都无法让我们的身体达到最佳排列状态。生活经历当然会对身体排列模式产生一定的影响，它让我们的身体在一定程度上偏离"正轨"，达不到理想的排列状态。不过，我认为总能找到改善的方法。

现在来看一个示例。观察下面3幅图中患者的身体排列模式，你有什么发现？

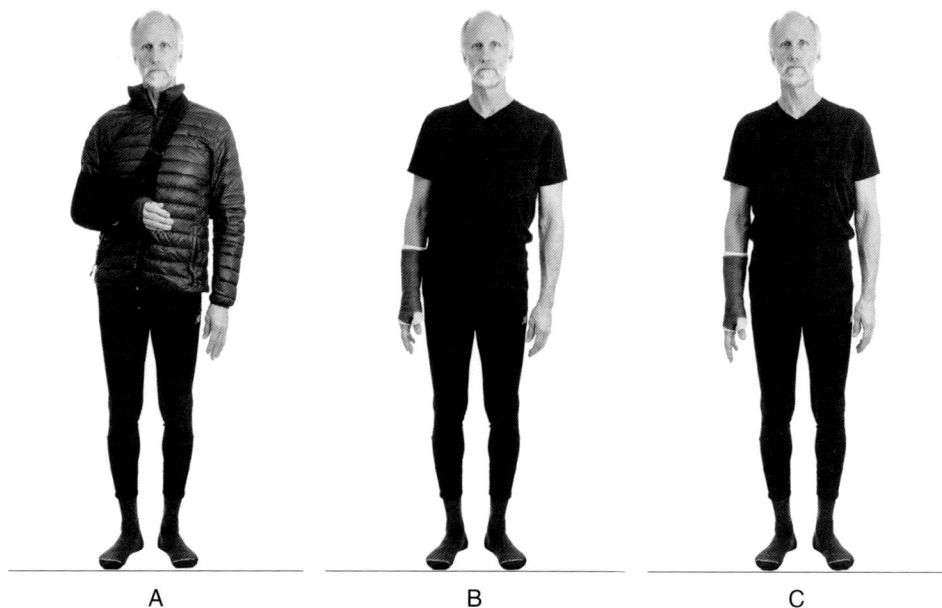

A　　　　　　　　B　　　　　　　　C

图 A 拍摄于患者刚从 10 英尺（约 30cm）高的梯子上摔伤之后。他的肘部打了石膏以保持手臂的屈曲状态。

图 B 展示了患者在摔伤一段时间后身体的排列模式。我们能看出他的身体排列呈现出一种趋势，即胸部向左偏移，进行反向平衡。

图 C 拍摄于患者受伤几周后，我们能看出他逐渐调整了因摔伤而引发的身体排列模式。

再来看一个示例。观察下面4幅图中患者的身体排列模式。

这位患者9岁时生了一场病，这对她造成了很大的影响，尤其是她的右腿——她的右腿变短了。在接受治疗并取得进展后，她身体的代偿效应减弱了，她还学会了如何在行走过程中更好地使用身体。身体的放松拓宽了她的活动范围。

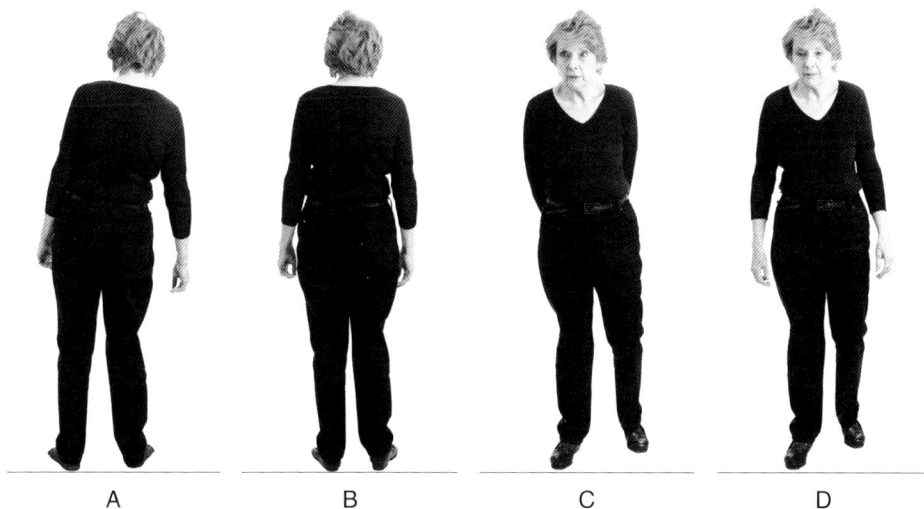

A   B   C   D

由于腿长有差异，她在向右迈步时上半身会向右倾斜以进行补偿，如图A和图C所示。

后来，她通过在鞋里垫鞋垫弥补了腿长的差异，从而使她在迈步时双腿长度较为接近，躯干倾斜较少，如图B和图D所示。在行走时，相比于之前每迈一步都需要消耗很多能量（因为需要额外用力），现在的步态模式可以为她节省能量。

平衡姿势的积极作用

平衡姿势的积极作用主要有以下几点。

（1）身体各部位位置得当，可以让关节达到最佳活动度。

（2）身体更接近中立位，可以积极地利用重力和地面反作用力的挤压和牵拉作用。

（3）运动所需要的力（即肌肉力量）在全身的分配更加均衡。

（4）由于3个维度都得到了优化，因此身体各部位的内部体积都达到了最佳状态，呼吸、消化和循环等身体功能也得到了改善。

（5）肌张力达到足够的强度，可以支撑身体各部位并维持结构稳定。另外，肌肉拥有足够的弹性，允许关节达到最大活动度。

随着观察技能不断提高，你的观察结果将变得更加准确，你就能判断患者在何时达到他们自己独有的平衡姿势。这种平衡是动态的，体现在持续的活动中，每时每刻都在发生变化。

当身体逐渐接近中立位时，身体各部位的位置、所占空间、受力情况、动作和生理状况都会接近最佳状态。这些因素相互作用，使身体能达到更高的稳定性、柔韧性和活动能力，同时，也增大了身体充分表达想法和情感的可能性。

有时，体态模式引起的变化可能会在身体外形上准确地反映出来。例如，一个感到悲痛的人可能展现出无精打采的体态。他也可能是在多年前就形成了这种体态，之后一直保留了下来。有时人们能够解释某人的体态模式，并能与其经历关联起来。每个人的经历都是独一无二的。即使两个人拥有相似的经历，经历的细节及其造成的影响对每个人来说也是独一无二的。

帮助人们调整他们原来的体态模式，使他们拥有更多自我表达的自由，这是让人很有成就感的事情。

第 11 章
在实践中提升观察技能

阿斯顿观察技能的作用

阿斯顿观察技能适用于观察所有人，从专业运动员到有精神障碍或身体有缺陷的患者均适用。

很多人希望通过物理疗法来消除由精神创伤、伤病、手术以及累积的压力（身体使用方式和习惯性表达方式导致的）造成的不良影响，他们很清楚，这些影响累积起来，会决定身体当前的舒适度、力量大小和柔韧性，从长远来看，这会影响他们的生活质量。很多理疗师都十分认可阿斯顿观察技能，因为它可以帮助他们指导患者了解自己的体态模式。由此，理疗师可以授人以渔，而不仅仅是解决一个个独立的问题。

此外，心理治疗师发现，尝试理解患者生理或体态上的表现与其心理或精神状况的关系，对帮助患者改善症状是有益的。排列和维度共同决定了身体的外形，而一个人的过往经历、性格和沟通方式等都会在其身体外形上留下痕迹。心理治疗师经常发现患者被困于某一经历或行为的循环当中，并且这一循环还会被相应的体态模式不断强化。

在物理治疗中的作用

关于阿斯顿观察技能，理疗师做出了如下评价。

（1）可以帮助理疗师构建更有效的临床思维来使诊断更方便。

（2）可以帮助理疗师观察身体各部位之间的代偿关系。

（3）可以为理疗师提供运动时身体各部位使用过度或不足的信息。

（4）可以帮助理疗师运用并整合物理治疗的相关概念和其他技能。

（5）可以帮助理疗师开展治疗，以及指导患者学习高效的功能性运动模式以避免疼痛复发。

（6）可以帮助理疗师设计治疗方案，从而为患者提供足够的支持以使其达到特定的目的，比如帮助患者获得为方便伸手够东西而起身时需要的支撑力。

（7）可以提升职业理疗师分析和辨别体态模式的能力，帮助他们更好地判断患者的体态模式对症状的影响，从而更好地帮助患者解决问题。

（8）可以让理疗师在承认存在限制的前提下，充分利用患者接受治疗的这段时间来指导患者以最佳方式使用身体。

（9）可以帮助理疗师全面地观察人体，了解身体各部位之间的因果关系，帮助他们识别并处理那些影响日常生活活动能力的缺陷。

（10）可以帮助理疗师判断肌肉骨骼系统的哪些部分出现了挤压、牵拉，以及哪些部分的维度和关节活动度发生了改变。

（11）可以帮助理疗师证实一种体态模式是如何导致疲劳、过用综合征以及疼痛的。

（12）可以帮助理疗师更好地理解和阐述软组织所受限制与身体排列模式之间的关系。

（13）可以提高理疗师观察患者体态模式的能力（通过观察患者训练或治疗前后体态模式的改变），让患者的体态得到最大程度的改善。

（14）可以帮助运动教练看出学员需要在哪些部位增强或减弱肌张力，从而帮助学员改善身体排列模式，保持良好体态，增强力量并改善身体功能。

（15）可以帮助运动教练设计基于每位学员独特的身体结构的个性化训练方法，从而降低学员的受伤风险。

在心理治疗中的作用

利用阿斯顿观察技能感知患者的身体在排列和维度上的自我表达，并帮助患者也感知这些信息，这样做有以下几点好处。

（1）提供从整体上对患者的身体进行观察和治疗的切实方法。

（2）帮助患者区别并整合特定的情感状况或自我形象在身体上的外在表现，比如区分恐惧、悲伤等向内的表达与愤怒等向外的表达。

（3）帮助心理治疗师理解为什么某种体态模式可能是某一段过往经历的外在表现。

（4）帮助患者了解某种习惯的体态模式是如何限制新的外在表现或经历的。

（5）帮助理疗师判断何时让患者致力改善体态模式以促进心理治疗。

不同站姿透露的信息

通过让患者以不同的姿势站立，你可以获得更多的信息。

（1）让患者以良好的姿势站立，这样你就可以看出他是否进行过体态训练。

（2）让患者以随意的姿势站立，这样你就可以看出他身体补偿的趋势。

（3）让患者自然站立，双脚承重，这样你就可以看出他的身体重量更多地落在左脚还是右脚、是用前脚掌还是脚跟承重。

（4）让患者闭上眼睛站立，这样你就可以看出在他不通过眼睛来保持姿势时，他的身体平衡会发生什么变化。

照片和视频的作用

无论对理疗师还是患者来说，照片和视频都是十分有用的。

1. 对理疗师的用处

（1）在治疗开始前记录患者 4 种视图中的体态，作为参考。

（2）在康复训练的整个过程中比较患者身体所发生的改变。

（3）在治疗结束后记录治疗结果。

（4）通过观察身体排列模式展现的趋势，比如是否有某些趋势暗示某个部位被忽视了，以确定下一步治疗方案。

2. 对患者的用处

（1）调动患者参与治疗的积极性。

（2）帮助患者学习关于体态的知识。有些患者从未观察过自己的侧视图和后视图，观察这些视图对他们来说常常是新奇的体验。而有些患者不愿意看自己的照片，在这种情况下，你最好把照片收起来，直到患者的身体排列模式发生了明显的变化，这时如果患者愿意，你就可以让患者对比一下自己发生的变化。如果患者非常自卑，或者对自己极为苛刻，那么你可以用一张临摹纸画出球体组合图给他看，以免他只看到自己的缺陷。

使用人体照片的不同方法

我将利用下页的6张照片来说明使用人体照片的不同方法。

（1）你可以在图A所示的照片上覆盖一张临摹纸，画出身体各部位的轮廓，观察排列和维度。你将得到一幅抽象的身体轮廓图。

（2）观察图B所示的照片时，你可以用牙线作为铅垂线，这样更容易辨认某些身体部位的偏移情况。

（3）观察图C所示的照片时，你可以在临摹纸上标出位置和维度，再将标记转移到人体图上，或者直接在人体图上做标记。

（4）你可以将照片倒转过来（如图D所示），以便从另一个角度观察。如果患者需要倒立，他们该如何保持平衡？他们是否会向前或向后摔倒？

（5）观察图E所示的照片时，你可以用纸盖住身体其他部位，只观察一个单独的部位（比如头部或脚部）。移动纸（一次只露出一个部分），想象或画出患者的某一身体部位处于中立位时相邻身体部位的位置。把你的结果和照片进行比较。

（6）观察图F所示的照片时，与其在人体图或者临摹纸上连接身体各部位的中心，不如直接在照片（图①）上连点成线，之后再把这些线转移到人体图上

（如图②所示）。

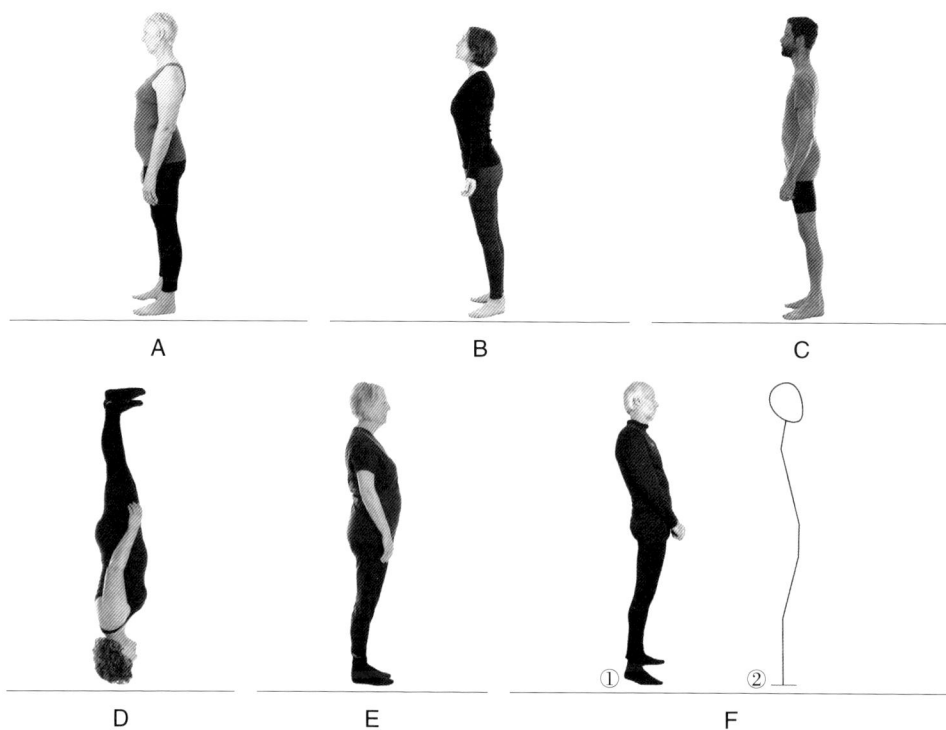

A   B   C

D   E   F

治疗顺序

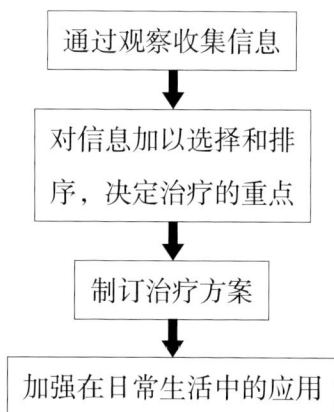

| 通过观察收集信息 |
| 对信息加以选择和排序，决定治疗的重点 |
| 制订治疗方案 |
| 加强在日常生活中的应用 |

第11章 在实践中提升观察技能

观察顺序

以下是通过观察收集信息以及在对信息进行筛选和排序时需要考虑的几个问题，回答这些问题有助于你确定观察顺序。

（1）哪种视图为你提供的信息最多？

（2）你最先注意到的是身体的哪个部位？（将最先注意到的部位称为1号部位，接下来注意到的部位称为2号部位，以此类推）

（3）1号部位与2号部位的关系如何？

（4）这两个部位与全身的关系如何？

（5）上述关系对身体的维度有何影响？

（6）肌张力和关节活动度对身体的排列和维度有何影响？

（7）拥有这种体态模式的患者可能面临哪些挑战？

（8）患者的关注点、过往经历与接受的治疗和训练有何关系？

治疗顺序示例

下面的示例可能对你为患者设计疗程以及安排训练课程和练习有帮助。

（1）收集信息。你可以通过以下几种方式收集患者的信息。

1）了解患者的关注点：兴趣爱好、动机。

2）了解患者的过往经历：受过的伤、得过的病、手术、身体结构上的限制、现有症状以及身体使用情况（主要针对运动员、哺乳期女性或从事特殊工作的人）。

3）对患者进行治疗前的评估：主要从站姿、步态、日常生活活动、弯腰、举重几个方面进行评估。

- 理疗师可以通过给患者拍照或录像来对患者进行治疗前的评估。

- 在治疗开始前，患者也应对自己的体态和身体功能有一个初步的认识，以便与治疗后的进行比较。

4）触诊与绘制人体图（理疗师需要通过训练掌握这些技能）。

5）在人体图上做标记：确认自己的观察结果，确保患者整个身体的排列模式被准确地评估和标记，并可以向患者展示图像记录。

（2）对信息进行选择和排序，确定治疗重点。

（3）制订治疗方案。主要包括以下几方面。

1）目标。

2）内容：物理疗法、训练、日常生活活动。

3）结果：将治疗后的测试结果与治疗前的测试结果进行对比。

（4）在日常生活中应用：日常生活活动、体育运动等。

（5）做总结，给患者提出具体简明的建议以帮助其维持改善后的状态并强化治疗效果。

治疗记录单格式示例

治疗记录单通常包含人体的 4 种视图，在这个示例中，图 A 为正视图，图 B 为后视图，图 C 为左视图，图 D 为右视图。

患者姓名：　　　　　　　　　　　　　　　**日期：**

主观事实，即患者的主诉：

（圈出有不适感的部位）

客观事实，即你对患者的身体排列、维度等的观察结果：

评估结果或你的推测：

治疗方案：

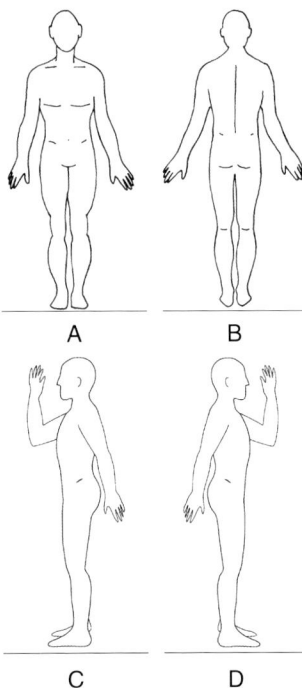

学习回顾

评估示例

问题示例

观察右边的人体侧视图，回答下面的问题。

（1）什么最先吸引了你的注意力？

1）排列。

2）维度。

3）某个身体部位的外形。

（2）哪个身体部位吸引了你最多的注意力？

（3）吸引你最多注意力的这个部位和哪个（些）部位相关？

（4）这种体态模式导致的最主要的体态轨迹是什么？

1）偏移模式——前后、左右、上下方向。

2）维度的改变。

3）伸展/屈曲模式。

4）旋转模式。

（5）在确认了主要体态轨迹后，你认为其可能的后果是什么？

1）产生以下作用力：压力、张力、剪切刀、扭转力。

2）直接/间接承重的受力路径的改变。

3）重力和地面反作用力的转换。

4）肌张力低下和过高的程度的改变。

5）这个人可能出现的症状。

回答上述问题后，你就能得出初步的结论了。

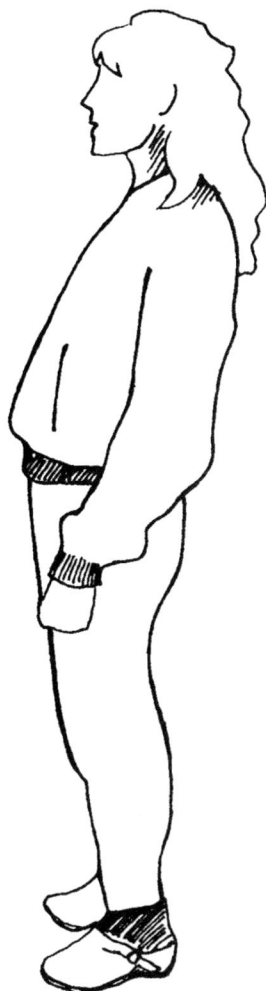

将你的评估结果与治疗开始前患者的主诉进行比较有助于治疗取得进展。

答案示例

（1）排列最先吸引了我的注意力。

（2）向后偏移的上胸部吸引了我最多的注意力。

（3）向后偏移的上胸部与向前偏移的骨盆是相关的。

（4）这种体态模式导致胸部前侧长度增大，而腰部后侧长度减小。

（5）可能的后果如下。

1）腰部受到挤压或冲击。

2）胸部后侧的呼吸空间减小。

3）对头部重量的支撑作用减小，导致颈部后侧、上背部、肩部的紧张程度增大。

4）内脏和隔膜受到剪切力的作用。

（6）把你的评估结果与患者的主诉进行比较。她可能出现过以下情况之一。

1）工作时感到腰痛。

2）总是感觉身体紧张且僵硬，尤其是脖子。

3）总体来说，体重在下降。

在上页的人体侧视图中，有两种情况容易被忽视。

（1）髋关节的向前偏移和骨盆（髂后上棘）的向后倾斜使坐骨结节向股骨靠近，使髋关节后侧的深度减小，导致髋关节对上半身各部位（尤其是背部）后侧在深度上的支撑作用减小了。

（2）有时，理疗师会将患者的情况错误地评估为腰椎前凸，但实际上患者是因为上胸部和下胸部相对于腰部都过度向后偏移，以及髋关节向前偏移，导致其身体出现了腰椎前凸的表象。

■ 练习11.1

先来观察一组球体组合图（图 A），然后将你的观察结果与你从人体图（图 B）中获得的信息进行比较。

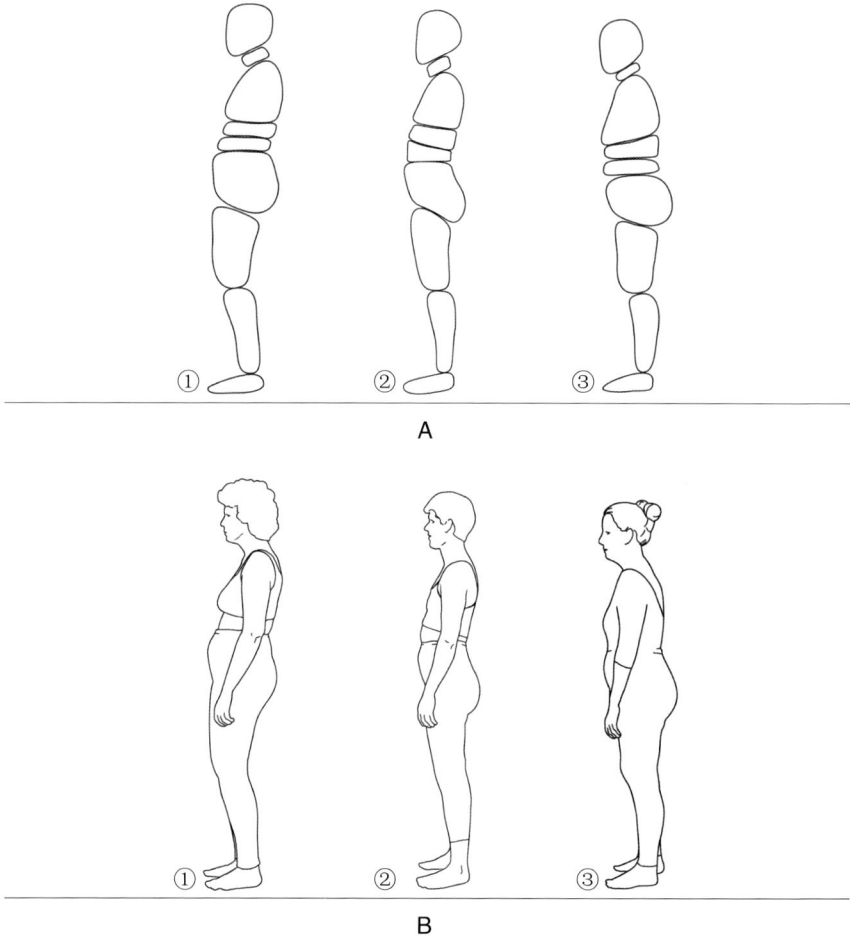

A

B

现在，也许你已经可以从人体图和球体组合图（或各部位轮廓图）中获得同样多的信息了。如果你发现自己通过球体组合图或各部位轮廓图更容易看出各部位之间的关系，那么就请继续用临摹纸将人体图描成各部位轮廓图或球体组合图再对患者进行评估。

■ 练习11.2

观察下面两组图（图 A 为正视图，图 B 为侧视图）中的患者，评估他们的体态模式，思考身体各部位之间的相互作用可能会产生的结果。

（1）哪种视图给你提供的信息最多？正视图还是侧视图？

（2）在给你提供信息最多的那种视图中，身体哪个部位提供的信息最多？

（3）给你提供信息最多的这一部位与其他部位的关系如何？

（4）这可能产生什么结果（比如受到压迫、疼痛、活动范围受限、力量受限等）？

A

B

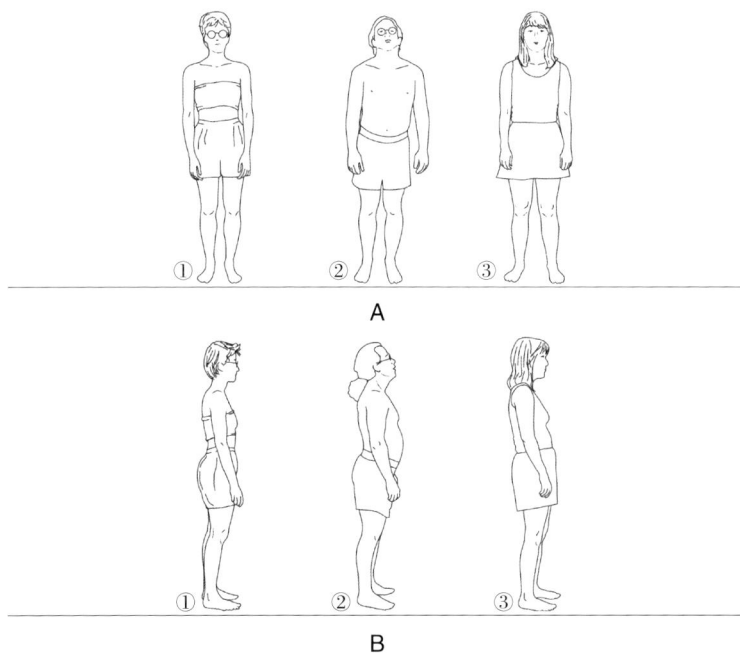

对于图中的 3 位患者，你认为他们的初始体态轨迹是什么？是左右、前后方向上的偏移还是屈曲／伸展模式？

一个人看起来可能体态良好（重要的体表标志都在合适的位置），然而，如果他胸部前侧的维度减小（受到压迫，深度减小），而胸部后侧和背部的深度和长度都增大，他就可能感受到腰部受到压力和剪切力的作用。

与患者沟通

你和患者沟通的方式不仅会影响他们能获得什么信息，也会影响他们了解信息或接受治疗时的感受。

沟通指南

与患者沟通时，应尽量使用描述性语言进行解释，而不是简单地给出结论。例如，你可以说"你后侧的长度比前侧要短，这会导致你的腰部受到压迫"，而不要说"你的背部受到压迫"或"你的胸部塌陷下垂"。这样做的好处有以下两点。

（1）可以让你在沟通时尽量避免使用可能引起患者强烈情绪反应的词汇，从而使情况更容易掌控。

（2）可以让患者更积极努力地解决问题，减少偏见。

你可以根据患者的自我认知程度，让他们在治疗前后做几项评估测试。在治疗前的评估中，在探究是哪些因素引起了患者的症状或不适感时，让患者也参与进来，激发他的好奇心，提升他的积极性，让他自己提出问题。

在测试中，你需要做以下几项工作。

（1）记录患者一次深呼吸的时长和吸入（或呼出）的空气量。

（2）询问患者在站立和行走时，他感觉自己是用脚的哪部分承重的。

（3）检查特定关节在伸手够东西、侧向弯腰等情况下的活动范围。

在给患者上训练课或指导患者时，请注意你面对患者时的姿势或位置。有些人在你面对面和他们谈话时会感到不适。和患者并肩站立会让他觉得自己更像是在跟你合作，而不仅仅是一个观察对象。你可以将你观察到的问题演示给患者，也可以和患者一起分析评估结果，这样做可以让患者对你的评估过程以及自己的身体排列模式和身体受压迫的后果有更多的了解。

■ 练习11.3

现在，请花一些时间观察下图（图 A 为正视图，图 B 为后视图，图 C 为左视图，图 D 为右视图）中的患者。请按照下面的提示进行观察。

（1）哪种视图给你提供的信息最多？正视图、后视图还是侧视图？

（2）患者身体的哪个部位最先吸引了你的注意力？

（3）它和哪个部位相关？

（4）它和其他身体部位的关系如何？

（5）它对维度产生了什么影响？

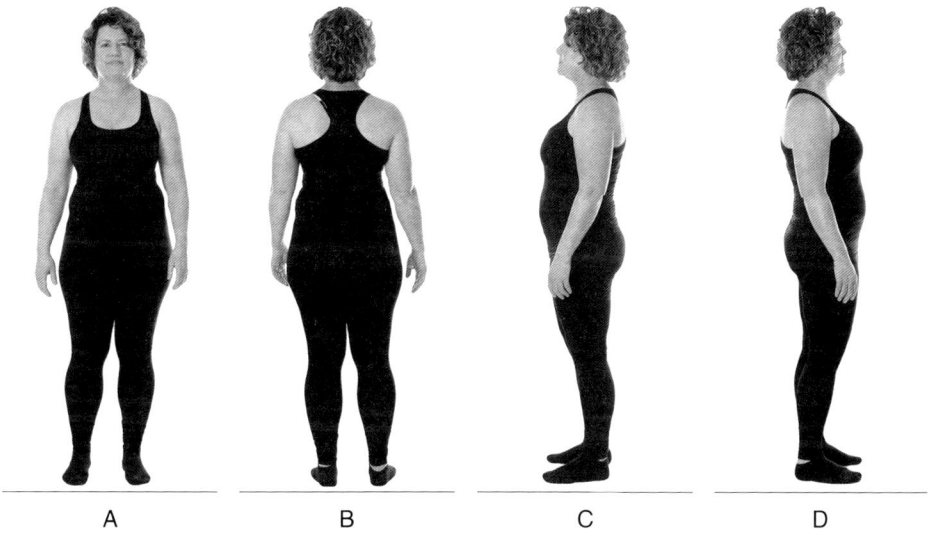

A   B   C   D

第11章　在实践中提升观察技能

测试你的观察技能

■ 练习11.4

此练习可以测试你的观察技能。请按照下面的提示完成练习。

（1）观察图A，你能看出图中3位患者的上半身（躯干上部、脖子和头部）和下半身是不对应的吗？

（2）在阅读下一页之前，请给出两条你认为他们的上、下半身不对应的理由。

（3）现在，翻到下一页，将图B与图C进行比较。

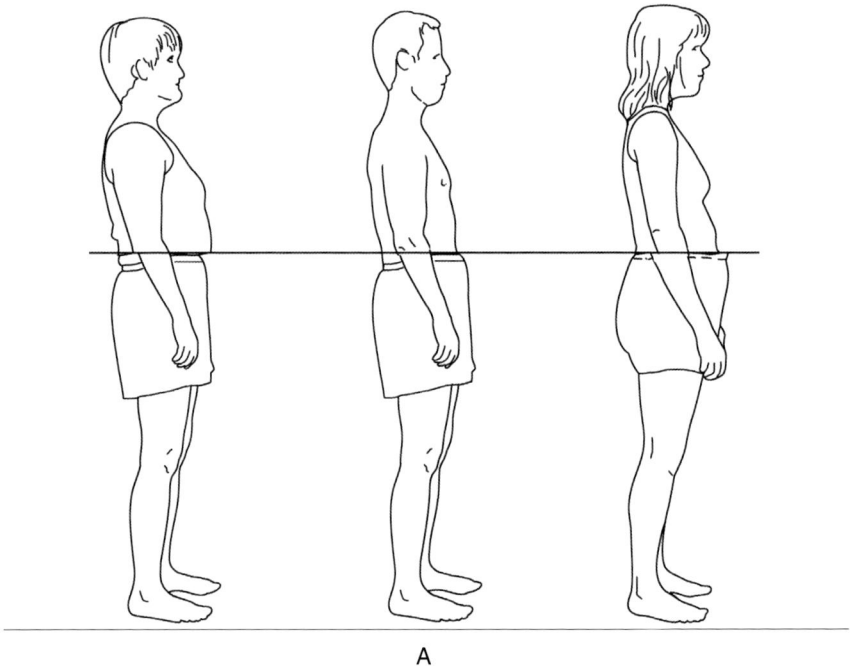

A

图B展示了图A中被错误组合的身体排列模式，图C展示了正确的身体排列模式，你能看出他们的上半身和下半身是如何对应起来的吗？

B

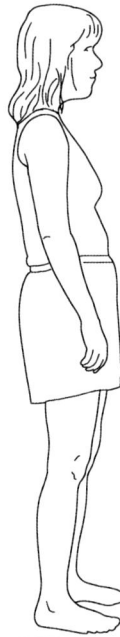

C

知识和技能的应用

通过前面的学习，相信你可以将患者的身体排列模式和症状与你的标记和评估结果联系起来。来看几个评估示例。

示例 1

这个示例的重点是教你找到患者的身体排列模式与其表现出疼痛或受限的部位之间的联系。仔细观察患者的照片（图 A），然后参考通用的人体图（图 C），把你的评估结果标在照片上（如图 B 所示）。

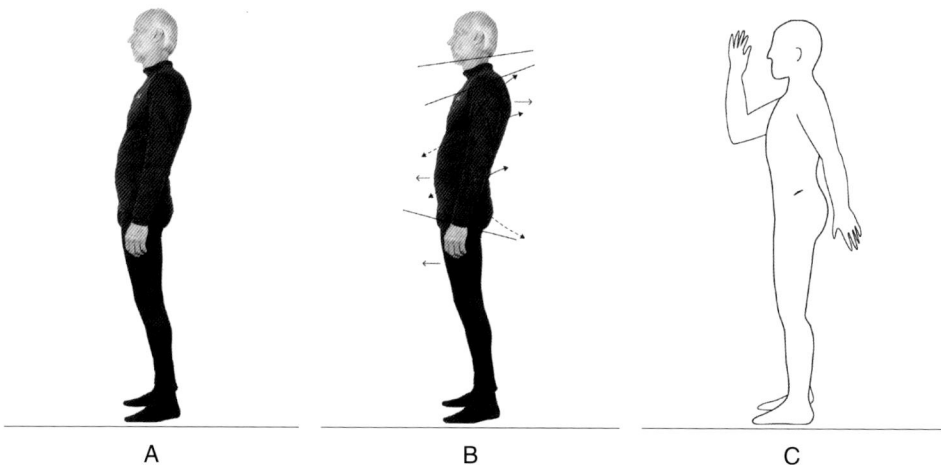

A　　　　　　　　　B　　　　　　　　　C

当你观察照片时，什么吸引了你的注意力？患者的体态轨迹是偏移、倾斜、旋转还是维度？最吸引你注意力的身体部位与同一条体态轨迹中的另一部位关系如何？

你能看出他的身体排列模式加重了哪个身体部位的压力吗？先从头到脚再从脚到头观察，画出重力和地面反作用力的方向（如图 B 所示）。你能看出他的骨盆前倾与上胸部后移是怎样导致地面反作用力作用在他腰部的吗？上胸部后移是怎样导致下胸部和腹部在重力作用下向前偏移的？这种模式的可能后果是引发或加剧腰部问题。

请在患者登记表上绘制人体图，并将患者的过往经历、诉求和疼痛部位等信息也记录在登记表上。你可以让患者提前填好登记表并在治疗开始前发给你。当你有了患者的照片，了解了他们的过往经历，再结合评估结果，你就能更好地理解患者的症状产生的原因了。

掌握这个示例所示的评估技巧可以帮助你和患者找到他的过往经历、伤病与身体的不良使用方式之间的联系，也有助于你和患者针对他的疼痛、压力和身体受限情况找出解决方法。

示例 2

这个示例的重点是教你如何了解患者的日常生活活动。你需要亲眼看到患者在日常生活中是如何活动的。他可能会说："噢，我就是一整天都坐在电脑前。椅子挺舒服的，我一整天都坐着。"在亲眼看到之前，你是无法了解他具体是怎样坐着的。椅子有多高？坐姿状态下，他的膝盖的位置是否比骨盆更高？他是否大部分时间都向右扭转身体来使用右边的打印机？

有的时候，如果患者能够直接演示或用照片、视频展示他们的工作状态，理疗师可能会立即从中得到启示。

人们可能并不了解工作状态、椅子和鞋子是如何影响他们的身体使用方式，进而对姿势造成影响的。

请观察下面 4 张照片。照片中这位患者说她之前在一家餐馆做服务员，我问她是否需要端盘子，她说端盘子是她在工作中遇到的难题。

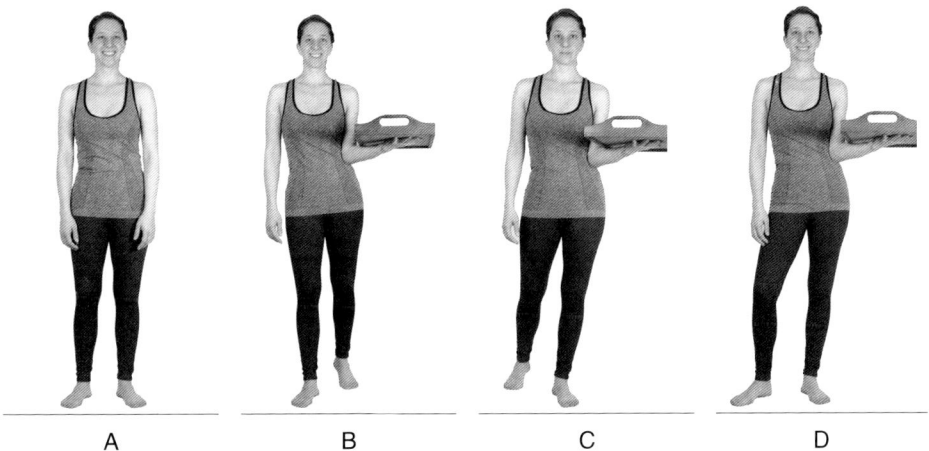

A   B   C   D

图 A 展示了她的正常站姿，图 B 展示了托盘较轻时她的站姿，图 C 展示了托盘较重时她的站姿，图 D 展示了她在桌前停下来和顾客交谈时的站姿。

与图 A 中的正常站姿相比，你能看出端盘子对她造成的影响吗？答案是：她的胸部向右偏移，骨盆左侧偏高。

示例 3

这个示例的重点是教你识别什么是"良好体态"。右图中这位患者摆出了他认为良好的姿势。他的身体整体看起来比较笔直，胸部略向后偏移，头部略向前偏移。

如果你评估什么最吸引你的注意力，那么，我要告诉你，他胸部维度的减小是很明显的，骨盆后倾也影响了对胸部体积的支持。

有时，患者登记的过往经历会提示他胸部排列模式的可能成因：患有哮喘，前侧肋骨骨折未能完全复位，曾接受过颈椎融合手术（手术部位是第 2 ~ 4 颈椎）。

在这种情况下，胸部实际上有可能达到其最大体积和深度，但颈部被固定导致颈部后侧无法伸展。因此，下颌上提，缩短了颈部后侧的长度，导致胸部前侧向下偏移。

这些可能就是需要矫正的结构性僵硬或存在的限制。我发现，即使患者的某一部位的结构性僵硬非常严重，理疗师和患者也能够找到使身体其他部位更加协调的方法。通常情况下，物理治疗可以使身体受到的作用力分布得更加均衡，而不是只集中在受限的一个或几个身体部位。

你可能最关注他胸部前侧的维度，但事实上，他身体中张力最大（最僵硬）的区域在手臂（尤其是上臂）上，这是他多年从事园林改造工作的结果。因此，针对手臂进行物理治疗可能比针对胸部进行物理治疗更加有效。

示例 4

　　这个示例的重点是教你如何分析患者的伤病史。观察右图中患者的身体排列模式，你有什么发现？如果你忽略了他颈部和头部的排列模式，那么他的身体看起来是笔直的。我怀疑他可能受过挥鞭伤或其他类似的伤，导致颈部向前偏移而头部向后偏移。

　　在标出倾斜度后，我们可以清楚地看出他的上部肋骨前侧偏低，肩胛骨后侧偏高，颈部前侧伸长（下颌抬高）而后侧缩短。

　　这位患者在登记表上写了他的锁骨曾经骨折。这种损伤可能压迫到了胸部前侧，因此身体在愈合过程中形成了如图所示的排列模式。可能直到后来上背部出现痉挛时，他才意识到这种排列模式所带来的后果。

　　愈合断骨时，身体不仅需要修复断裂的部分，还需要修复断骨周围甚至是全身的所有软组织。创伤带来的不良影响需要通过恢复软组织的弹性和韧性来抵消，从而使身体恢复中立位。

　　我之所以强调这一点，是因为很多人都以为只要骨头愈合了就没事了。实际上，最初受伤导致的后果可能会影响其他部位，导致这些部位活动受限。只有矫正整个身体的排列模式，身体受到的限制才能得到恢复。

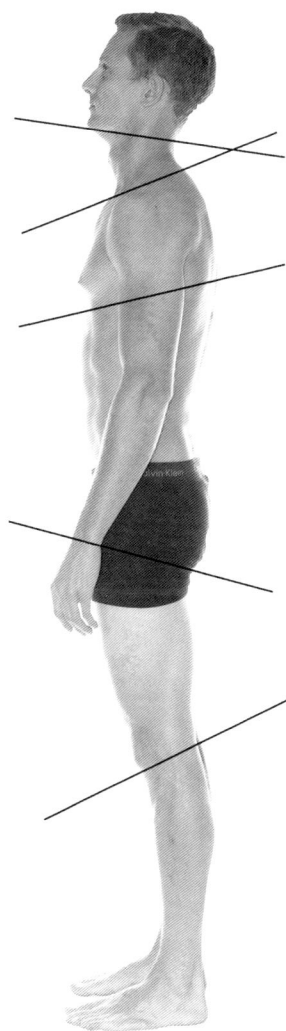

示例 5

这个示例的重点是教你如何比较患者治疗前和治疗后的体态模式。在这个示例中，图 A 展示了治疗前的体态模式，图 B 展示了治疗后的体态模式。

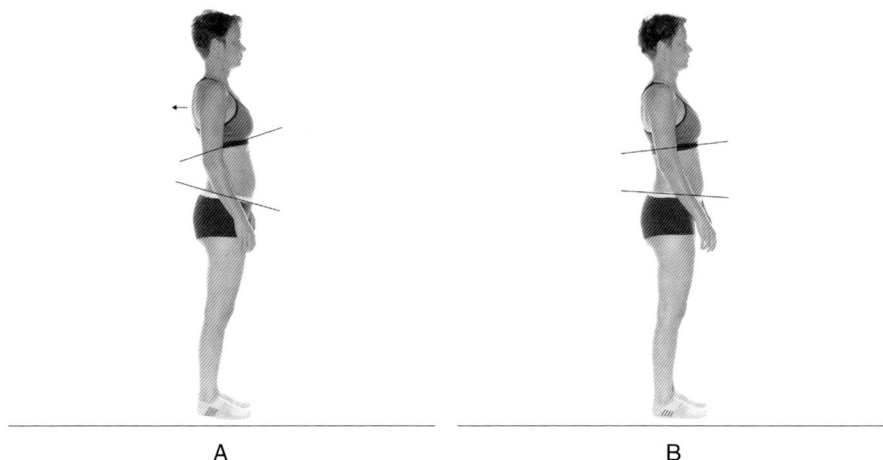

A   B

在评估体态模式时，观察倾斜度可以为我们提供很多信息。从图 A 中可以看出，患者的髂嵴向前倾斜，从胸骨至第 10 ～ 11 胸椎向后倾斜，胸部在身体中线的后方。

在接受了一个疗程的治疗后，患者骨盆的倾斜得以消除，上胸部后倾的程度减轻，从而使足部上方的身体各部位排列得更直。

由于身体各部位在竖直方向上的排列更直了，所以她整个身体长度增大了。她感觉自己变高了，并为此而高兴——测量结果也证实她确实变高了。为了帮助她维持疗效，我提醒她调整汽车后视镜的位置，以使其适合她的身高。

当身体各部位放松下来，不再被固定在偏离中线的位置时，身体就能更多地恢复自然的长度、深度和宽度。

我举这个身高增长的例子，是为了说明尽管理疗师总是希望在一个疗程中把旋转、偏移和倾斜问题全部解决（这也有可能发生），但在一个疗程中，恢复更多的往往是身体的自然维度。

示例 6

这个示例展示了一种比较极端的体态模式。

先来观察下图。这幅图是根据我的朋友在商店购物时抓拍的她女儿的照片绘制的。

她的左膝过度伸展，情况非常严重，每次迈步时，身体其他部位的重力作用都会使她的左膝被进一步向后推。

我打算先从确定她身体左侧的偏移开始。下图显然不是典型的左视图，因为她的身体转向右侧。如果她向左转身，那么膝盖向后偏移的程度会更加严重。

她还年轻，可以通过物理疗法、运动训练和肌张力调节来矫正体态，使自己更稳定地承重。

几十年来，我看到了很多患者的转变，帮助很多人找到了更好、更舒适、更自由的身体状态，这改变了他们的生活，为他们带来了希望，对此我感到非常荣幸。

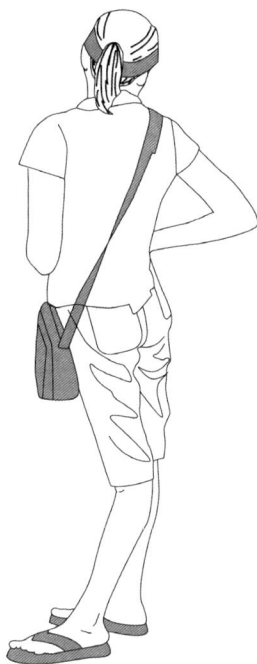

学习后测

后测 1

现在你已经读完了这本书，是时候回顾你的学习情况了！请花一些时间观察下面的照片（这张照片跟第一章学习前测 1 中的照片是一样的），写出你都观察到了什么。

在记录下观察结果后，把这次做的笔记与最开始读这本书时做的笔记进行比较。你的观察方式改变了吗？

回答下面的问题。

（1）你观察到了什么？

（2）你觉得这个人可能有什么症状？

（3）你在一个疗程中可能会关注哪些部位？为什么？

笔记：

_____

_____

_____

_____

后测 2

（1）重新评估第一章学习前测 2 中你自己的照片。简单记录你的评估结果，或用临摹纸标出你的评估结果。

（2）把这次的评估结果与前测 2 的评估结果进行比较。

1）两次评估结果相比如何？

2）这次的评估结果是否会让你改变此前制订的治疗或训练计划？

A

B

C

D

E

治疗前后的比较

将下图中这位患者治疗前后（历时22年）的照片进行比较。第一组照片（图A）为左视图，第二组照片（图B）为右视图。

图①拍摄于1996年6月2日（第一个疗程前），图②拍摄于2006年6月2日（第一个疗程后），图③拍摄于2018年9月治疗结束后。

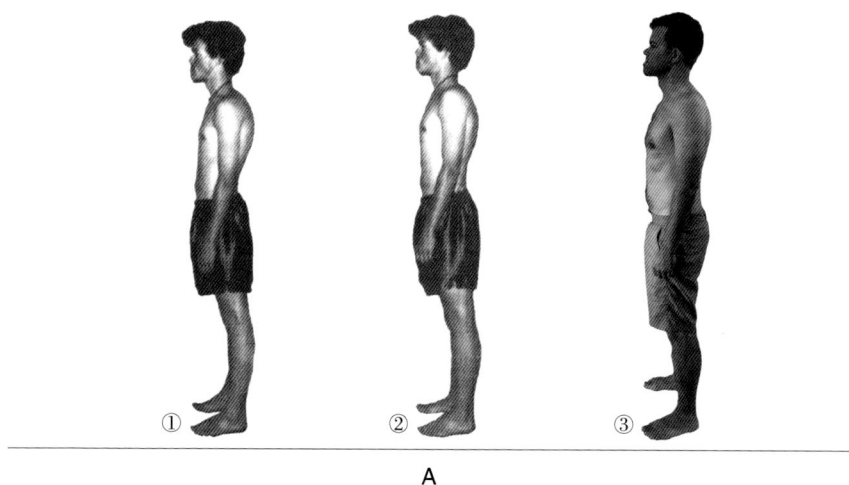

A

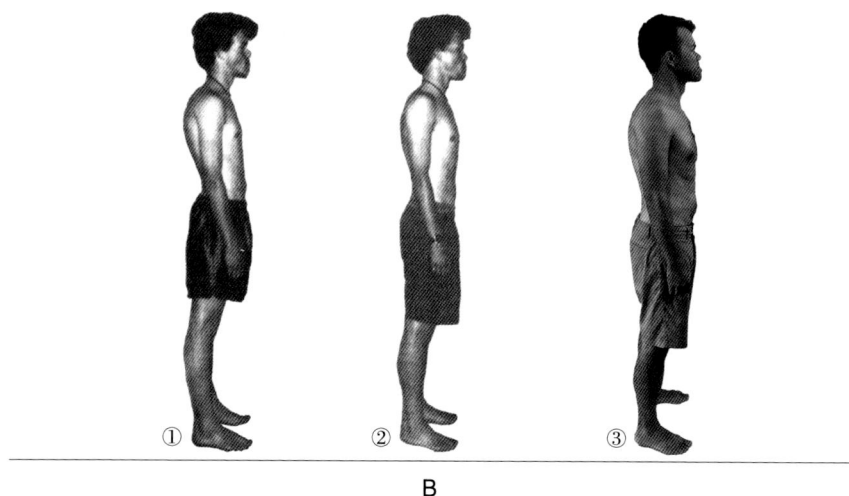

B

阿斯顿人体作图法

本书提供了有关人体作图法的入门技能。我希望你能掌握这些技能，学会迅速地评估并标出患者的身体排列模式。

我于 1979 年开创了阿斯顿人体作图法，并开始用这种方法培训理疗师。此外，我教授的技能还包括在各种模式和层面上对肌张力水平（过高还是低下）和关节活动度（高活动度还是低活动度）进行标注。这个过程包括：把观察结果、触诊结果与患者的过往经历、就诊目标以及感到疼痛或受压迫的部位一起标注在患者登记表和人体图上。

一旦将观察结果与触诊结果以及患者的过往经历、兴趣爱好等结合起来，人体图就会揭示出患者的哪些身体部位需要得到什么矫正，以及什么才是最佳的治疗顺序。

我期待我的人体作图理论能够得到进一步发展。

写在后面

正如每一位患者在生理和情感方面都有自己独特的经历，每一次体态评估也是不同的。学习并练习观察技能有助于理疗师注意到身体通过多种多样的方式传达出的信息。随着你的观察水平越来越高，在帮助患者改善体态的道路上，你的辨别能力和引导能力也会越来越强。

我关于体态评估的建议可以为你正在进行的治疗提供信息。随着患者在日常生活中越来越注意自己的体态，他们自己的观察结果和感受会为正在进行的治疗提供宝贵的信息。本书介绍的体态评估方法可以帮助你关注重要信息、回顾取得的进步并确认接下来的治疗步骤。

当患者发现细微的体态调整就能影响自己身体的舒适度和心理状态时，他们的生理和心理之间就建立了联系。体态不再是固定的、静止的，而是不固定的、处于动态中的。这些具有变革性的顿悟让理疗师和患者（或者运动教练和学员）充满了力量。患者也会因此认识到，他们并不是自己体态的"俘虏"，他们可以有自己的选择。

很容易看出，这些顿悟的产生常常是因为老问题有了新的认知角度。只要让患者的姿势从一种紧绷的状态转变为另一种更有弹性、支撑性更好、更平衡的状态，就能够为患者带来整体的改变。

将观察技能整合到你的治疗实践中，可以加深你的理解，提高你的治疗水平。和其他任何行业一样，你运用评估方法的次数越多，你的视野就越宽广，理解就越深入，就越能通过一个人的身体看出他的过往经历。

请记住，你自出生以来经历过的所有事故、伤病、情感，进行过的所有日常活动和锻炼等，都可以通过你的身体反映出来。这是一个非常重要的事实。不管你是理疗师还是运动教练，你都必须尽自己的最大努力去评估一项改善建议是如何对患者的整个身体产生影响的。

出于好意，理疗师、运动教练等有时会试图帮助患者或学员拥有"更加正确"或者"更加左右对称"的身体排列模式。

例如，一位跑步教练发现学员在跑步时双脚内旋，并且这种内旋模式从她的足部开始经过双腿一直延伸到髋关节。

如果这位教练掌握了观察技能，他就能意识到，如果仅仅通过局部矫正让学员能把双脚摆正，可能会导致她的双脚和踝关节僵硬发紧，甚至可能导致受伤。换言之，矫正身体某个部位时需要考虑全身的平衡。

针对上面的案例，你认为可能有效的治疗方法有哪些？根据你所观察到的肌张力水平（是低下还是过高），你可以有以下几种选择。

（1）可以使股内收肌放松下来，减轻腿部的内旋程度。

（2）可以通过有效的按摩来缓解导致双腿受到内旋牵引力的紧张状态。

（3）可以调整双腿侧面和后方肌群的张力，从而身体更接近中立位，并使肌张力更均衡。

让我们再回头看一看本章的学习后测1中患者的体态模式，看看是否有进一步的发现以确定治疗目标和顺序。

（1）吸引我注意力的有以下几点。

1）我的注意力可能集中在维度的体态轨迹上——她的上胸部前侧深度减小。

2）我也可能关注排列的体态轨迹——她的大腿在小腿前方，骨盆后移，胸部的后移程度更大，头部前移。

3）我还可能关注倾斜的体态轨迹——她的骨盆后侧下降，髋关节前侧略微升高，胸部前侧下降而后侧升高。

（2）她的关注点或主诉症状可能是颈部和肩部感受到的肌肉紧张，她认为这是因为作为白领，她的工作要求她整天坐在电脑桌前。

（3）我现在需要找到一些方法，以确定哪些部位起主导作用，哪些部位起协调作用。

（4）你如果学过触诊法，就能通过肌肉的紧张程度或身体某部位的受限程度来快速判断哪些部位起主导作用（也许伤病或手术经历导致某一特定部位的自然活动范围发生了变化）。

（5）你如果不会触诊法，那么就找出哪些身体部位更紧张、僵硬，活动受到的限制更多。以本章学习后测 1 中的那位女性为例。

1）思考一下：究竟是骨盆后倾导致了胸部前侧被向下牵拉，还是胸部向下压迫导致骨盆后倾？

2）你可以问她能否轻松地挺胸或扩胸，或者胸部是否感到紧张和僵硬。如果能够挺胸，这个动作是否会改变她骨盆的位置？

3）你可以问她能否轻松地上提骨盆，使骨盆更靠上、靠前。如果能做到，这会导致她的胸部也上提吗？

（6）为了方便解决问题，我们假设她骨盆的活动范围比胸部的更大。将这一发现与她提出的颈部和肩部受压迫的问题结合起来，我就会首先将注意力集中在她的上半身，让她接受物理疗法或进行运动训练。

（7）此处的关键在于，首先要重点关注受到限制更多的部位，其次再关注活动范围更大的部位。就当前的情况来看，下半身看起来能够为上半身做出让步和调整。

（8）为了能够协调并适应身体的变化，上半身和下半身的问题都需要得到解决。事实上，为了协调身体某处特定的或重大的变化，很多时候我们需要关注全身所有的关节。

我鼓励你研究上述问题，运用你的观察技能，解决疗程设计中出现的问题，从而帮助患者使身体达到最佳排列状态，消除活动限制。

读完本书之后，相信很多读者都掌握了利用铅垂线来判断身体排列情况的技巧。通过观察身体的维度、不对称性、中立范围、排列和功能，以及重力和地面反作用力对身体的影响，也许现在你的注意力范围大大拓展了，你能够获知身体提供的更多信息了。

实际上，每个人的身体都有与其当前状况相适应的最佳中立范围以及独特的表现模式。与其说这本书描述了一种体态模式，不如说这本书可以当作指南来使用，或者说这本书是可以拓宽视野的参考书，是学习新知识的一个起点。本书也向你发出了邀请，邀请你探索如何在实践中运用这些有关姿势、动作和身体表达的知识。无论你感兴趣的或者能够满足你需求的是整本书还是书中的某一部分内容，我都希望你能好好利用这本书。

朱迪思·阿斯顿

致　谢

迄今为止，我已经执教 60 多年（1963 年开始在大学授课）。我很感谢我的学生、患者向我提出的有关解决身体病痛方面的疑问和需求。

我想向所有在本书照片中作为模特的学生和患者表示感谢。我要求他们刻意做出夸张的姿势，以便读者更容易辨认特定的体态模式。

我的团队成员也应得到感谢和认可，他们能力出众、乐于奉献且坚韧不拔。感谢莫琳·米加（Maureen Mika），她不仅是我们的文字编辑，还承担了撰写图注、编辑照片的工作，这需要具备多种技能，还要求一丝不苟。感谢韦斯顿·费加特（Weston Fettgather），他在多家照相馆拍摄了 350 多张照片，并花费了大量时间进行后期处理。我还要感谢科尼·佩纳齐奥（Courtney Pennacchion），他帮助我誊写文稿，为展示特定的概念而剪辑了不计其数的照片。

感谢安·托德亨特·博洛德 (Ann Todhunter Brode)。她从 20 世纪 70 年代开始做理疗师，一直兢兢业业。感谢她不断鼓励我前行。感谢有 45 年从业经验的康复医学高级教员罗尼·奥利弗（Ronnie Oliver），他拥有非凡的技能和独到的见解。感谢艾莉森·萨吉温 (Allison Sagewind)，在过去二三十年的时间里，他热情慷慨地为我提供了大量帮助。

我要对回春手（Handspring）公司所有员工以及自由艺术家们表示感谢，因为有他们的支持，本书才得以出版。他们是玛丽·劳（Mary Law）、安德鲁·史蒂文森（Andrew Stevenson）、布鲁斯·霍格斯（Bruce Hogarth）、莫尔文·迪安（Morven Dean）、苏珊·斯图尔特（Susan Stuart）、希拉里·布朗（Hilary Brown）、马丁·希尔（Martin Hill）、斯蒂芬妮·里克斯（Stephanie Ricks）和迪兰·汉密尔顿（Dylan Hamilton）。

最后，我要感谢我的丈夫布莱恩·林德罗斯 (Brian Linderoth)。他也是一名康复医学高级教员，有着丰富的教学经验，他给了我极大的支持和帮助。